3D CAD 모델링 및 CAM을 활용한 NC DATA 추출 기초 가이드

HyperMILL

3D CAD 모델링 및 CAM을 활용한

HyperMILL 쉽게 따라하기

진용주 저

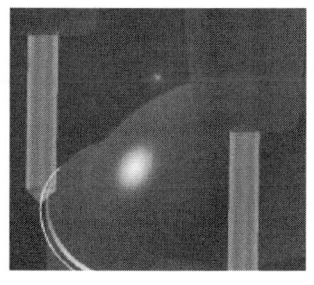 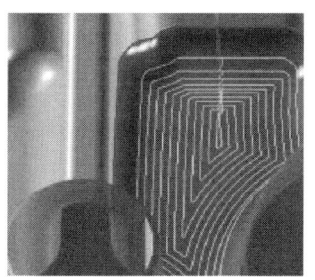 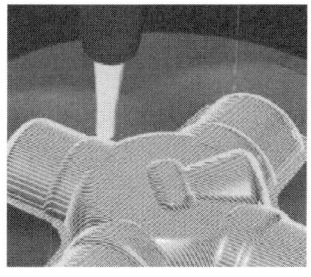 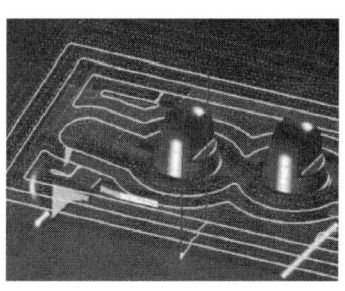

www.sejinbooks.kr

머리말

hyperMILL은 독일 Open Mind사의 CAM SOFTWARE로써 2축부터 동시 5축까지 가공하기 위한 CAM SOLUTION을 제공하고 있습니다. 특히 동시 5축 분야에서는 타의 추종을 불허하는 SOLUTION을 제공하고 있습니다. 본 교재는 5축 가공을 위한 과정인 3축 CAM을 학습하기 위해서 제작하였습니다.

"강한 자가 살아남는 것이 아니고 변화에 적응하는 자가 살아남는다."는 찰스 다윈의 말처럼 현재 우리는 디지털의 도입 이래 급변하는 사회에 살고 있습니다. 살아남기 위해선 변화라는 메커니즘을 받아들여야만 하고 이에 적응해야만 하는 현실입니다.

현재 가공산업의 흐름은 포화된 3축 산업에서 5축 산업으로 변화되어 가는 추세입니다.

이런 3축 및 5축 산업에 있어서 필수불가결한 기본요건은 3D-CAD모델링 및 CAM을 활용한 NC-DATA 추출을 할 수 있어야만 하고 그렇기 위해서 5축 가공을 하기 위한 과정인 3축 가공을 위한 NC 추출과정을 본 교제를 통하여 배우도록 하겠습니다.

기본적인 공정(황삭 ▷ 정삭 ▷ 잔삭)을 학습함으로써 학습자 자신만의 CAM에 대한 전반적인 OUT-LINE을 잡아봅시다.

또한 학습자는 먼저 CAM의 기본적인 구성에 대한 이해를 하고, 따라하기를 통해서 직접 CAM을 활용해 봄으로써 학습효과를 극대화 해보도록 합니다.

마지막으로 학습자 스스로의 동기부여와 적극적인 태도만이 모든 학습에 있어서 가장 기본이며, 근본이 되는 자세이므로 본 교재를 통한 학습에 앞서 하고자 하는 능동적인 학습 자세를 갖추어 줬으면 합니다.

저자

Contents

Part 1 — HyperCAD의 시작 및 사용자 설정

1. HyperCAD의 시작 및 사용자 설정

1. hyperCAD 설치 ·· 11
2. Windows에서 시작 ·· 11
3. 사용자 환경 ·· 11
   - 3-1 화면 구성 / 11
   - 3-2 시스템 옵션 설정 / 13
4. hyperCAD 단축키 일람표 ·· 16
   - 4-1 hyperCAD 단축키(한글) / 16
   - 4-2 hyperCAD 단축키(영문) / 19

Part 2 HyperCAD

1 산업기사 모델 따라하기 1

Base Solid 만들기 ········ 26
Linear Protrusion으로 돌출형상 만들기 ········ 28
립연결로 솔리드 자르기 ········ 32
Solid Boolean 명령을 사용하여 홈 생성하기 ········ 43
회전 형상 및 돌출 형상 만들기 ········ 52
Solid Boolean 명령을 사용하여 홈 생성하기 ········ 59
오픈포켓 형상 및 필렛 입력하기 ········ 71

2 산업기사 모델 따라하기 2

Base Solid 만들기 ········ 77
Linear Protrusion으로 돌출형상 만들기 ········ 79
솔리드 윗면 잘라내기 ········ 89
Solid Boolean 명령을 사용하여 돌출 형상 생성하기 ········ 96
회전 형상 작성하기 ········ 112
모서리에 Fillet 입력하기 ········ 116

Part 3 HyperMILL

1 HyperMill 3D 가공류 및 작업순서

1. 3D 사이클의 종류 ········· 121
    1-1 3D 등고선 황삭 가공 (소재지정) / 121
    1-2 3D 프로파일 가공 / 121
    1-3 3D 등고선 정삭 / 122
    1-4 3D 프리 패스 가공 / 122
    1-5 3D ISO 가공 / 122

2. 3D 고급 사이클의 종류 ········· 123
    2-1 3D 등고선 최적화 가공 / 123
    2-2 3D 3차원 피치 가공 / 123
    2-3 3D 펜슬 가공 / 123
    2-4 3D 자동 잔삭 가공 / 123
    2-5 3D 재가공(Rework) / 124

3. hyperMILL의 작업 순서 ········· 124

2 HyperMill CAM을 이용한 가공 1

1. 공정 리스트 설정 ········· 127
2. 황삭 공정 ········· 132
3. 정삭 공정 ········· 141
4. 잔삭 공정 ········· 149
5. NC DATA 추출하기 ········· 154

3 HyperMill CAM을 이용한 가공 2

1. 공정 리스트 설정 ·· 158
2. 황삭 공정 ··· 162
3. 정삭 공정 ··· 166
4. 잔삭 공정 ··· 168
5. NC-FILE 추출 ·· 170

4 HyperMill CAM을 이용한 가공 3

1. 공정 리스트 설정 ·· 173
2. 황삭 공정 ··· 178
3. 정삭 공정 ··· 187
4. 잔삭 공정 ··· 195
5. NC DATA 추출하기 ··· 200

5 HyperMill CAM을 이용한 가공 4

1. 공정 리스트 설정 ·· 204
2. 황삭 공정 ··· 208
3. 정삭 공정 ··· 212
4. 잔삭 공정 ··· 214
5. NC-FILE 추출 ·· 216

6. HyperMill CAM을 이용한 가공 5

1. 공정 리스트 설정 ……………………………………… 219
2. 황삭 공정 ……………………………………………… 221
3. 정삭 공정 ……………………………………………… 225
4. 잔삭 공정 ……………………………………………… 227
5. NC-FILE 추출 ………………………………………… 229

Part 1
HyperCAD의 시작 및 사용자 설정

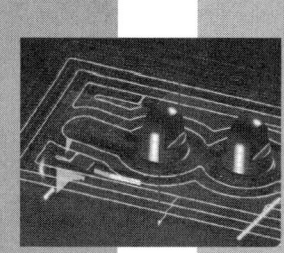
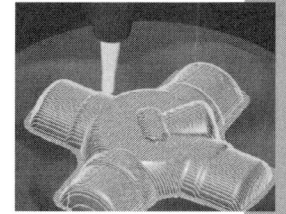

HyperCAD의 시작 및 사용자 설정

1. hyperCAD 설치

hyperCAD를 설치할 때 컴퓨터 사양을 고려하여 프로그램이 요구하는 사양을 고려하여 설치를 합니다.

2. Windows에서 시작

① Windows 바탕화면서 hyperCAD 2008.1의 바로가기 아이콘을 두 번 선택합니다.
② Windows 바탕화면에서 시작 → 모든 프로그램 → OPENMIND → hyperCAD 2008.1 → hyperCAD 선택합니다.

3. 사용자 환경

3-1 화면 구성

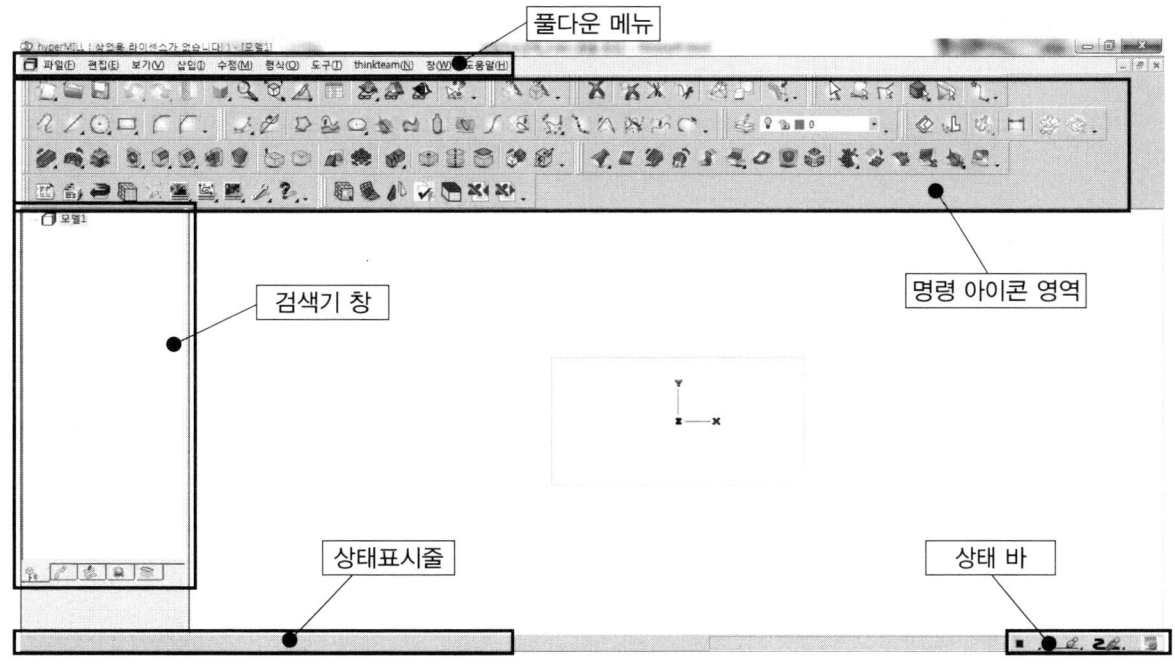

풀다운 메뉴

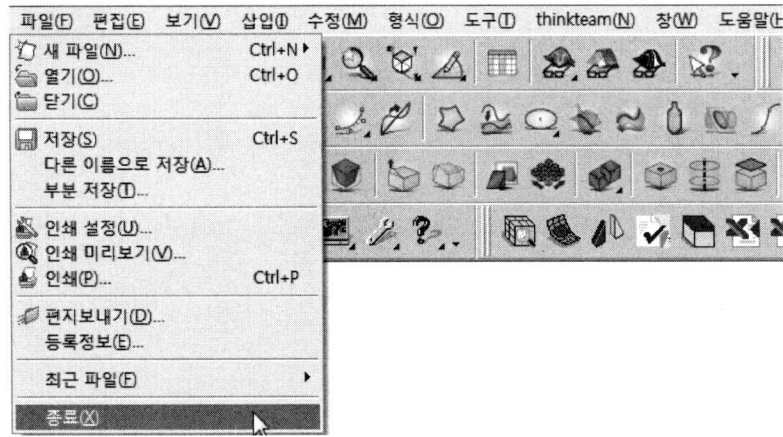

hyperCAD의 모델링 및 옵션들의 설정에 필요한 모든 명령이 들어가 있는 메뉴입니다.

- **파일** : 모든 기본적인 하이퍼캐드를 실행하거나 끝낼 때 필요한 명령들이 들어가 있는 메뉴입니다.
- **편집** : 모델링이나 도면을 편집하기 위한 명령들이 들어가 있는 메뉴입니다.
- **보기** : 모델링이나 도면의 디스플레이 등의 보기 상황을 표현하기 위한 메뉴입니다.
- **삽입** : 모델링이나 도면의 작도를 하기 위한 명령들이 들어가 있는 메뉴입니다.
- **수정** : 모델링이나 도면을 편집하기 위한 명령들이 들어가 있는 메뉴입니다.
- **형식** : 모델링의 재질 및 색깔 hyperCAD의 배경화면의 색깔 및 빛을 조절하기 위한 명령이 들어가 있는 메뉴입니다.
- **도구** : 모델링의 해석 및 시스템 환경설정에 필요한 옵션 명령들이 들어가 있는 메뉴 입니다.

명령 아이콘 영역

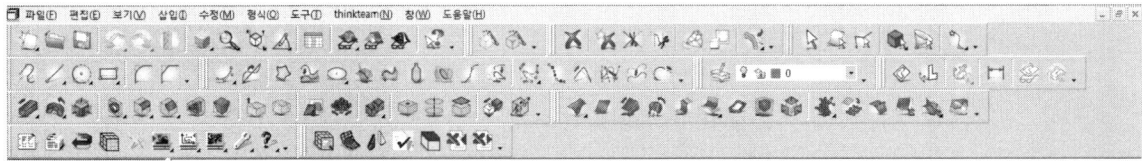

모델링을 작성하는데 있어 필요한 명령이 들어가 있는 곳이며 이곳에서 모델링을 하기 위한 명령을 선택하여 모델링을 작성할 수 있습니다.

검색기 영역

모델링의 계층적 구조와 활성 모델링의 작업 순서 등의 정보를 표시해 줍니다.

상태 표시줄

X = -138.717   Y = -63.2735   Z = 0

좌표 및 실행 순서 등이 나타납니다.

상태 바

그래픽 영역 상태 관련 아이콘들이 있습니다.

3-2 시스템 옵션 설정

사용자가 모델링을 하기 위해서 시스템의 작업 환경을 사용자화 시키는 영역입니다. 이 영역을 사용자화 시키면 더욱 효율적인 CAD작업을 하실 수 있습니다. 풀다운 메뉴 도구 → 옵션/등록정보 에서 실행하시면 됩니다.

시스템 옵션 탭

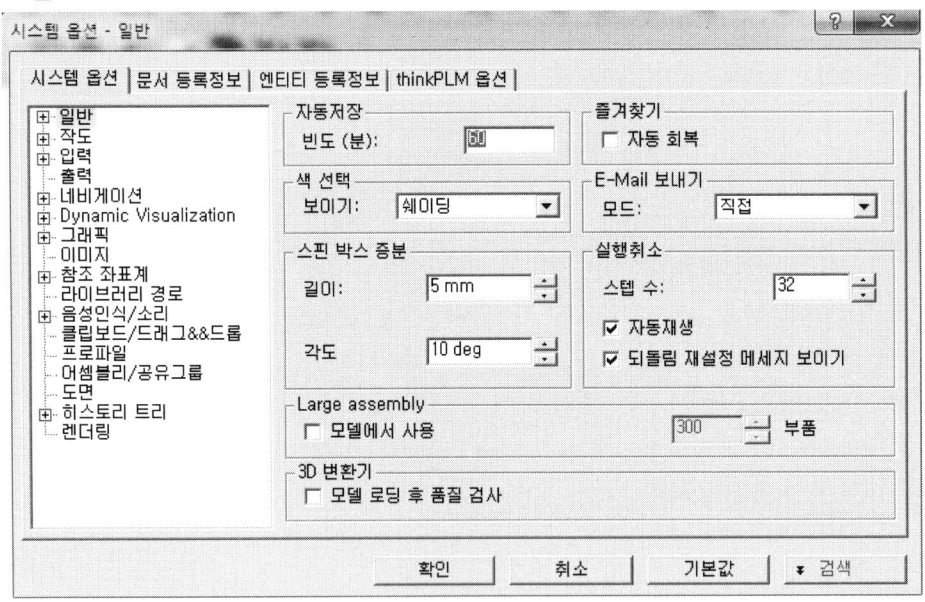

일반적인 작업(저장 및 끝내기 인쇄 등의 작업), 배경화면 표시, 화면 구성 등의 환경을 설정해 주는 부분입니다.

문서정보 등록 정보 탭

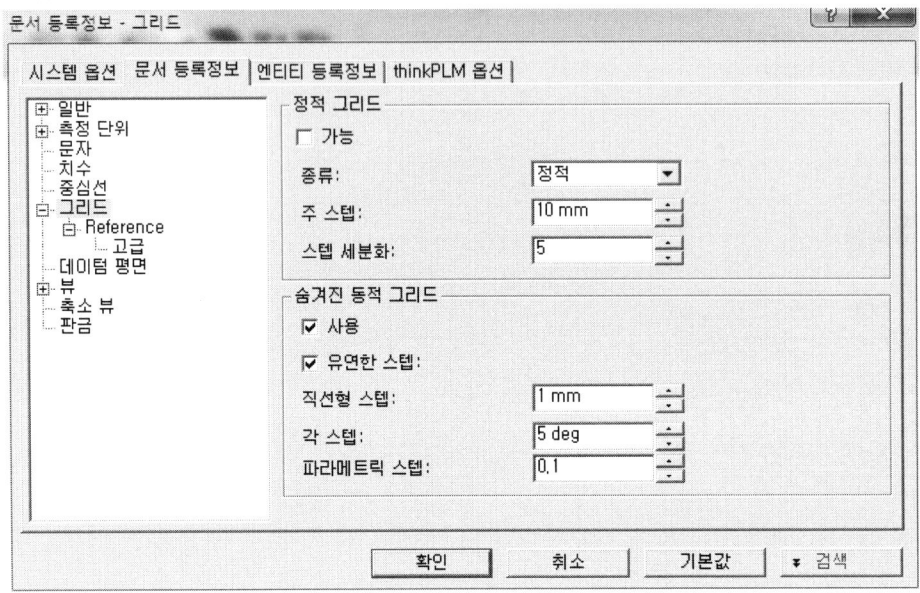

측정단위 및 치수, 스냅 등의 2D 도면의 작업 환경을 설정해 주는 부분입니다.

엔티티 등록 정보 탭

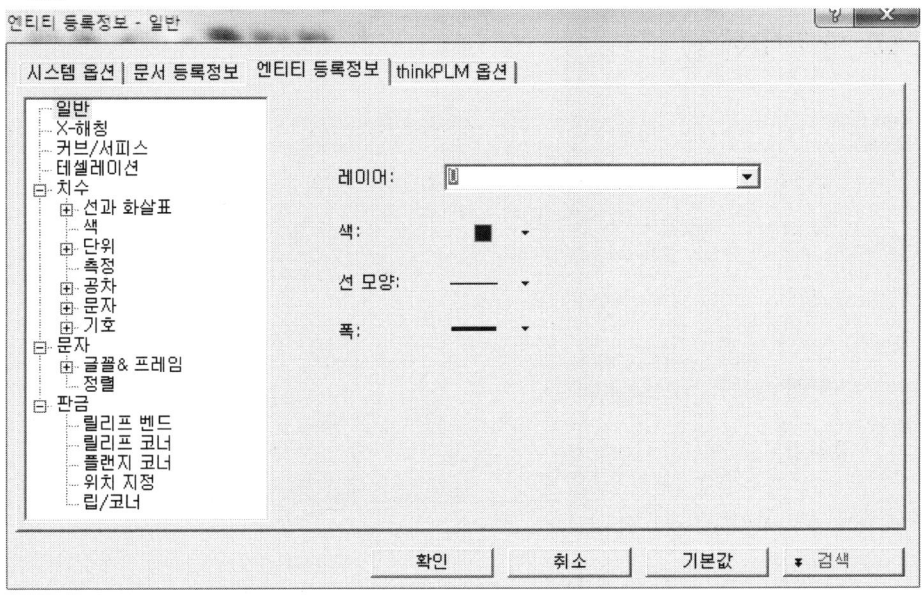

모델링의 레이어 및 색상, 치수 단위 및 공차 등의 모델링 환경을 설정해 주는 부분입니다

ThinkPLM 옵션 탭

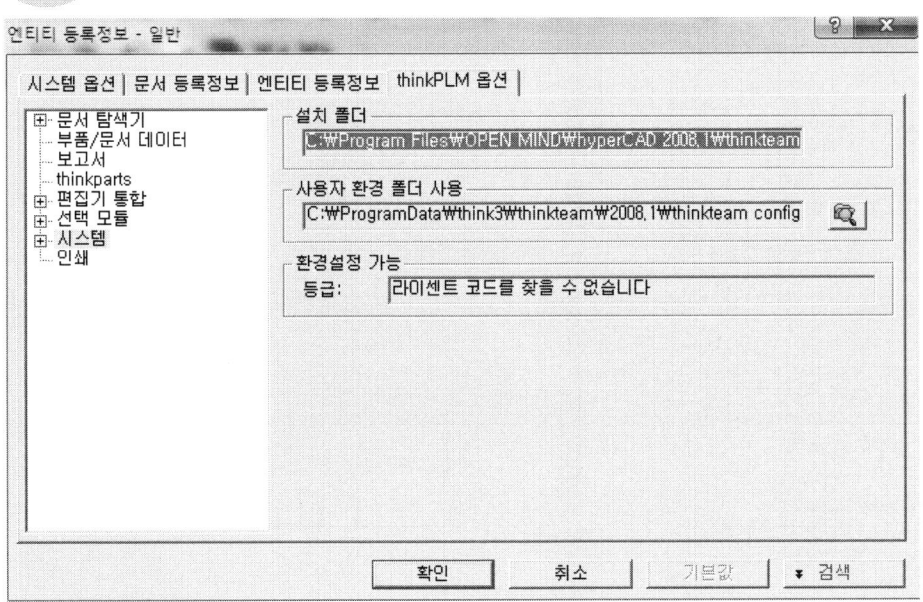

프로젝트 및 많은 도면을 관리를 위해 효율적인 도면관리 환경을 설정해 주는 부분입니다.

4. hyperCAD 단축키 일람표

4-1 hyperCAD 단축키(한글)

Category	Command	Kyes	Description
편집	재실행	Ctrl+U	실행 취소한 명령을 재실행합니다.
편집	실행 취소	Ctrl+Z	마지막 실행한 명령을 실행 취소합니다.
편집	잘라내기	Ctrl+X	선택한 엔티티들을 잘라내어 클립보드로 붙여넣기합니다.
편집	복사	Ctrl+C	선택한 엔티티들을 복사하여 클립보드로 붙여넣기합니다.
편집	붙여넣기	Ctrl+V	클립보드에 있는 엔티티들을 붙여넣기 합니다.
편집	정적 솔리드로 붙여넣기	Ctrl+Alt+V	클립보드에 있는 솔리드를 정적 솔리드로 붙여넣기 합니다.
편집	지우기	Del	선택된 엔티티를 지웁니다.
편집	끊어 지우기	Ctrl+Delete	교차점을 기준으로 커브를 끊어 지웁니다.
편집	커브 트림/연장	Alt+F	두 커브를 교차점까지 트림/연장합니다.
편집	이동/복사	M	선택된 엔티티를 이동/복사합니다
편집	대칭	Ctrl+M	선택한 엔티티의 대칭된 복사본을 생성합니다.
편집	스케일	K	X, Y, Z 축 방향으로 엔티티의 스케일을 조절합니다.
편집	체인	C	끝점이 연결된 커브들을 한번에 선택합니다.
편집	모두	A	모든 엔티티를 선택합니다.
편집	필터	Q	선택 필터 창을 열어줍니다.
편집	필터 재설정	+	선택 필터의 설정을 기본설정으로 되돌립니다.
편집	포인트로 필터 설정	X	포인트만 선택되도록 선택 필터를 설정합니다.
편집	커브로 필터 설정	Y	커브만 선택되도록 선택 필터를 설정합니다.
편집	뷰 위에 설정	V	현재 뷰 방향이 작업평면이 되도록 설정합니다.
편집	표준좌표계로 설정 (World)	W	작업평면을 절대좌표계로 되돌립니다.
보기	작업평면	Ctrl+W	좌표계를 보이게/보이지 않게 합니다.
보기	맞춤 F		현재 엔티티가 화면에 꽉 차게 화면을 확대/축소합니다.
보기	창으로 확대	Z	선택한 영역을 확대합니다.

Category	Command	Kyes	Description
보기	축소	Shift + Left	화면을 축소합니다
보기	축소	Shift + Up	화면을 축소합니다
보기	확대	Shift + Right	화면을 확대합니다
보기	확대	Shift + Down	화면을 확대합니다
보기	아래쪽으로 이동	Down	현재 뷰를 아래쪽으로 이동합니다.
보기	왼쪽으로 이동	Left	현재 뷰를 왼쪽으로 이동합니다.
보기	오른쪽으로 이동	Right	현재 뷰를 오른쪽으로 이동합니다.
보기	위로 이동	Up	현재 뷰를 위쪽으로 이동합니다.
보기	시계방향 수직 회전	Alt + Left	수직한 축을 기준으로 뷰를 시계방향으로 회전합니다.
보기	시계방향 수평 회전	Alt + Up	수평한 축을 기준으로 뷰를 시계방향으로 회전합니다.
보기	반시계방향 수직 회전	Alt + Right	수직한 축을 기준으로 뷰를 반시계방향으로 회전합니다.
보기	반시계방향 수평 회전	Alt + Down	수평한 축을 기준으로 뷰를 반시계방향으로 회전합니다.
보기	목표 지정 설정	T	현재 뷰 회전의 목표 지점(중심)을 변경합니다.
보기	위	Ctrl + T	뷰 방향을 위쪽 방향으로 설정합니다.
보기	위-절대	Alt + 1	뷰 방향을 위쪽 방향으로 설정합니다.
보기	정면-절대	Alt + 2	뷰 방향을 정면 방향으로 설정합니다.
보기	좌측-절대	Alt + 3	뷰 방향을 왼쪽 방향으로 설정합니다.
보기	우측-절대	Alt + 4	뷰 방향을 오른쪽 방향으로 설정합니다.
보기	뒤-절대	Alt + 5	뷰 방향을 뒤쪽 방향으로 설정합니다.
보기	아래-절대	Alt + 6	뷰 방향을 아래쪽 방향으로 설정합니다.
보기	좌측정면-절대	Alt + 7	뷰 방향을 좌측정면 방향으로 설정합니다.
보기	우측정면-절대	Alt + 8	뷰 방향을 우측정면 방향으로 설정합니다.
보기	뷰 분할(4개의 뷰포트)	F9	단일 뷰포트와 4개의 뷰포트 사이를 전환합니다.
보기	엔티티 숨기기	H	엔티티들을 숨깁니다.
보기	엔티티 보이기	Ctrl + H	숨겨진 엔티티들을 보이게 합니다.
삽입	2점 선	L	두 점을 연결하는 직선을 생성합니다.
삽입	중심원	D	중심 원을 생성합니다.
삽입	평면에서 옵셋	O	평면상에 옵셋 커브를 생성합니다.

Category	Command	Kyes	Description
삽입	사각형	R	새로운 사각형을 생성합니다.
수정	언트림	Ctrl+E	서피스를 언트림합니다.
도구	단일 엔티티	I	하나의 엔티티에 대한 정보를 표시합니다.
도구	두 개 엔티티	Ctrl+I	두 엔티티 사이의 기하학적인 관계를 표시합니다.
도구	커브 위의 점	.	커브 위의 커서가 놓인 점을 선택합니다.
도구	스냅 없음	Shift+N	다음 입력에서 자동 스냅을 비활성화 합니다.
도움말	What's This?	Shift+F1	선택된 명령어에 대한 도움말을 보여줍니다.
사용자환경	show surface	F2	서피스를 제외한 모든 엔티티들을 숨깁니다.
사용자환경	show Solid	F3	솔리드를 제외한 모든 엔티티들을 숨깁니다.
사용자환경	show mesh	F4	mesh를 제외한 모든 엔티티들을 숨깁니다.
사용자환경	show curves	F5	커브를 제외한 모든 엔티티들을 숨깁니다.
사용자환경	show all	F6	모든 엔티티들을 표시합니다.
사용자환경	select surfaces	F7	모든 서피스들을 선택합니다.
사용자환경	위-작업평면	Ctrl+1	뷰 방향을 현재 작업평면 위쪽 방향으로 설정합니다.
사용자환경	정면-작업평면	Ctrl+2	뷰 방향을 현재 작업평면 정면 방향으로 설정합니다.
사용자환경	좌측-작업평면	Ctrl+3	뷰 방향을 현재 작업평면 왼쪽 방향으로 설정합니다.
사용자환경	우측-작업평면	Ctrl+4	뷰 방향을 현재 작업평면 오른쪽 방향으로 설정합니다.
사용자환경	뒤-작업평면	Ctrl+5	뷰 방향을 현재 작업평면 뒤쪽 방향으로 설정합니다.
사용자환경	아래-작업평면	Ctrl+6	뷰 방향을 현재 작업평면 아래쪽 방향으로 설정합니다.
사용자환경	좌측정면-작업평면	Ctrl+7	뷰 방향을 현재 작업평면 좌측정면 방향으로 설정합니다.
사용자환경	우측정면-작업평면	Ctrl+8	뷰 방향을 현재 작업평면 우측정면 방향으로 설정합니다.
메인	Select Entity	Esc	현재의 명령을 중단합니다.

4-2 hyperCAD 단축키(영문)

Category	Command	Kyes	Description
Edit	Redo	Ctrl+U	실행 취소한 명령을 재실행합니다.
Edit	Undo	Ctrl+Z	마지막 실행한 명령을 실행 취소합니다.
Edit	Cut	Ctrl+X	선택한 엔티티들을 잘라내어 클립보드로 붙여넣기합니다.
Edit	Copy	Ctrl+C	선택한 엔티티들을 복사하여 클립보드로 붙여넣기합니다.
Edit	Paste	Ctrl+V	클립보드에 있는 엔티티들을 붙여넣기 합니다.
Edit	Paste as Static	Ctrl+Alt+V	클립보드에 있는 솔리드를 정적솔리드로 붙여넣기 합니다.
Edit	Delete	Del	선택된 엔티티를 지웁니다.
Edit	Smart Delete	Ctrl+Delete	교차점을 기준으로 커브를 끊어 지웁니다.
Edit	Trim/Extend Curves	Alt+F	두 커브를 교차점까지 트림/연장합니다.
Edit	Move/Copy	M	선택된 엔티티를 이동/복사합니다
Edit	Mirror	Ctrl+M	선택한 엔티티의 대칭된 복사본을 생성합니다.
Edit	Scale	K	X, Y, Z 축 방향으로 엔티티의 스케일을 조절합니다.
Edit	Chain	C	끝점이 연결된 커브들을 한번에 선택합니다.
Edit	All	A	모든 엔티티를 선택합니다.
Edit	Filter	Q	선택 필터 창을 열어줍니다.
Edit	Reset Filter	+	선택 필터의 설정을 기본설정으로 되돌립니다.
Edit	Set Filter point	X	포인트만 선택되도록 선택 필터를 설정합니다.
Edit	Set Filter Curve	Y	커브만 선택되도록 선택 필터를 설정합니다.
Edit	Set on View	V	현재 뷰 방향이 작업평면이 되도록 설정합니다.
Edit	On Absolute Reperence System	W	작업평면을 절대좌표계로 되돌립니다.
View	Work Plane	Ctrl+W	좌표계를 보이게/보이지 않게 합니다.
View	Fit current view	F	현재 엔티티가 화면에 꽉차게 화면을 확대/축소 합니다.
View	Zoom window	Z	선택한 영역을 확대합니다.
View	Zoom Out	Shift+Left	화면을 축소합니다
View	Zoom Out	Shift+Up	화면을 축소합니다

Category	Command	Kyes	Description
View	Zoom In	Shift + Right	화면을 확대합니다
View	Zoom In	Shift + Down	화면을 확대합니다
View	Pan Down	Down	현재 뷰를 아래쪽으로 이동합니다.
View	Pan Left	Left	현재 뷰를 왼쪽으로 이동합니다.
View	Pan Right	Right	현재 뷰를 오른쪽으로 이동합니다.
View	Pan Up	Up	현재 뷰를 위쪽으로 이동합니다.
View	Rotate Clockwise vertical	Alt + Left	수직한 축을 기준으로 뷰를 시계방향으로 회전합니다.
View	Rotate Clockwise horizontal	Alt + Up	수평한 축을 기준으로 뷰를 시계방향으로 회전합니다.
View	Rotate C-Clockwise vertical	Alt + Right	수직한 축을 기준으로 뷰를 반시계방향으로 회전합니다.
View	Rotate C-Clockwise horizontal	Alt + Down	수평한 축을 기준으로 뷰를 반시계방향으로 회전합니다.
View	Set Target Position	T	현재 뷰 회전의 목표 지점(중심)을 변경합니다.
View	Top	Ctrl + T	뷰 방향을 위쪽 방향으로 설정합니다.
View	Top-World	Alt + 1	뷰 방향을 위쪽 방향으로 설정합니다.
View	Front-World	Alt + 2	뷰 방향을 정면 방향으로 설정합니다.
View	Left-World	Alt + 3	뷰 방향을 왼쪽 방향으로 설정합니다.
View	Right-World	Alt + 4	뷰 방향을 오른쪽 방향으로 설정합니다.
View	Rear-World	Alt + 5	뷰 방향을 뒤쪽 방향으로 설정합니다.
View	Bottom-World	Alt + 6	뷰 방향을 아래쪽 방향으로 설정합니다.
View	Left Front-World	Alt + 7	뷰 방향을 좌측정면 방향으로 설정합니다.
View	Right Front-World	Alt + 8	뷰 방향을 우측정면 방향으로 설정합니다.
View	Split Views(Four Viewports)	F9	단일 뷰포트와 4개의 뷰포트 사이를 전환합니다.
View	Hide	H	엔티티들을 숨깁니다.
View	Unhide	Ctrl + H	숨겨진 엔티티들을 보이게 합니다.
Insert	Line two points	L	두 점을 연결하는 직선을 생성합니다.
Insert	Center	D	중심 원을 생성합니다.
Insert	Offset on Plane	O	평면상에 옵셋 커브를 생성합니다.
Insert	Rectangle	R	새로운 사각형을 생성합니다.
Modify	Untrim	Ctrl + E	서피스를 언트림합니다.

Category	Command	Kyes	Description
Tools	Single Entity	I	하나의 엔티티에 대한 정보를 표시합니다.
Tools	Info two entities	Ctrl+I	두 엔티티 사이의 기하학적인 관계를 표시합니다.
Tools	Point onto Curve	.	커브 위의 커서가 놓인 점을 선택합니다.
Tools	Snap to None	Shift+N	다음 입력에서 자동 스냅을 비활성화 합니다.
Help	What's This?	Shift+F1	선택된 명령어에 대한 도움말을 보여줍니다.
Customize	show surface	F2	서피스를 제외한 모든 엔티티들을 숨깁니다.
Customize	show Solid	F3	솔리드를 제외한 모든 엔티티들을 숨깁니다.
Customize	show mesh	F4	mesh를 제외한 모든 엔티티들을 숨깁니다.
Customize	show curves	F5	커브를 제외한 모든 엔티티들을 숨깁니다.
Customize	show all	F6	모든 엔티티들을 표시합니다.
Customize	select surfaces	F7	모든 서피스들을 선택합니다.
Customize	view top	Ctrl+1	뷰 방향을 현재 작업평면 위쪽 방향으로 설정합니다.
Customize	view front	Ctrl+2	뷰 방향을 현재 작업평면 정면 방향으로 설정합니다.
Customize	view left	Ctrl+3	뷰 방향을 현재 작업평면 왼쪽 방향으로 설정합니다.
Customize	View Right	Ctrl+4	뷰 방향을 현재 작업평면 오른쪽 방향으로 설정합니다.
Customize	view back	Ctrl+5	뷰 방향을 현재 작업평면 뒤쪽 방향으로 설정합니다.
Customize	view bottom	Ctrl+6	뷰 방향을 현재 작업평면 아래쪽 방향으로 설정합니다.
Customize	view iso left	Ctrl+7	뷰 방향을 현재 작업평면 좌측정면 방향으로 설정합니다.
Customize	view iso right	Ctrl+8	뷰 방향을 현재 작업평면 우측정면 방향으로 설정합니다.
Main	Select Entity	Esc	현재의 명령을 중단합니다.

Part 2

HyperCAD

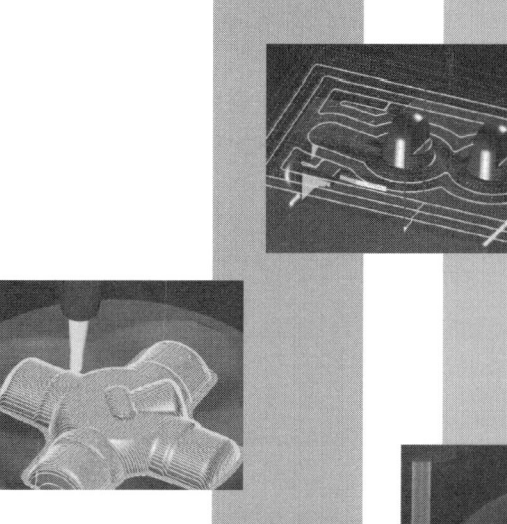
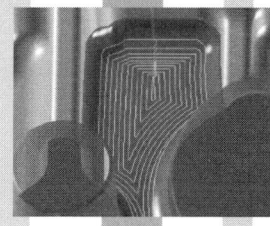

1 산업기사 모델 따라하기 1

따라하기

컴퓨터응용가공산업기사 실기

모 델 링 도 면

지시없는 모든 라운드는 R1

Base Solid 만들기

Step 1

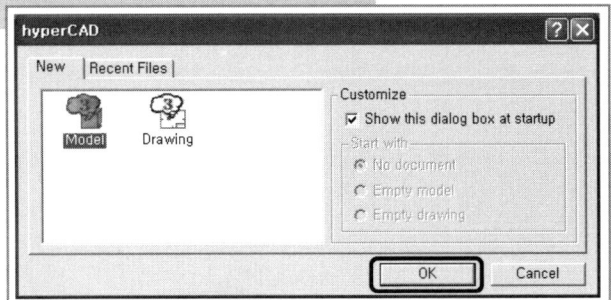

hyperCAD 프로그램을 시작하면 그림과 같이 OPEN 창이 열립니다. OK 버튼을 클릭하여 새로운 Model 파일을 열어 줍니다.

Step 2

Icon toolbar영역에서 직사각형 아이콘을 클릭하여 선택합니다.

삽입 → 제도 → 직사각형 & 다각형 → 사각형

Step 3

좌표계 원점을 자동스냅으로 잡아 모서리로 선택합니다.

Step 4

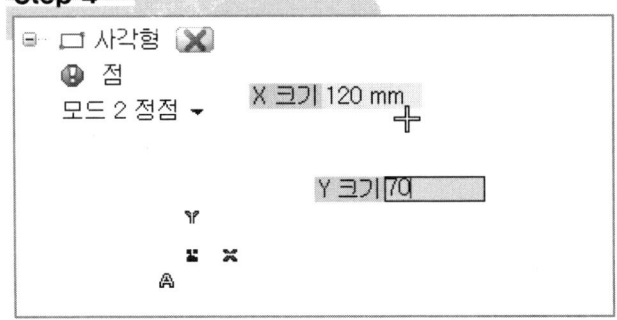

X 크기 와 Y 크기 에 120과 70을 입력합니다.

(입력은 키보드의 숫자키를 이용하는데 주황색으로 활성화된 입력창에 숫자가 입력됩니다. 활성화를 이동하려면 키보드의 Tab 키를 누릅니다.)

Step 5

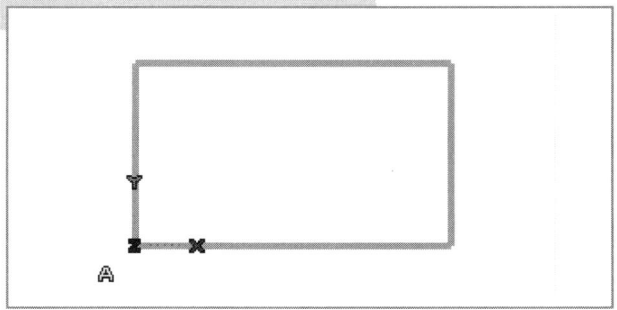

키보드의 ESC 버튼 또는 명령어 목록의 ![X] 버튼을 클릭합니다. 명령어가 종료되면 그림과 같이 생성된 라인이 선택된 상태가 됩니다.

Step 6

생성한 라인이 선택된 상태에서 직선형 솔리드 아이콘을 선택합니다.

삽입 → 솔리드 → 스윕 → 직선형 솔리드

Step 7

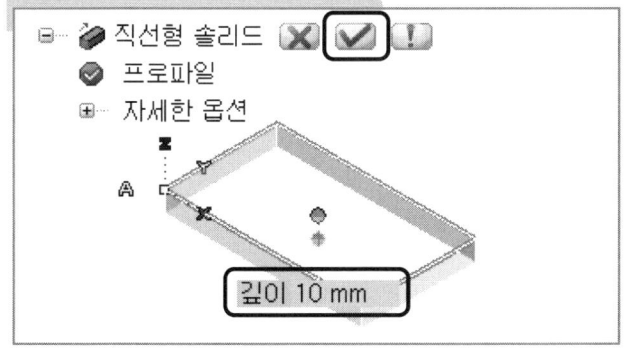

명령어가 켜지면 생성될 솔리드 형상이 미리보기 됩니다.

키보드의 숫자 키로 Depth 입력 창에 높이 값 −10mm 을 입력합니다. 솔리드가 아래쪽으로 10mm 돌출되면 OK 버튼을 클릭하여 작업을 완료합니다.

Step 8

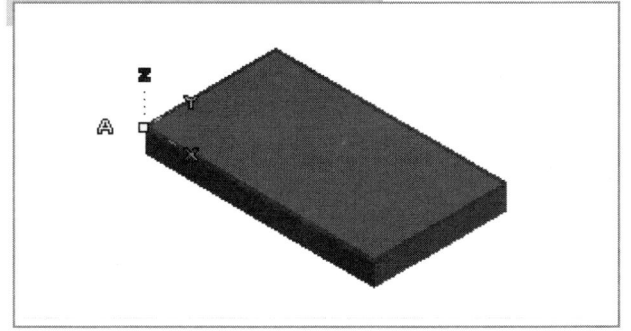

그림과 같은 솔리드가 생성됩니다

Linear Protrusion으로 돌출형상 만들기

Step by Step

Step 1

[Ctrl+T] 단축키로 뷰방향을 Top View로 변경합니다.

Step 2

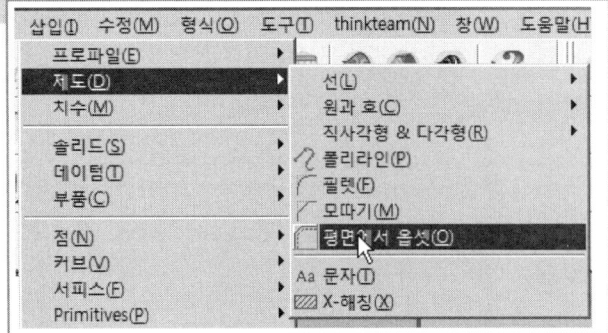

Step 3

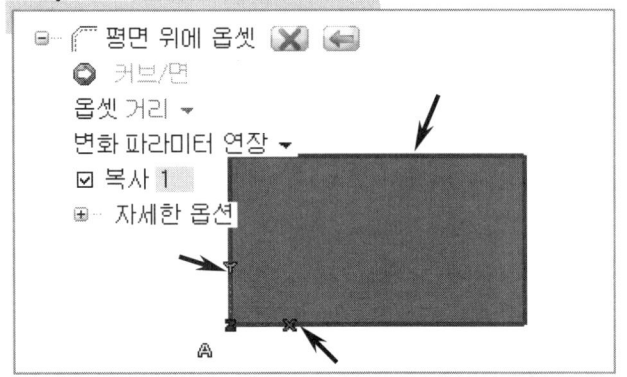

커브/면 항목에서 그림과 같이 솔리드 윗면의 세 모서리를 선택합니다.

Step 4

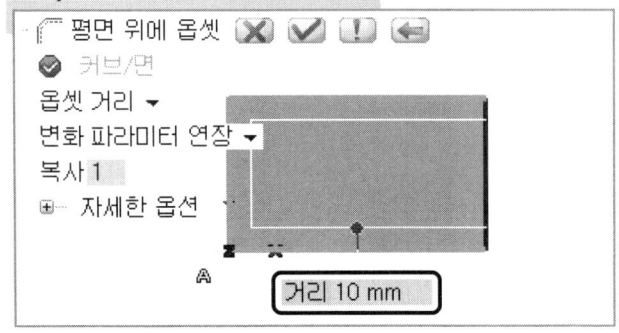

Offset curve가 미리보기됩니다.
거리에 10mm를 입력하고 적용 버튼을 눌러 작업을 완료합니다.

※ 바깥쪽으로 Offset 될 경우 값을 입력하여 Offset 방향을 바꿉니다.

Step 5

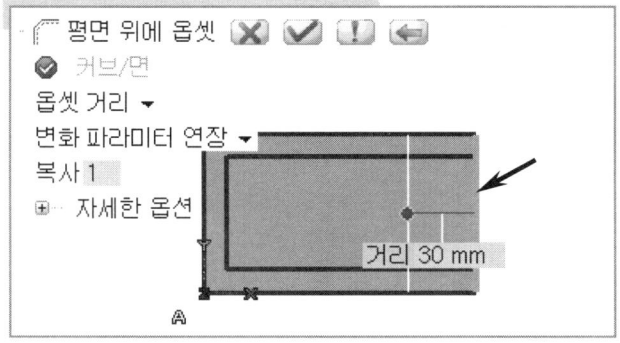

이번에는 왼쪽에 있는 모서리를 선택하고 거리값 30mm를 입력하고 확인 버튼을 눌러 작업을 완성합니다.

Step 6

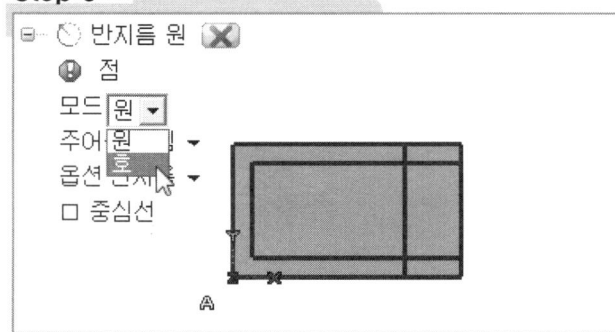

반지름 원을 실행합니다.

삽입 → 제도 → 원과 호 → 반지름

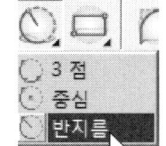

모드는 호로 변경해 줍니다.

Step 7

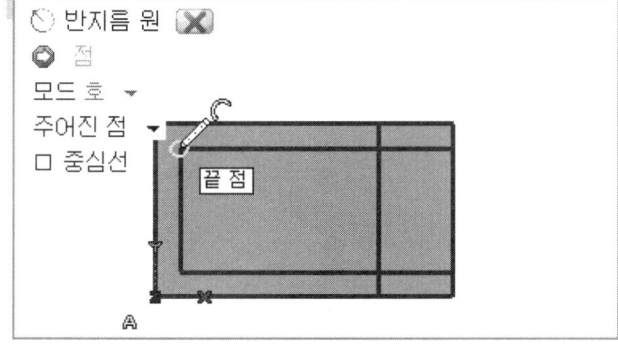

옆 그림과 같이 세로선과 가로선의 교차점을 시작점으로 선택 합니다.

Step 8

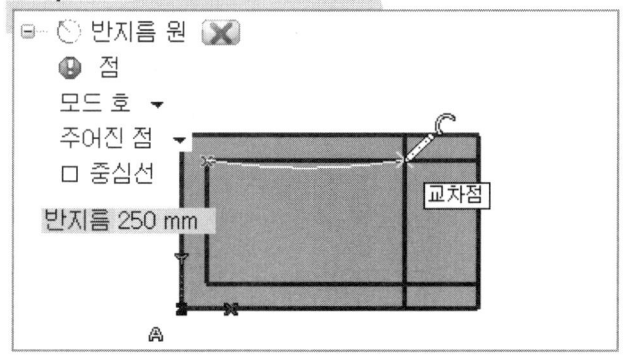

반지름 값으로 250mm를 입력하고 우측에 있는 교차점을 끝점으로 하여 원호를 생성합니다.

Step 9

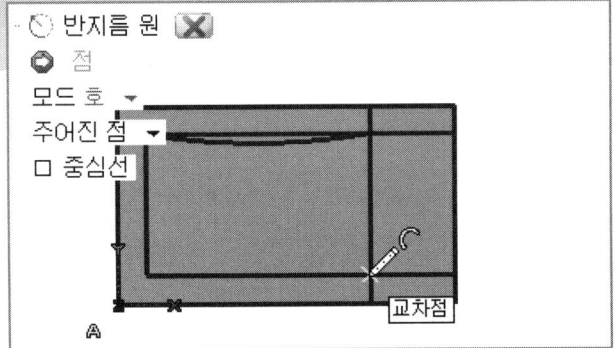

좌측 하단에 있는 교차점을 시작점으로 선택합니다.

Step 10

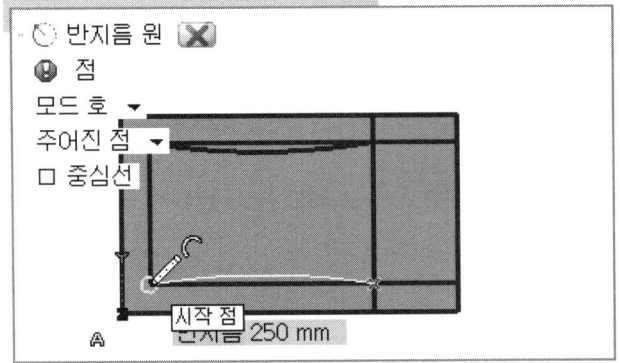

반지름 값으로 250mm를 입력하고 우측에 있는 교차점을 끝점으로 하여 원호를 생성합니다.

Step 11

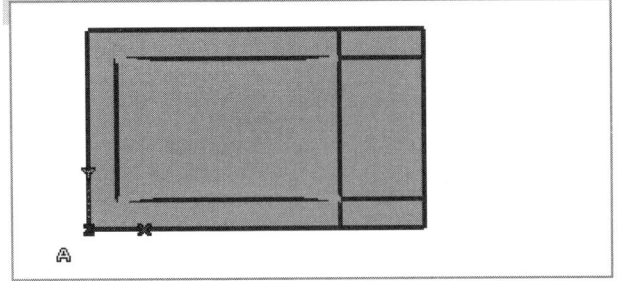

양쪽으로 반지름 250mm의 원호를 생성하였습니다.

Step 12

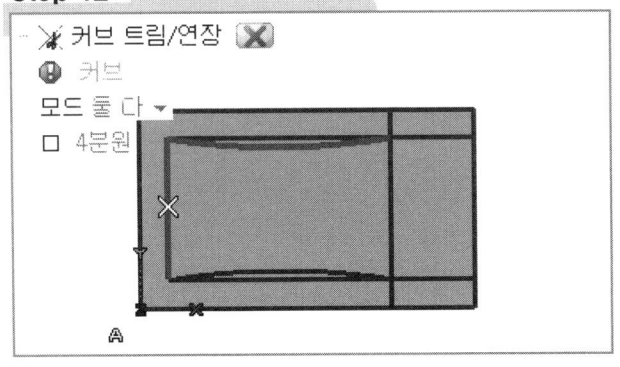

윤곽선의 모서리는 트림/연장 명령을 사용하여 정리하고, 불필요한 선들은 지우기 명령으로 삭제합니다.

Step 13

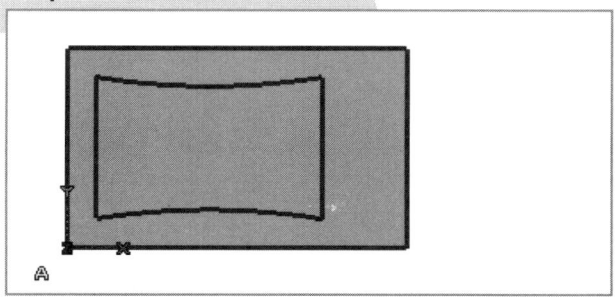

윤곽선 생성이 완료되었습니다.
이제 직선형 돌출 명령으로 돌출 형상을 만듭니다.

Step 14

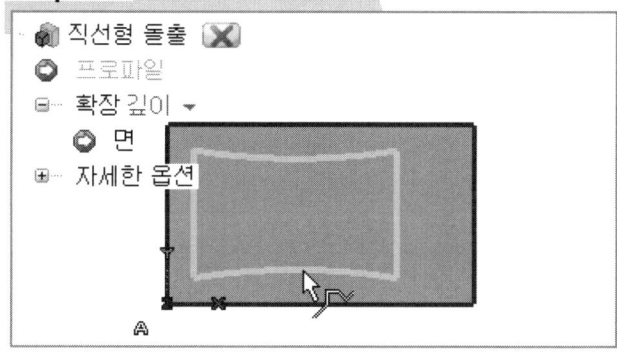

Profile 항목에서 앞서 그린 윤곽선을 선택합니다.

※ 체인을 선택하여 각각 떨어져 있는 윤곽선을 한번에 잡는다.[단축키 : C]

Step 15

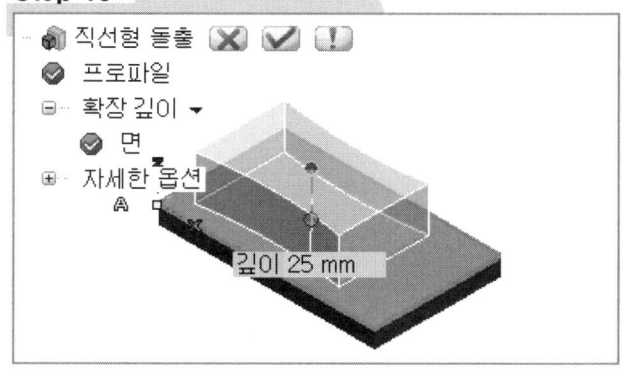

면 항목을 선택하고 Profile이 놓인 솔리드 윗면을 선택합니다.

깊이 값은 25mm를 입력하고 실행시킵니다.

Step 16

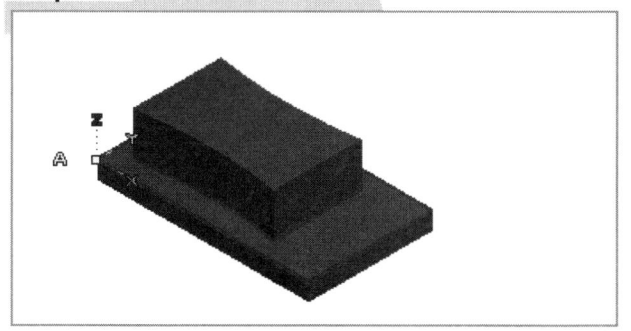

형상이 완료 되었습니다.

립연결로 솔리드 자르기

Step by Step

Step 1

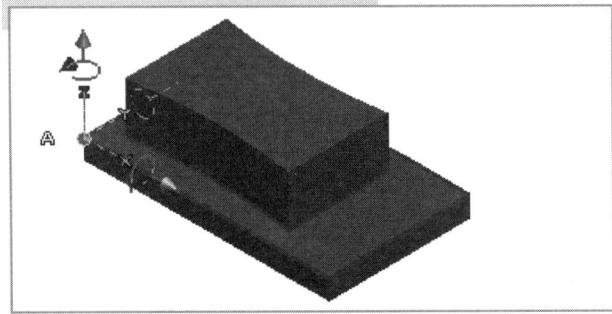

좌표계를 한번 클릭하여 작업평면 편집 명령을 실행합니다.

편집 → 작업평면 → 편집

Step 2

편집 명령이 실행되면 그림과 같이 각 축방향으로 두 개의 화살표가 표시됩니다.

그 중 Y축방향의 직선 화살표를 클릭합니다.

Step 3

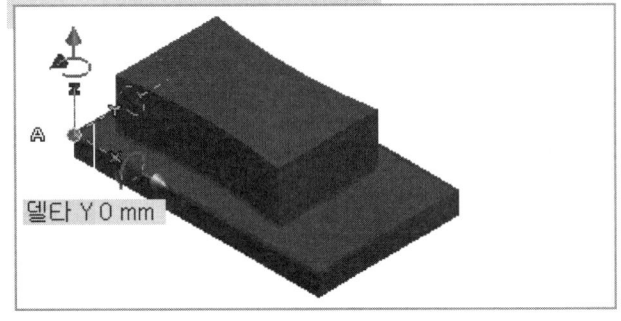

Y축 방향으로의 좌표계 원점 이동 값을 입력할 수 있는 입력창이 표시됩니다.

Step 4

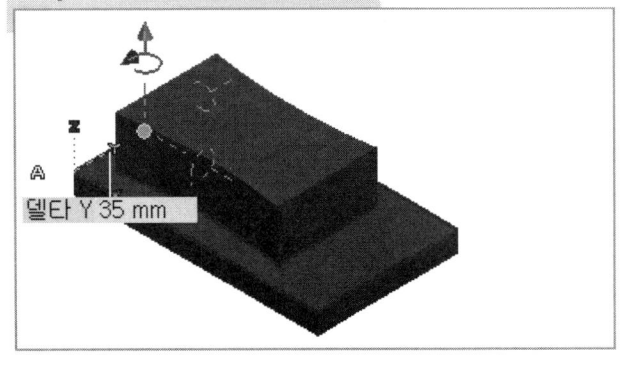

델타 Y 에 35mm를 입력합니다.
좌표계가 이동하는 것을 볼 수 있습니다.

Step 5

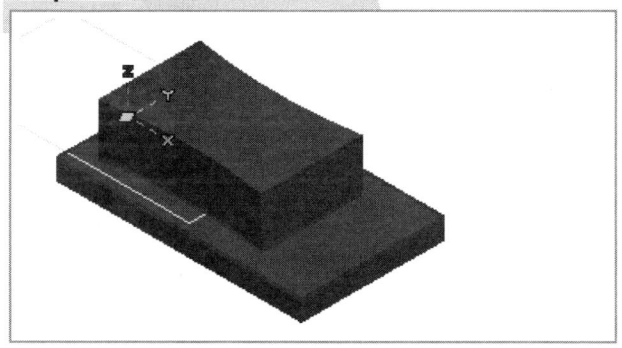

ESC 키를 누르면 좌표계 이동작업이 완료됩니다.

Step 6

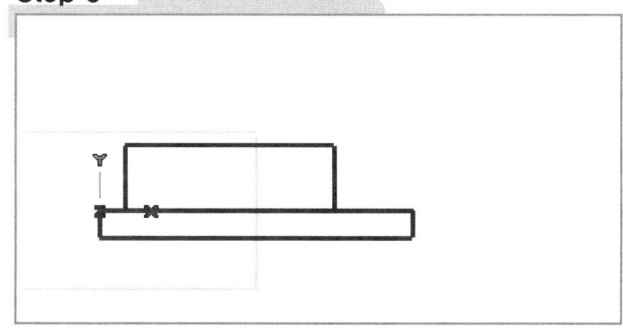

뷰방향을 정면으로 표시는 와이어프레임으로 변경하고, 단축키 [V]를 입력하여 정면 뷰가 XY평면이 되도록 축방향을 돌려줍니다.

Step 7

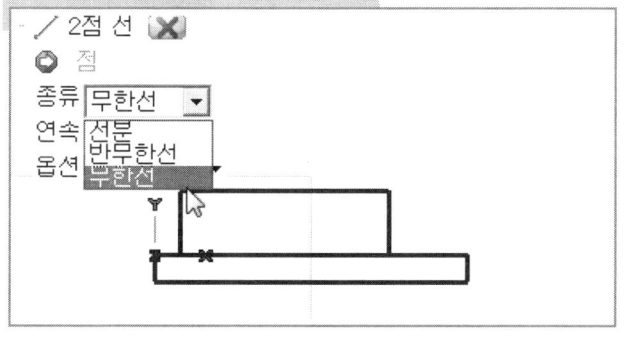

2점 선 명령을 실행하고, 종류를 무한선으로 선택합니다.

Step 8

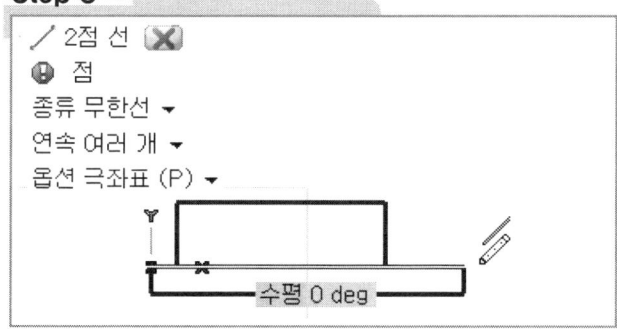

좌표계 원점 ⌨ Work Plane Origin 을 시작점으로하는 수평한 참조선을 그립니다..

Step 9

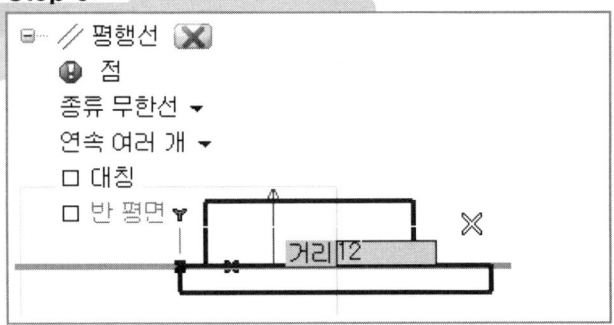

평행선 명령을 실행하여 수평선을 위쪽으로 12mm 평행이동된 선을 생성합니다.

※ 생성방향이 반대일 경우엔 값을 넣어 방향을 바꾸어 줍니다.

삽입 → 제도 → 선 → 평행

Step 10

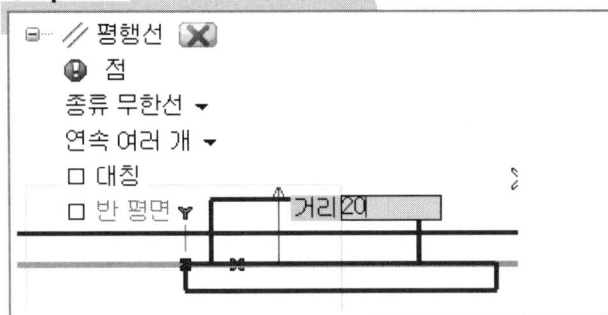

이번에는 20mm 평행이동된 선을 생성합니다.

표시를 쉐이딩으로 변경합니다.

Step 11

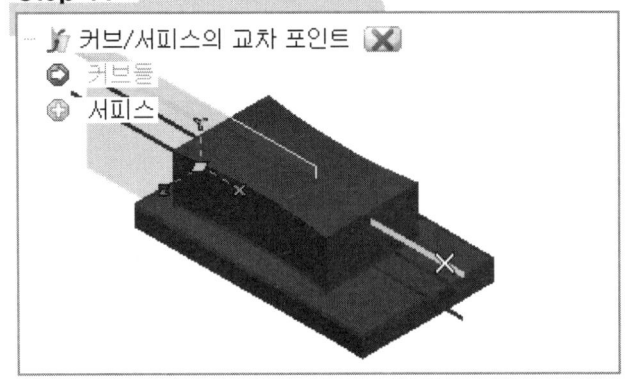

커브/서피스들간의 교차점 명령을 실행하고 커브에 위쪽 평행선을 선택합니다.

삽입 → 점 → 커브/서피스들간의 교차점

Step 12

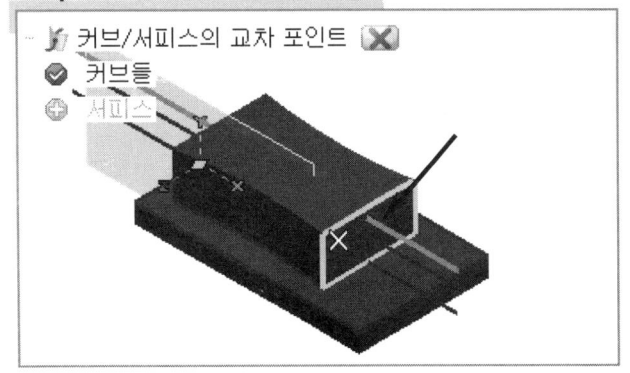

서피스 항목을 클릭하여 활성화시키고 옆의 그림과 같이 솔리드의 옆면을 선택합니다.

Step 13

교차점이 미리보기되면 적용버튼을 클릭하여 작업을 완료합니다.

Step 14

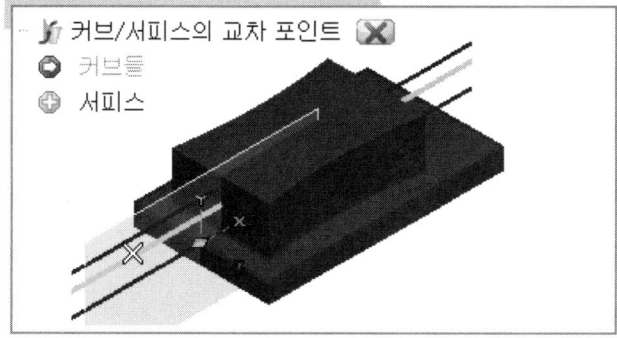

다시 커브 항목에서 아래쪽 평행선을 선택합니다.

Step 15

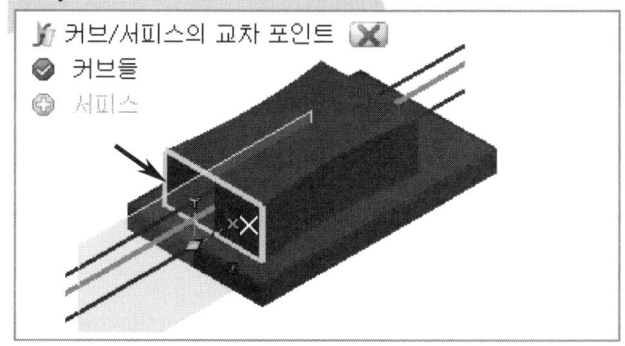

이제 서피스 항목을 클릭하여 활성화시키고 오른쪽 측벽을 선택합니다.

Step 16

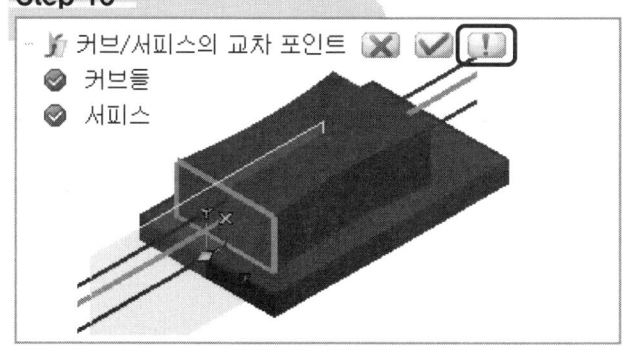

교차점이 미리보기되면 확인 버튼을 클릭하여 작업을 완료합니다.

Step 17

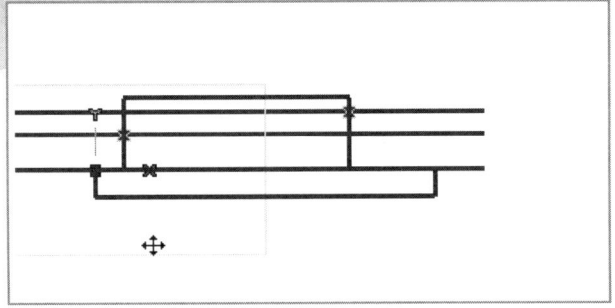

뷰방향은 정면으로, 표시는 와이어 프레임으로 변경합니다.

Step 18

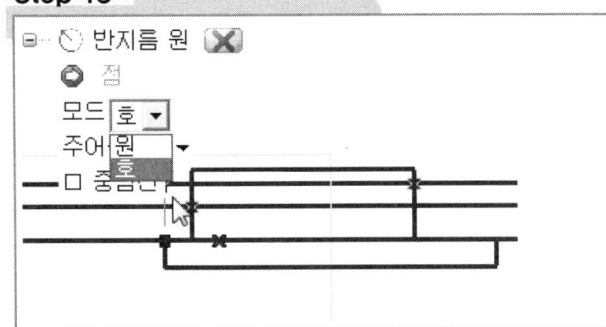

반지름 원을 실행합니다.

삽입 → 제도 → 원과 호 → 반지름

모드는 호로 변경해 줍니다.

Step 19

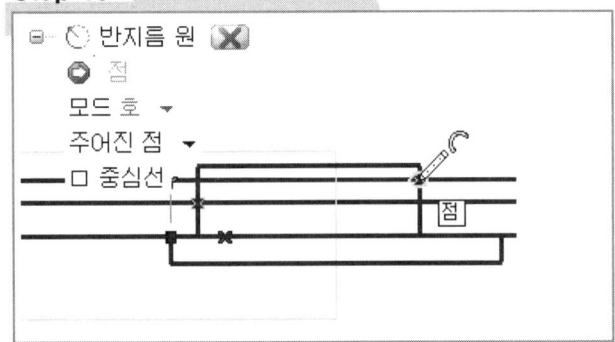

옆의 그림처럼 우측에 있는 점을 시작점으로 선택합니다.

Step 20

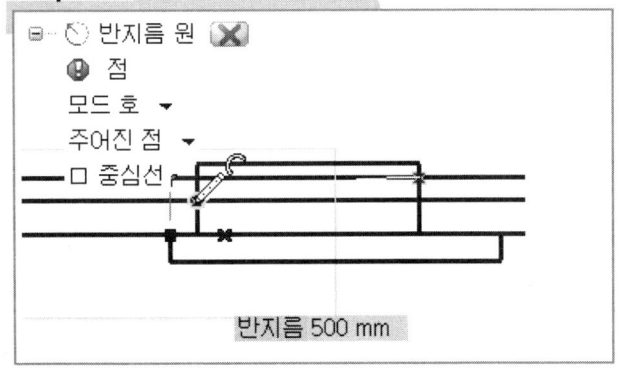

반지름 값으로 500mm를 입력하고 좌측에 있는 점을 끝점으로 하여 원호를 생성합니다.

Step 21

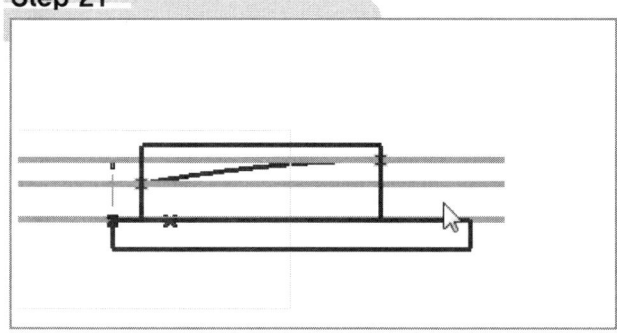

불필요한 커브와 서피스, 점 들을 모두 선택한 다음 Hide 명령을 실행합니다.

편집 → 엔티티 숨기기

Step 22

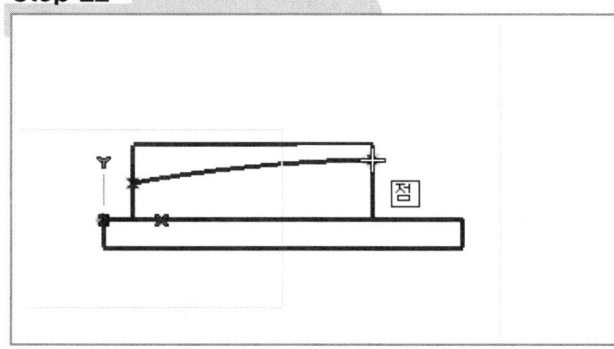

작업평면 의 이동 명령을 실행하고 생성한 커브의 끝 점을 입력합니다.

편집 → 작업평면 → 이동

Step 23

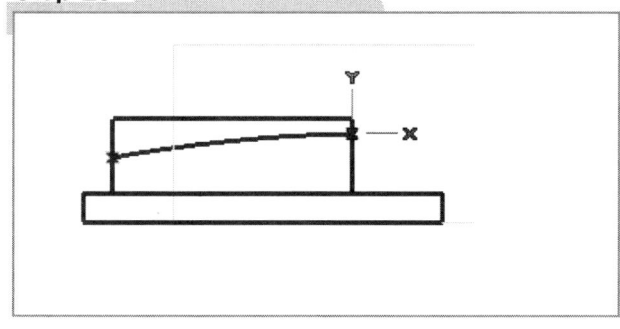

그림과 같이 좌표계 원점의 위치가 선택한 Curve의 끝 점으로 이동됩니다.

Step 24

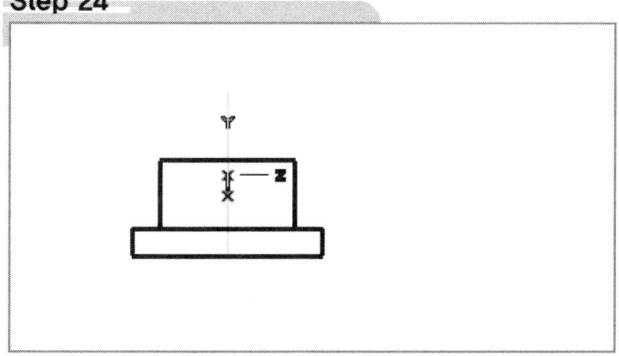

화면의 뷰방향을 Right View로 변경합니다.

Step 25

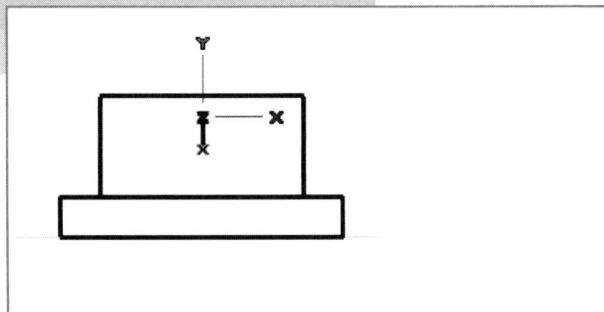

이제 단축키 [V]를 눌러 뷰 방향에 맞춰 축방향을 돌려 줍니다.

편집 → 작업평면 → 뷰 위에 설정

Step 26

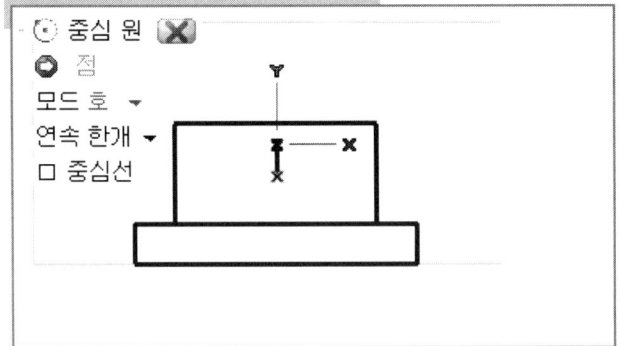

중심 원 명령을 실행합니다.
모드는 호로 변경합니다.

Step 27

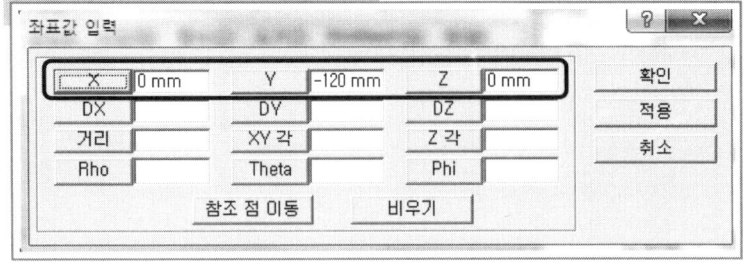

원 중심점은 스냅의 좌표값 입력을 사용하여 (X : 0mm, Y : −120mm, Z : 0mm) 인 좌표를 입력합니다.

도구 → 스냅 → 점 좌표 활성화

Step 28

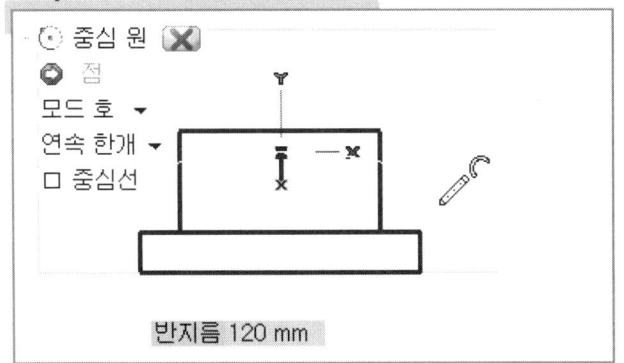

반지름 값은 120mm를 입력합니다.

Step 29

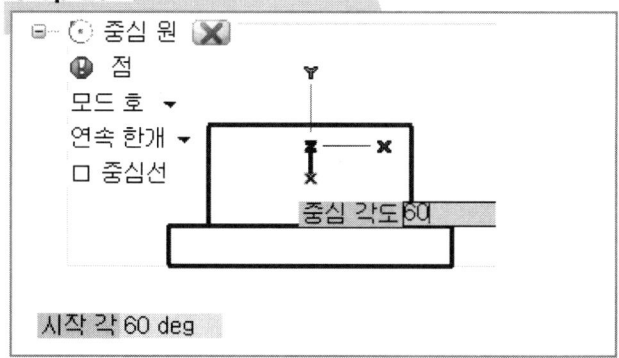

임의점을 클릭하면 그림과 같이 시작각과 중심각 입력 창이 표시됩니다.

시작각에는 60도를 중심각에는 60도를 입력하여 호의 크기를 정해줍니다.

Step 30

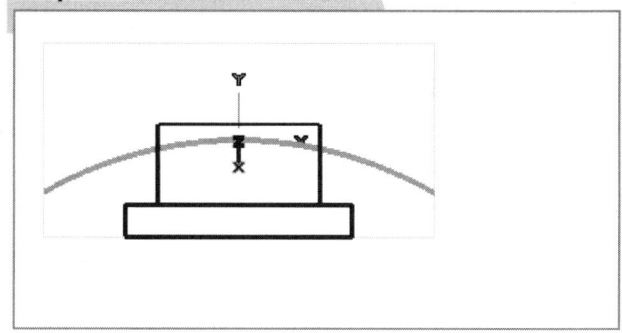

R120mm인 호가 생성되었습니다.

이제 솔리드를 잘라낼 서피스를 생성합니다.

Step 31

아무것도 선택되지 않은 상태에서 프로포셔널 명령을 실행합니다.

삽입 → 서피스 → 로프트 → 프로포셔널

Step 32

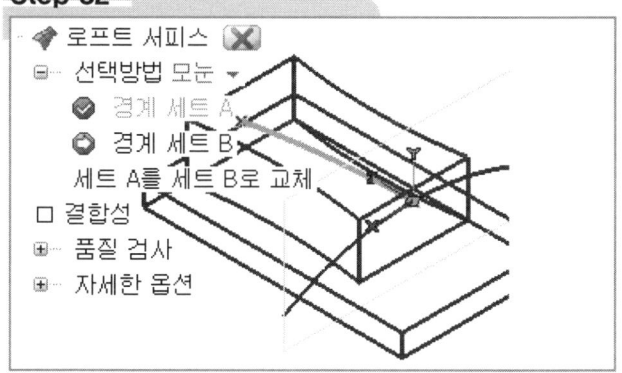

경계세트 A항목에서 R500mm호를 선택합니다.

Step 33

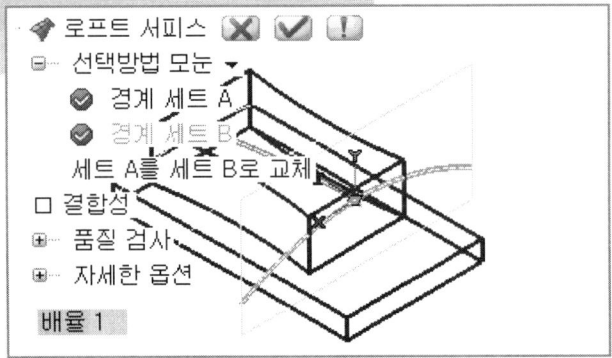

경계세트 B 항목을 클릭하여 활성화시키고 R120mm 호를 선택합니다.

Step 34

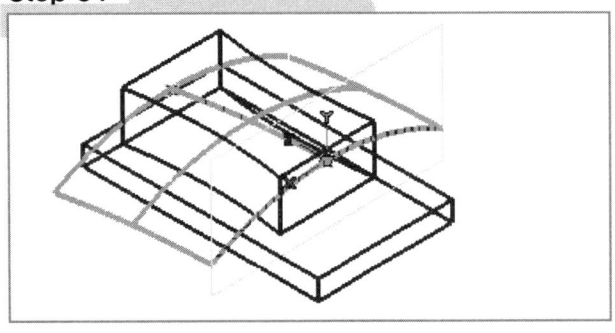

확인 버튼을 클릭하여 작업을 완료합니다.
Surface 생성이 완료되었습니다.

Step 35

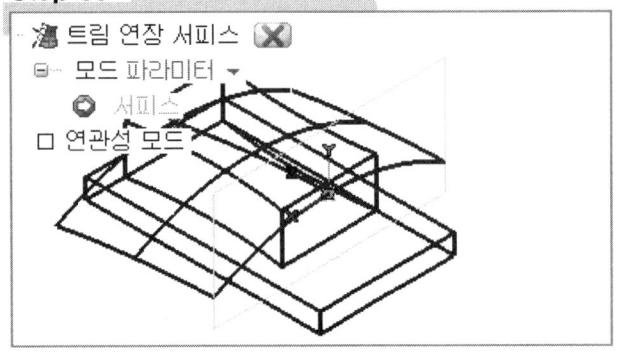

트림/연장 서피스 명령을 실행합니다.

Step 36

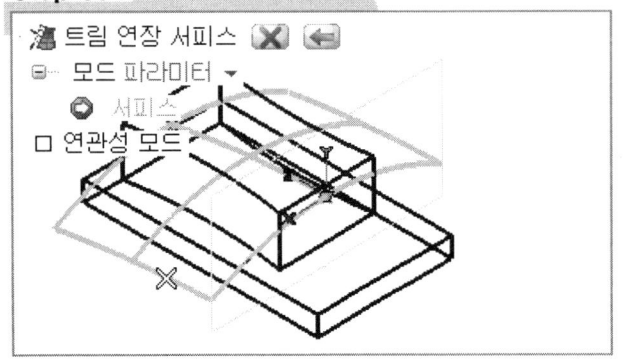

서피스로 위에서 생성된 서피스를 선택합니다.

Step 37

경고창에서 모두 예를 선택합니다.

Step 38

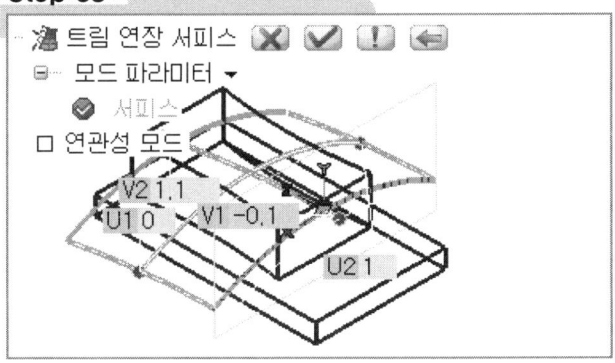

V1에 -0.1를 입력하고 V2에 -0.1을 입력하고 확인 버튼을 클릭합니다.

Step 39

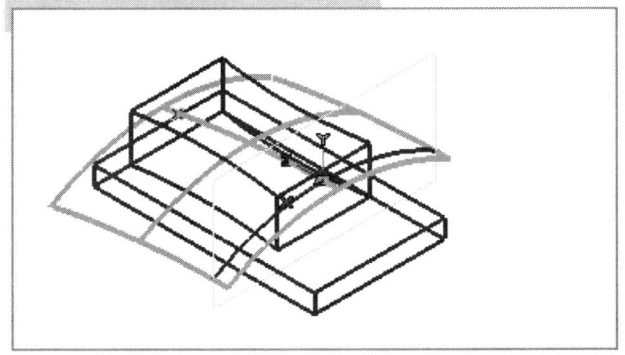

서피스가 연장 되었습니다.
표시는 쉐이딩으로 변경합니다.

Step 40

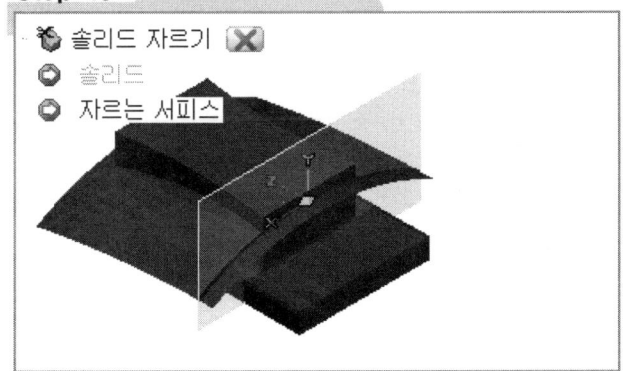

면편집이 끝나면 Cut Solid 명령을 실행하고 Solid 항목에서 잘라낼 솔리드를 선택합니다.

삽입 → 솔리드 → 자르기

Step 41

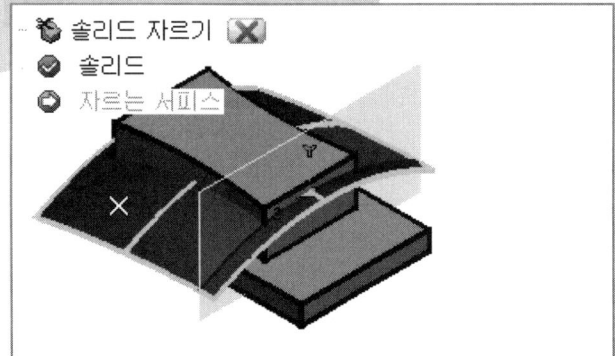

자르는 서피스 항목에서는 솔리드를 잘라낼 경계 서피스를 선택합니다.

Step 42

선택을 마치면 OK 버튼을 클릭하여 Cut Solid작업을 완료합니다.

※ 표시된 화살표는 경계 서피스를 기준으로 잘려질 방향을 가리키므로 위쪽을 향해야 합니다.
  방향이 맞지 않을 경우 화살표를 더블클릭하여 방향을 반전시킵니다.

Step 43

형상이 완성되었습니다.

Solid Boolean 명령을 사용하여 홈 생성하기

Step 1

단축키 [W]를 눌러 절대평면으로 변경합니다.

Step 2

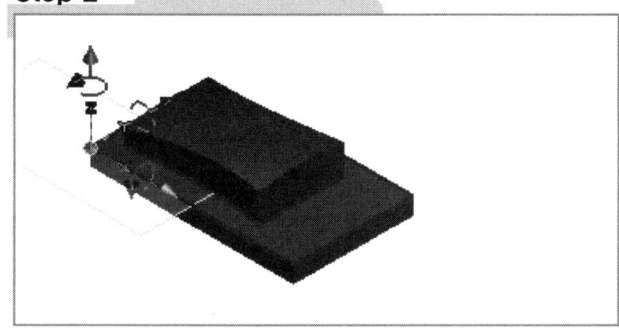

좌표계를 한번 클릭하여 작업평면 편집 명령을 실행합니다.

편집 → 작업평면 → 편집

Step 3

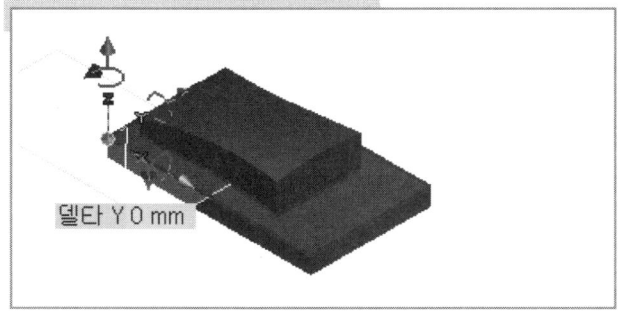

편집 명령이 실행되면 그림과 같이 각 축방향으로 두 개의 화살표가 표시됩니다.

그 중 Y축방향의 직선 화살표를 클릭합니다.

Step 4

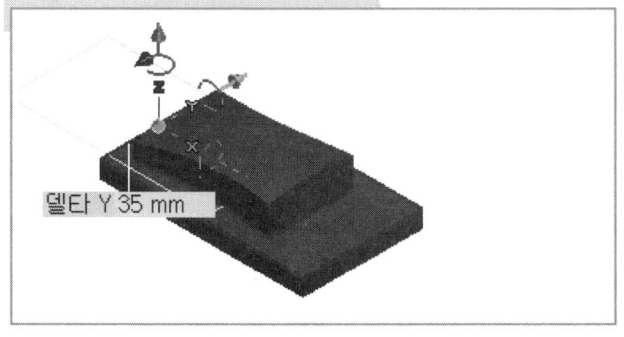

델타 Y 에 35mm를 입력합니다.
좌표계가 이동하는 것을 볼 수 있습니다.

Step 5

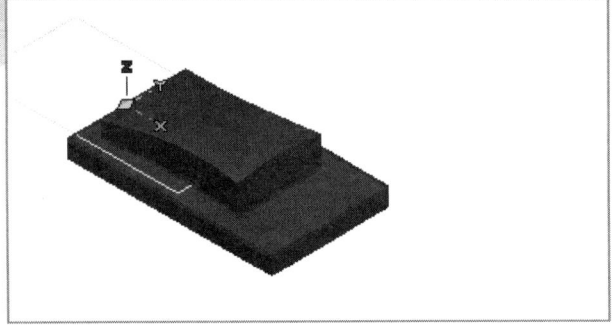

ESC 키를 누르면 좌표계 이동작업이 완료됩니다.

Step 6

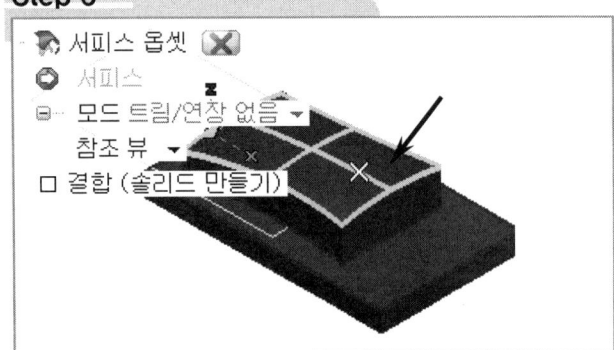

옵셋서피스 명령을 실행합니다.

서피스 항목에서 솔리드 윗면을 선택합니다.

삽입 → 서피스 → 옵셋

Step 7

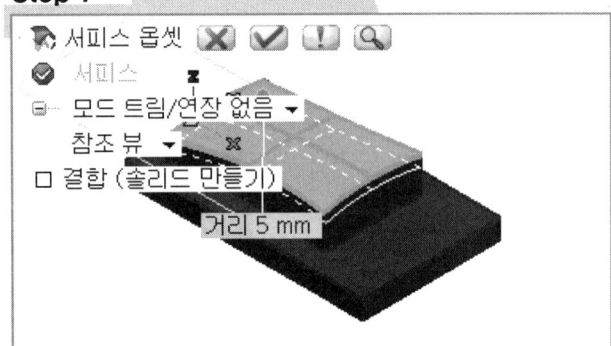

거리 값으로 5mm를 입력합니다.

위쪽으로 offset이 될 경우에는 거리에 값을 입력하여 방향을 반전시킵니다.

Step 8

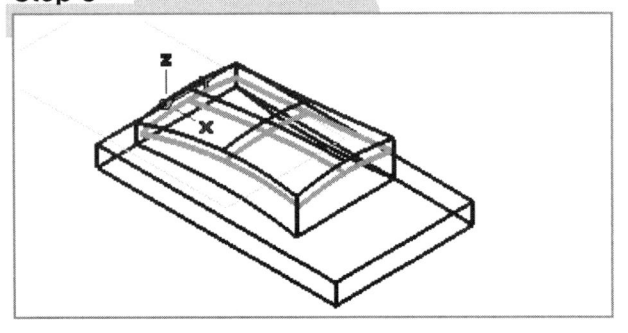

WireFrame View로 보면 그림과 같이 솔리드 안쪽에 Offset surface 가 생성된 것을 볼 수 있습니다.

Step 9

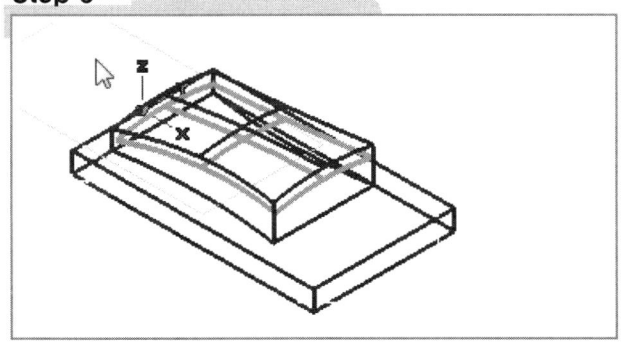

Offset surface가 선택된 상태에서 Ctrl버튼을 누른채로 엔티티 전체를 드래그하여 선택합니다.

Step 10

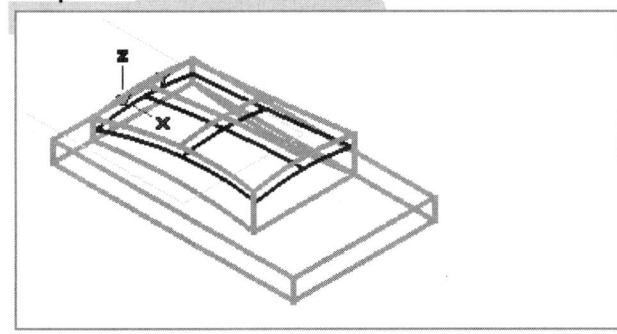

그러면 그림과 같이 Offset surface 를 제외한 모든 엔티티가 선택됩니다.

이때 Hide 명령을 실행하여 선택한 엔티티들을 감춰줍니다.

View → Hide Entities

Step 11

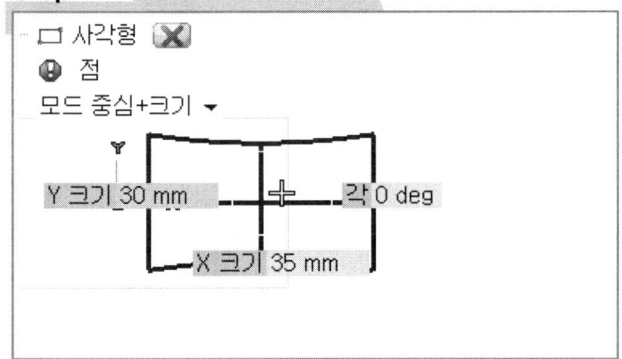

다음으로 홈의 윤곽선을 그립니다.

직사각형 명령어를 실행합니다. 중심+크기 mode에서 (X : 35mm, Y : 30mm) 를 입력합니다..

Step 12

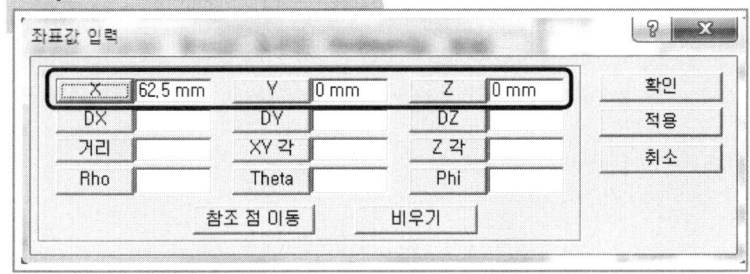

중심점은 스냅의 좌표값 입력을 사용하여 (X : 62.5mm, Y : 0mm, Z : 0mm)인 좌표를 입력합니다.

Step 13

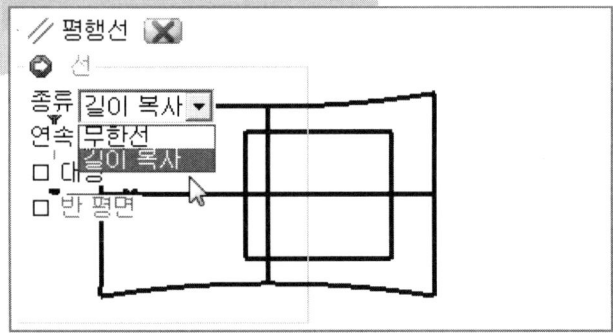

평행선 명령을 실행합니다.
종류는 길이복사를 선택합니다.

Step 14

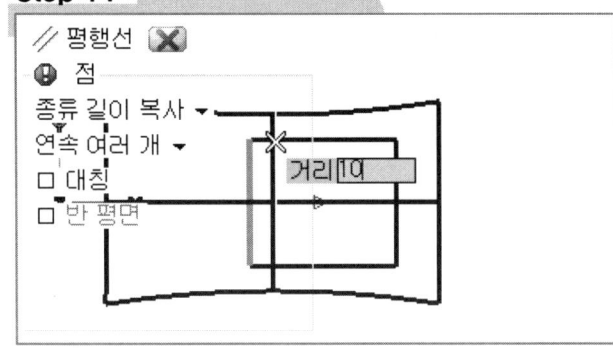

사각형의 좌측 수직선을 선택하고 거리로 10mm를 기입합니다.

※ 선이 생성되는 방향이 반대일 경우엔 값을 넣어주십시오.

Step 15

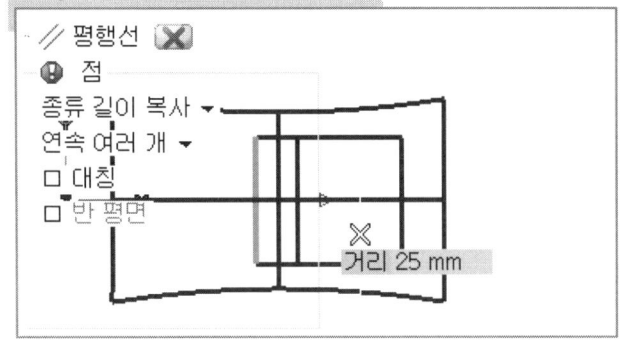

이번엔 25mm를 기입하고 평행선을 생성합니다.

Step 16

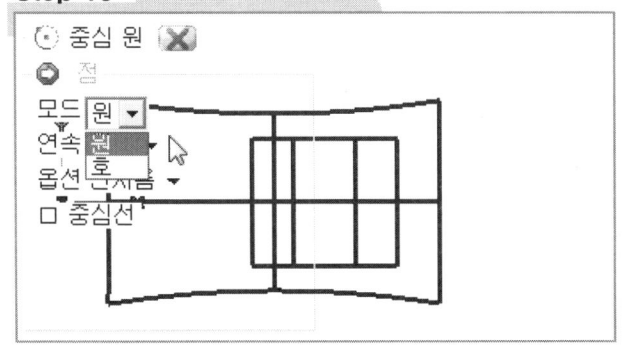

Circle given Center명령을 실행하고 Mode를 Circle로 지정합니다.
중심점으로 앞서 생성한 사각형의 상단 변과 위에서 작성한 평행선의 교차점을 선택합니다.

Step 17

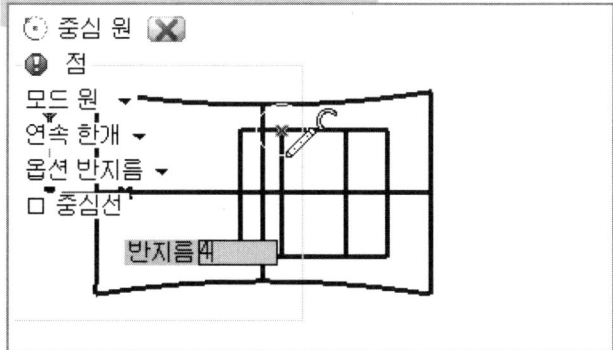

반지름으로는 4mm를 입력합니다.

Step 18

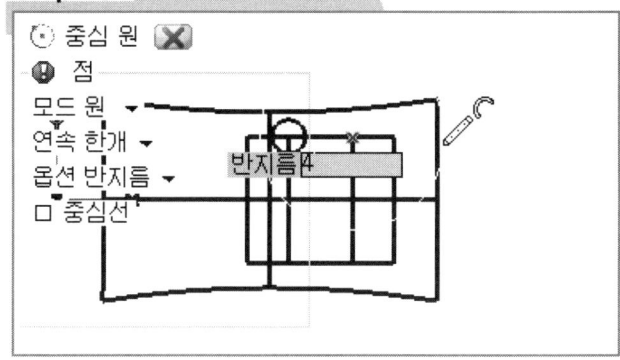

우측 평행선에도 똑같이 교차점을 중점으로 하고 반지름 4mm를 입력합니다.

Step 19

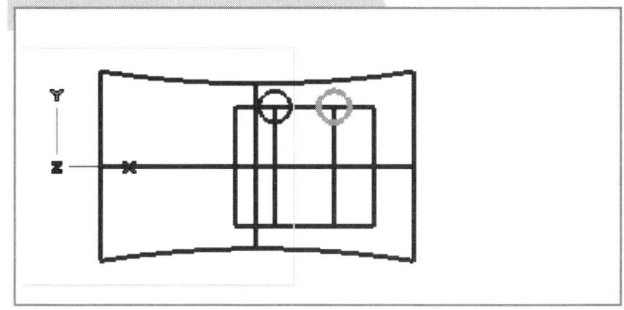

두개의 반지름 4mm 원이 생성 됐습니다.

Step 20

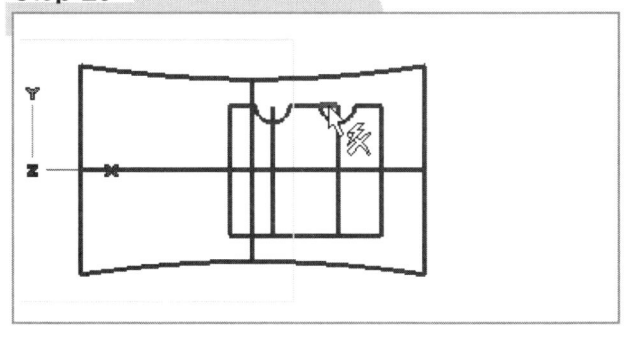

윤곽선의 모서리는 끊어지우기 명령을 사용하여 정리하고, 불필요한 선들은 지우기 명령으로 삭제합니다.

Step 21

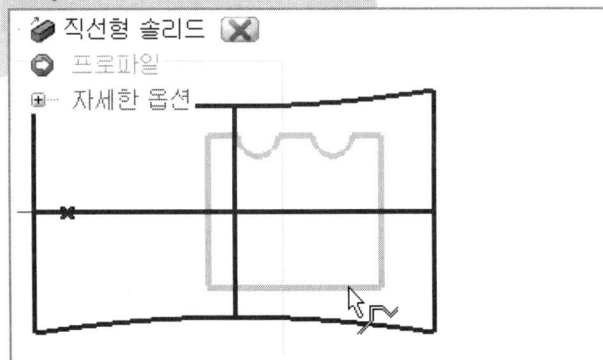

직선형 솔리드 명령에서 생성한 윤곽을 Profile로 선택합니다.
체인을 사용하면 윤곽선을 한번에 선택할 수 있습니다.

편집 → 선택 → 체인

Step 22

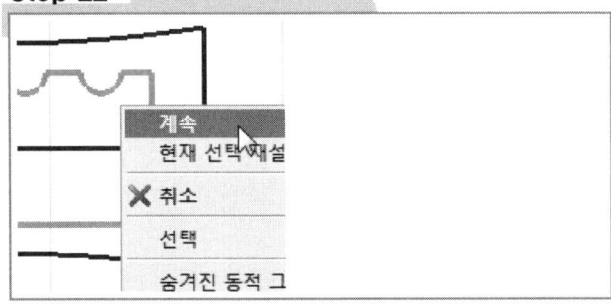

Profile 선택을 마치면 오른쪽 마우스를 클릭하고 명령어 목록에서 계속을 선택하여 다음 단계로 넘어갑니다.

Step 23

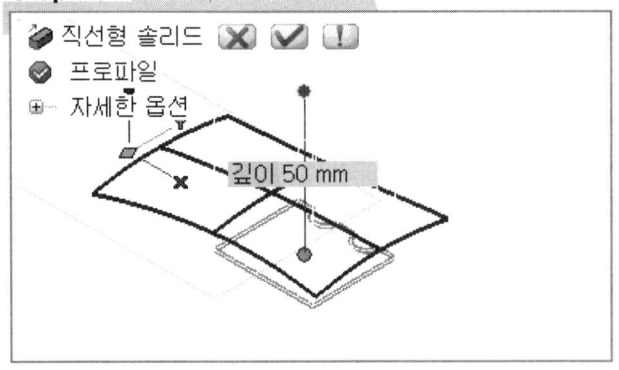

생성될 솔리드가 미리보기 됩니다. OK를 선택하여 작업을 완료합니다.

Step 24

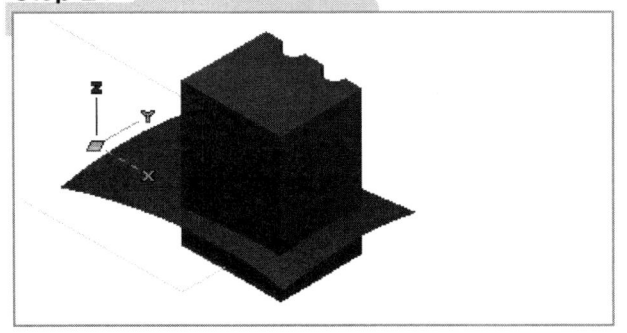

그림과 같이 솔리드가 생성됩니다.

Step 25

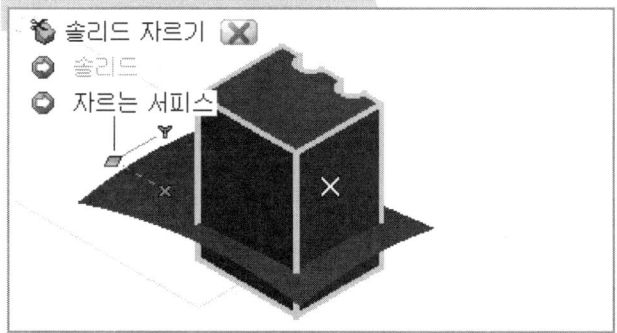

솔리드 자르기 명령어를 열고 잘라낼 솔리드를 선택합니다.

Step 26

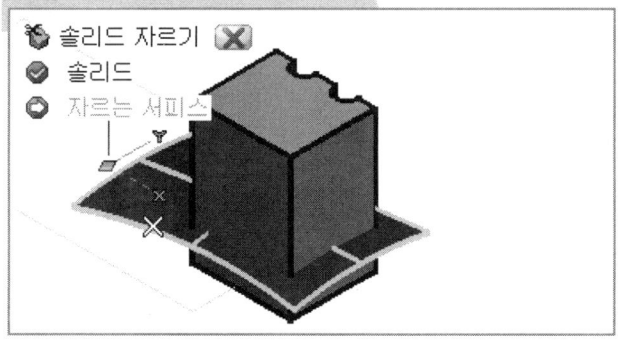

서피스 항목에서는 잘라낼 경계로 사용할 surface를 선택합니다.

Step 27

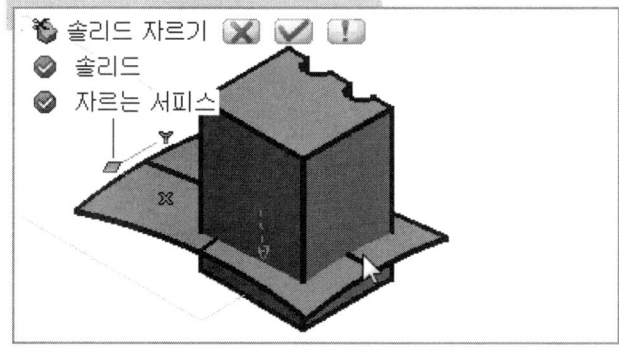

잘려질 방향을 표시하는 화살표가 아래쪽을 향하도록 한다음 작업을 완료합니다.

방향이 맞지 않을 경우 화살표를 더블클릭하여 방향을 반전시킵니다.

Step 28

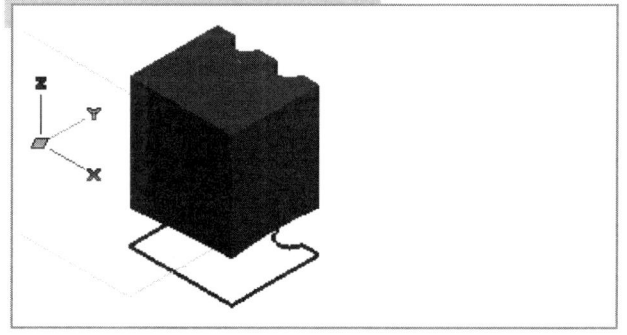

솔리드 자르기 작업이 완료 되었습니다

Step 29

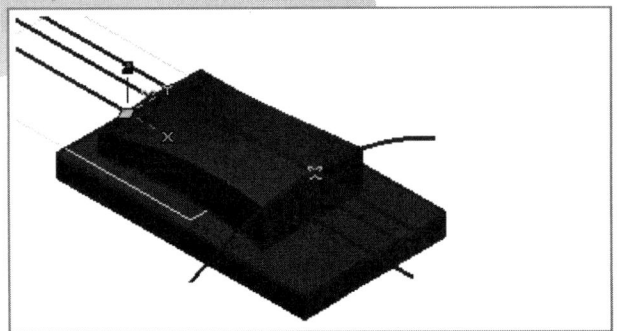

엔티티 보이기 ![icon] 명령을 이용하여 감춰둔 솔리드를 불러옵니다.
엔티티 보이기 명령을 실행하면 화면이 반전되며 감춰진 엔티티들이 보이는데, 이때 불러올 솔리드만을 선택합니다.

Step 30

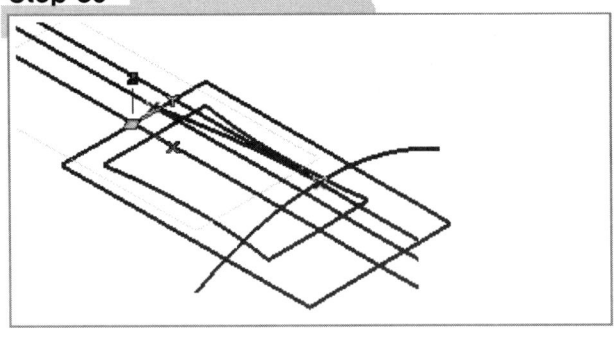

Unhide 명령이 실행되는 상태에서 솔리드를 선택하면 반전된 화면에서는 더 이상 보이지 않게 됩니다.
선택이 끝나면 Esc 버튼을 눌러 작업을 완료합니다.

Step 31

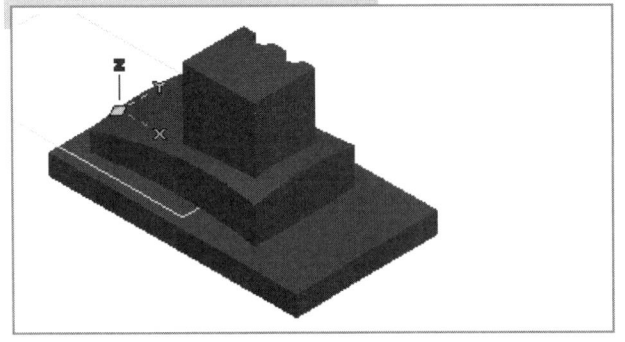

이제 화면에 두개의 솔리드가 표시됩니다.

Step 32

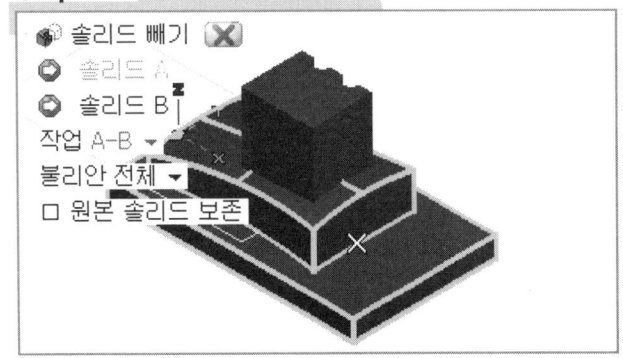

솔리드 빼기 명령어를 열고 솔리드 A 항목에서 불러온 솔리드를 선택합니다.

삽입 → 솔리드 → 불리언 → 빼기

Step 33

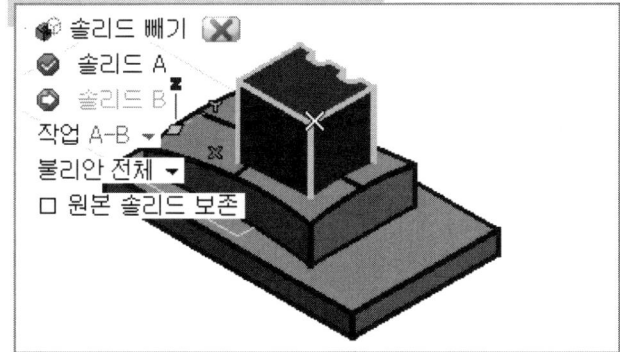

솔리드 B에서는 새로 만든 솔리드를 선택합니다.

작업을 A-B로 놓으면 A솔리드에서 B솔리드 형상을 잘라낸 형상의 솔리드를 얻을 수 있습니다.

Step 34

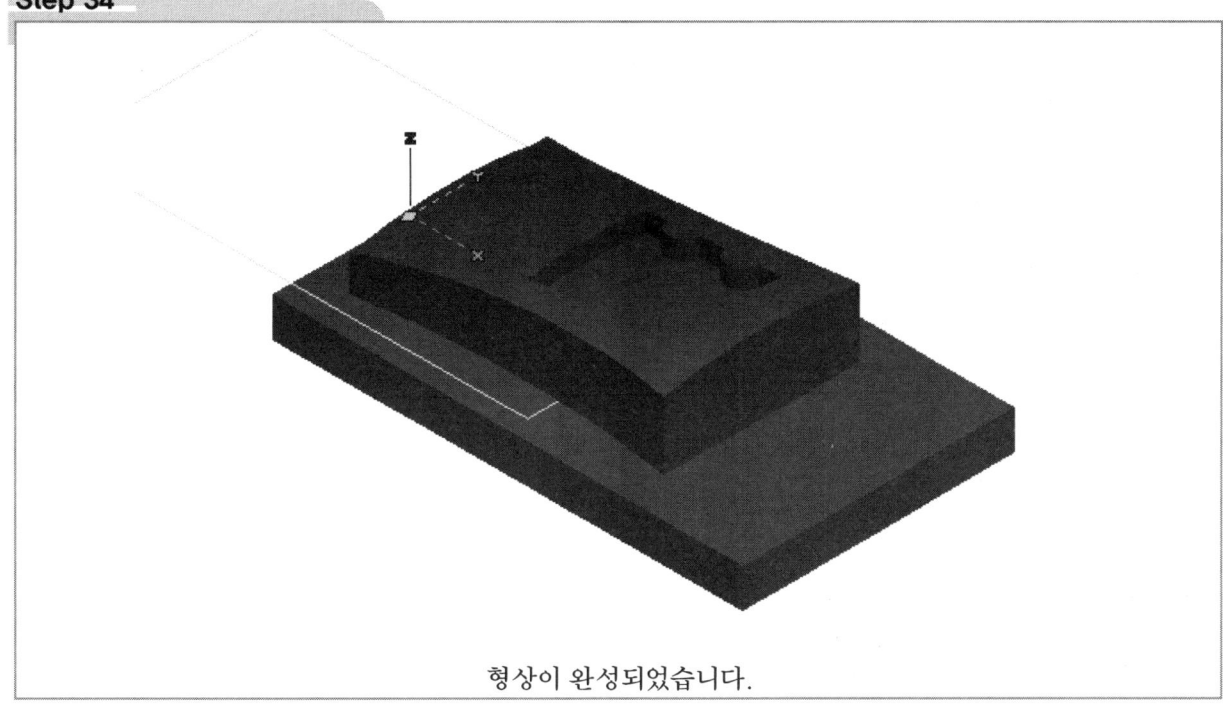

형상이 완성되었습니다.

회전 형상 및 돌출 형상 만들기

Step by Step

Step 1

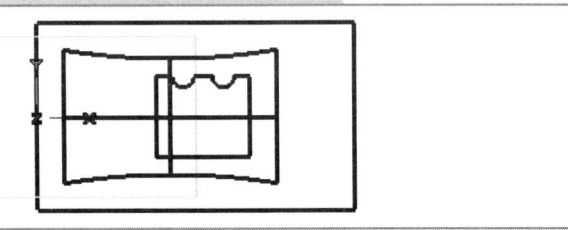

뷰방향은 Top View로, Display는 Wire Frame으로 변경합니다.

Step 2

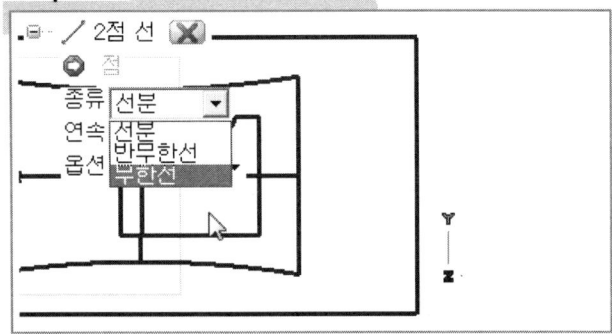

2-Point Line 명령을 실행시키고 종류는 무한선으로 선택합니다.

Step 3

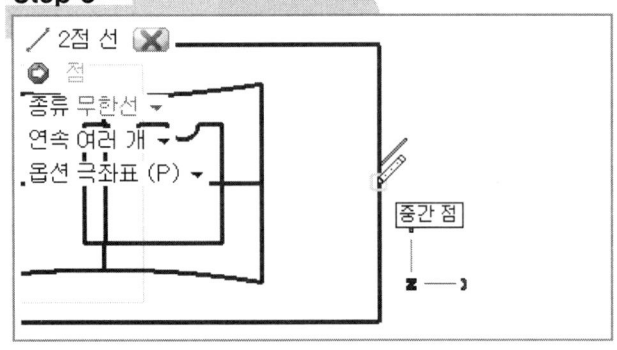

그림에서와 같이 솔리드의 모서리 중점을 시작점으로 선택합니다.

Step 4

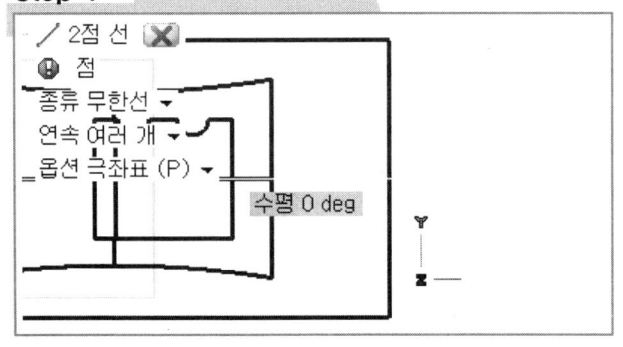

각도를 수평 0으로 기입하고 수평선을 작성합니다.

Step 5

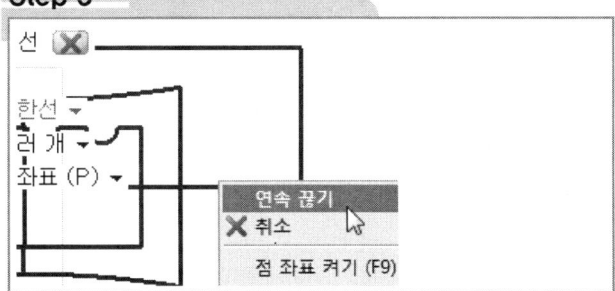

오른 마우스 버튼을 눌러 연결끊기를 입력합니다.

Step 6

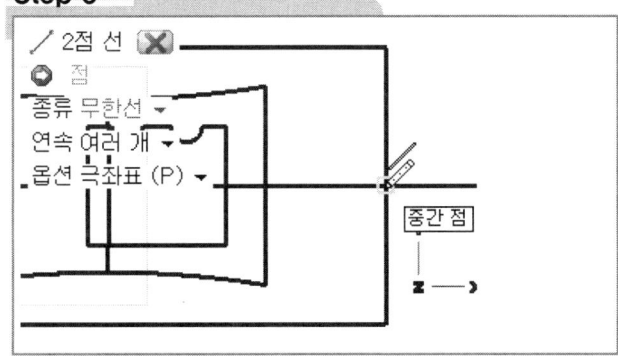

그림에서와 같이 위에서 작성된 수평선이 작성된 솔리드의 모서리 중점을 시작점으로 선택합니다.

Step 7

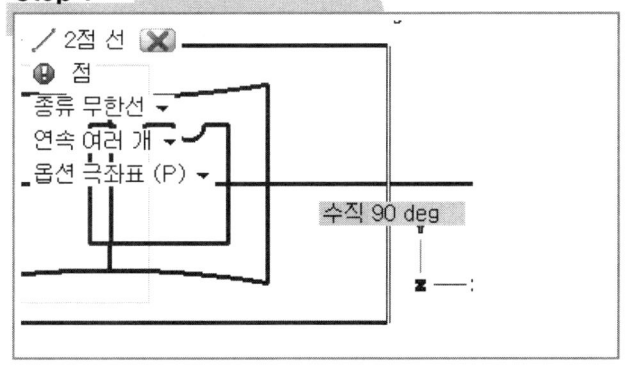

각도를 수직 90으로 기입하고 수직선을 작성합니다.

Step 8

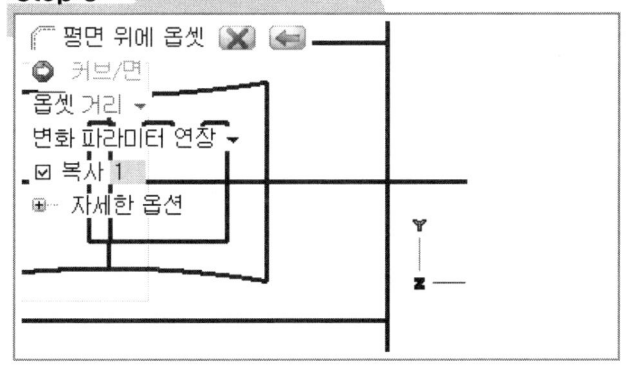

평면위에 옵셋 명령을 실행합니다.

삽입 → 제도 → 평면위에 옵셋

Step 9

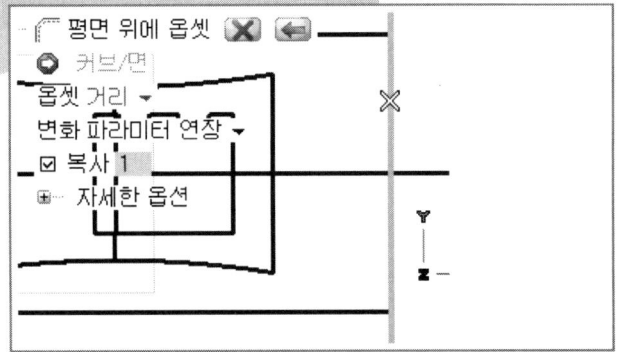

커브/면 항목에서 그림과 같이 위에서 작성된 수직선을 선택합니다.

Step 10

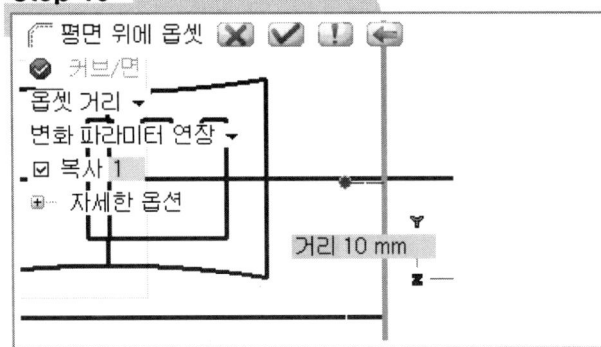

Offset curve가 미리보기됩니다.
거리에 10mm를 입력하고 적용 버튼을 눌러 작업을 완료합니다.

※ 바깥쪽으로 Offset 될 경우 값을 입력하여 Offset 방향을 바꿉니다.

Step 11

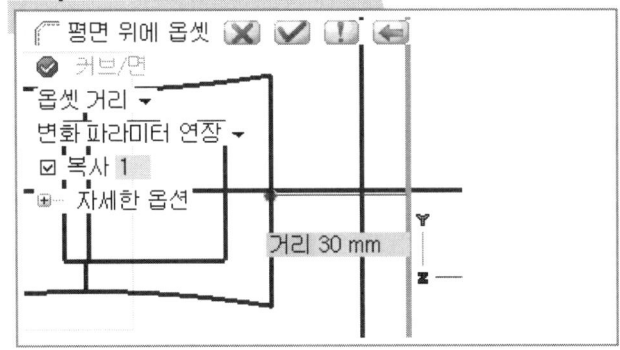

다시 수직선을 선택합니다.
거리에 30mm를 입력하고 적용버튼을 눌러 작업을 완료합니다.

Step 12

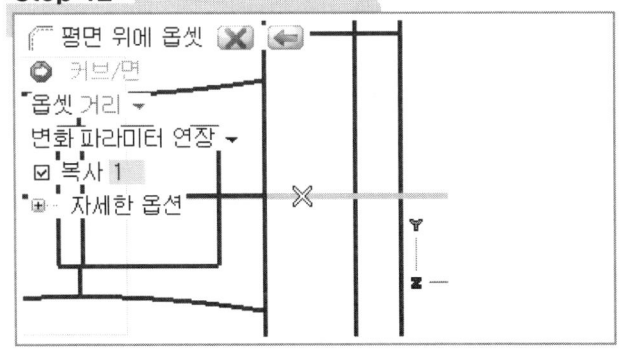

커브/면 항목에서 그림과 같이 위에서 작성된 수평선을 선택합니다.

Step 13

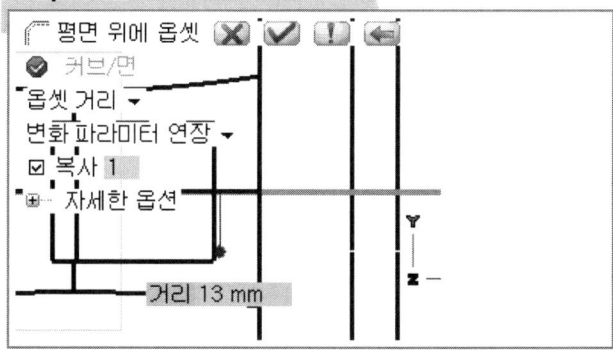

Offset curve가 미리보기됩니다.
거리에 13mm를 입력하고 적용 버튼을 눌러 작업을 완료합니다.

※ 바깥쪽으로 Offset 될 경우 값을 입력하여 Offset 방향을 바꿉니다.

Step 14

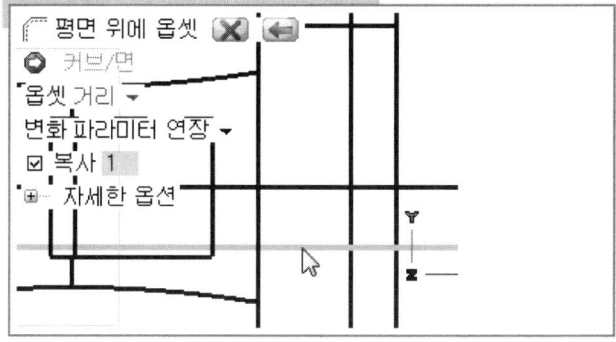

커브/면 항목에서 그림과 같이 위에서 작성된 옵셋 커브를 선택합니다.

Step 15

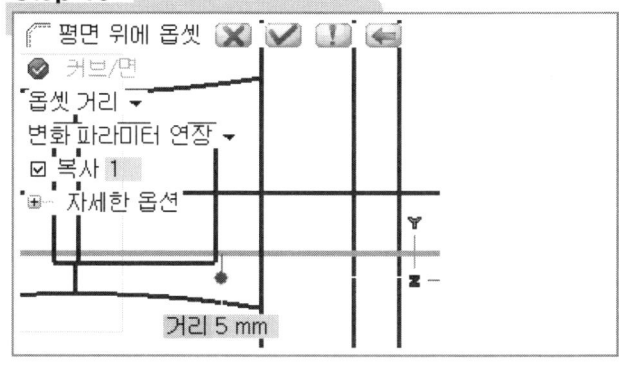

Offset curve가 미리보기됩니다.
거리에 5mm를 입력하고 적용 버튼을 눌러 작업을 완료합니다.

Step 16

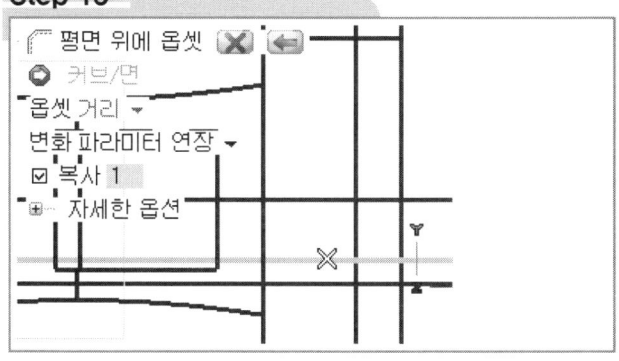

커브/면 항목에서 그림과 같이 위에서 작성된 옵셋 커브를 선택합니다.

Step 17

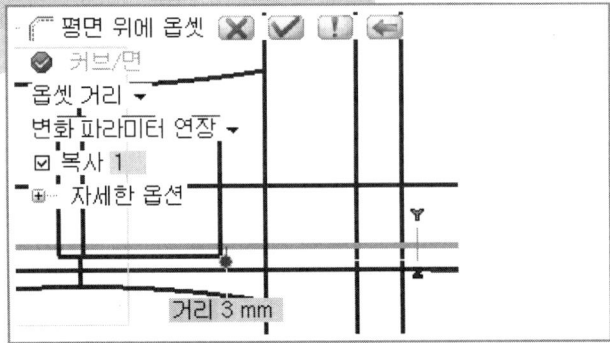

Offset curve가 미리보기됩니다.
거리에 3mm를 입력하고 적용 버튼을 눌러 작업을 완료합니다.

Step 18

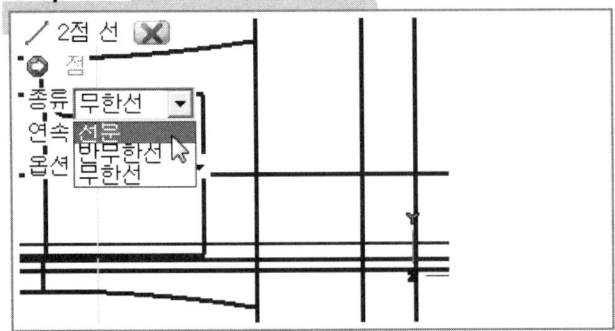

2점 선을 명령을 실행합니다.
종류는 선분으로 선택합니다.

Step 19

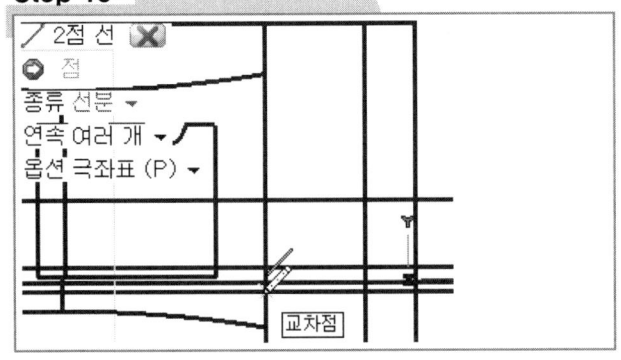

옆의 그림과 같이 옵셋된 커브의 교차점을 시작점으로 선택합니다.

Step 20

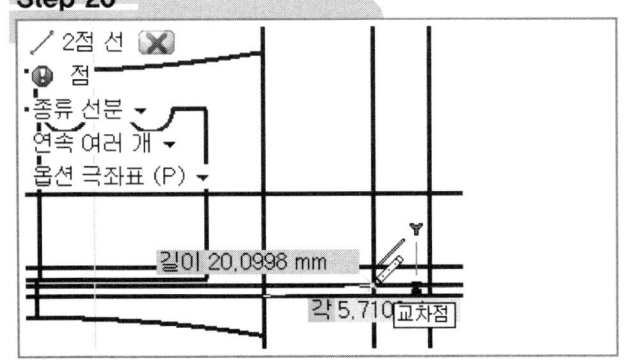

옆의 그림과 같이 옵셋된 커브의 교차점을 끝점으로 선택하고 커브를 작성합니다,.

Step 21

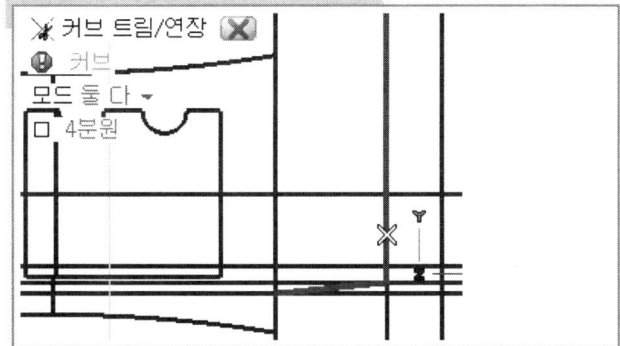

윤곽선의 모서리는 트림/연장 커브 명령을 사용하여 정리하고, 불필요한 선들은 지우기 명령으로 삭제합니다.

Step 22

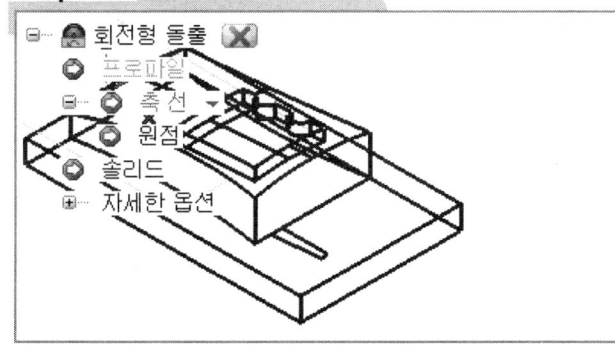

회전형 돌출 명령을 실행합니다.

삽입 → 솔리드 → 스윕 → 회전형 돌출

Step 23

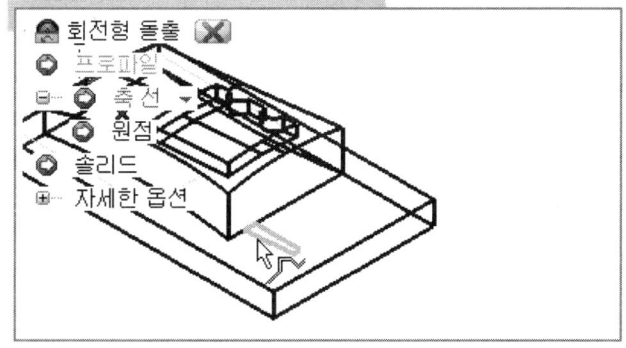

Profile 로는 앞서 그린 윤곽선을 선택합니다.

Step 24

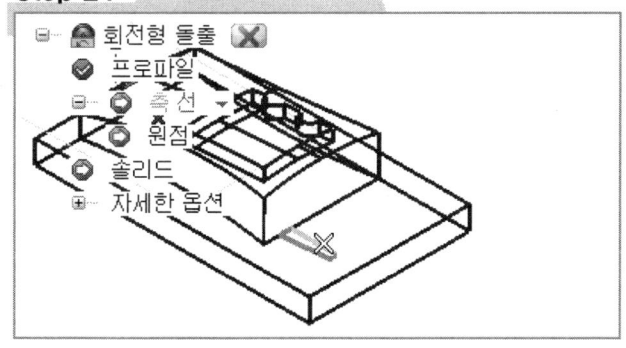

Axis 항목에서 첫번째로 그린 선을 회전축으로 선택합니다.

※ 이때 Axis 항목을 선택하여 활성화 시키면 Profile이 놓여있는 솔리드가 자동으로 Solid 항목에 선택됩니다.

Step 25

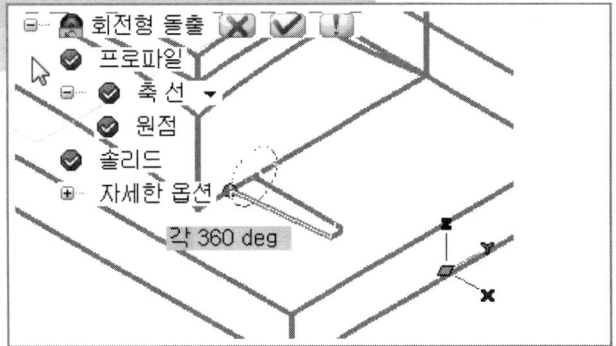

그림과 같이 돌출형상이 미리보기되면 작업을 완료합니다.

Step 26

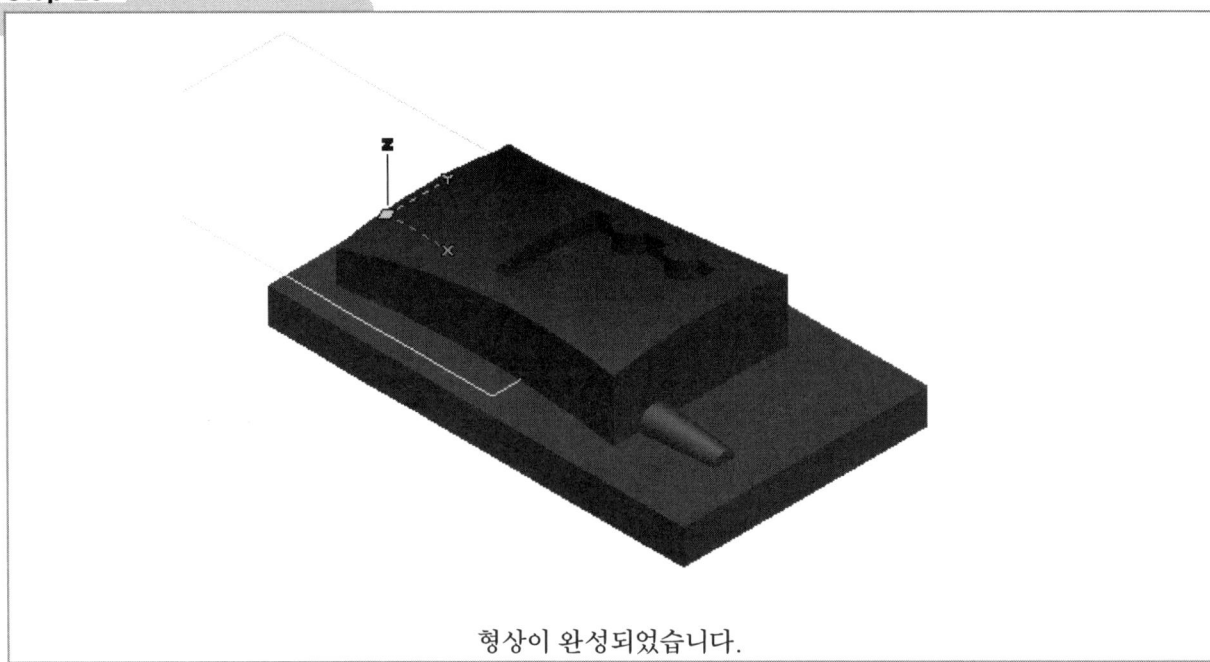

형상이 완성되었습니다.

Solid Boolean 명령을 사용하여 홈 생성하기

Step 1

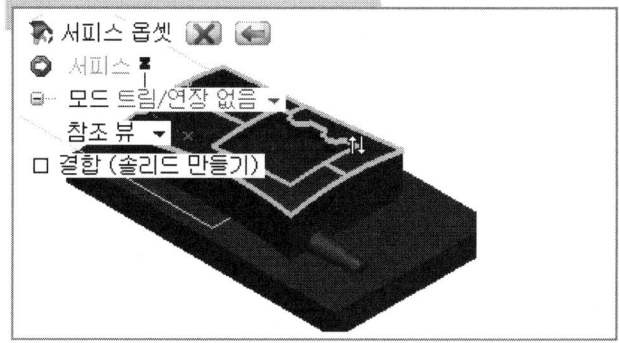

서피스 옵셋 명령을 실행합니다.

서피스 항목에서 솔리드 윗면을 선택합니다.

삽입 → 서피스 → 옵셋

Step 2

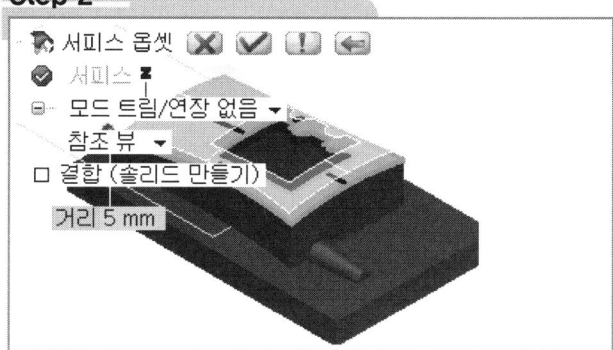

거리 값으로 5mm를 입력합니다.

아래쪽으로 offset이 될 경우에는 거리에 값을 입력하여 방향을 반전시킵니다.

Step 3

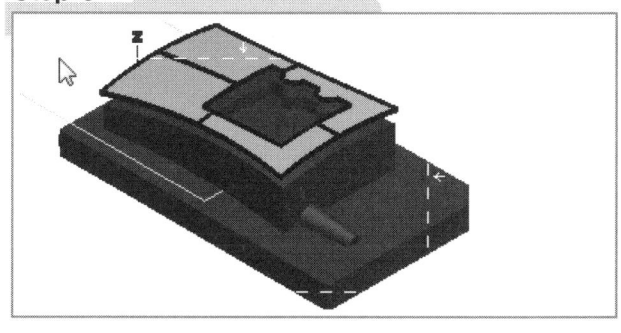

Offset surface가 선택된 상태에서 Ctrl버튼을 누른채로 엔티티 전체를 드래그하여 선택합니다.

Step 4

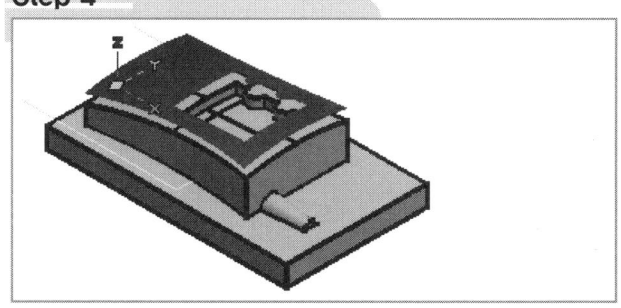

그러면 그림과 같이 Offset surface 를 제외한 모든 엔티티가 선택됩니다.

이때 Hide 명령을 실행하여 선택한 엔티티들을 감춰줍니다.

View → Hide Entities

Step 5

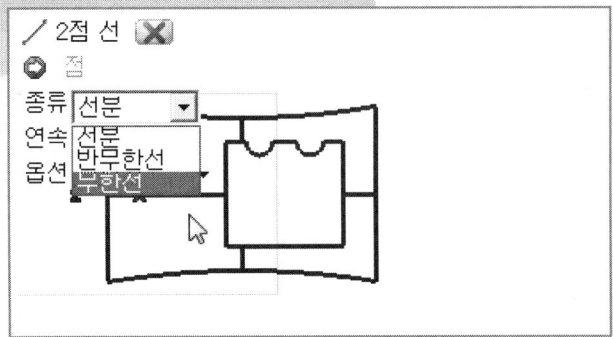

다음으로 홈의 윤곽선을 그립니다.
2-Point Line 명령을 실행시키고 종류는 무한선으로 선택합니다.

Step 6

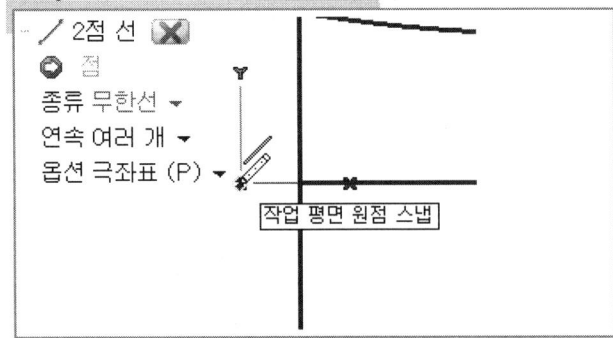

스냅에 좌표평면 원점 스냅을 이용하여 무한선의 시작점을 입력합니다.

Step 7

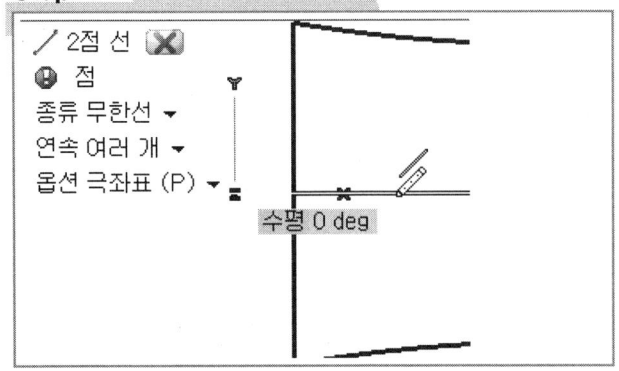

각도를 수평 0으로 기입하고 수평선을 작성합니다.

Step 8

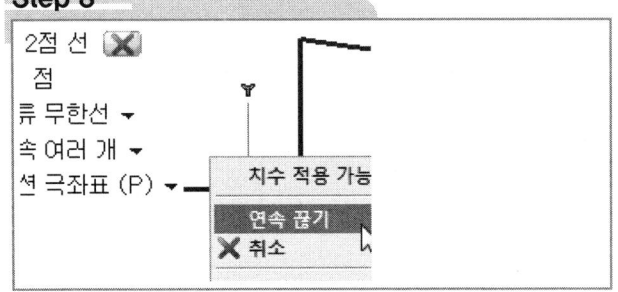

오른 마우스 버튼을 눌러 연결끊기를 입력합니다.

Step 9

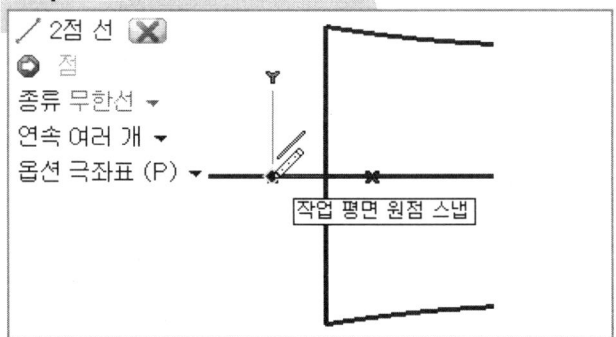

스냅에 좌표평면 원점 스냅을 이용하여 무한선의 시작점을 입력합니다.

Step 10

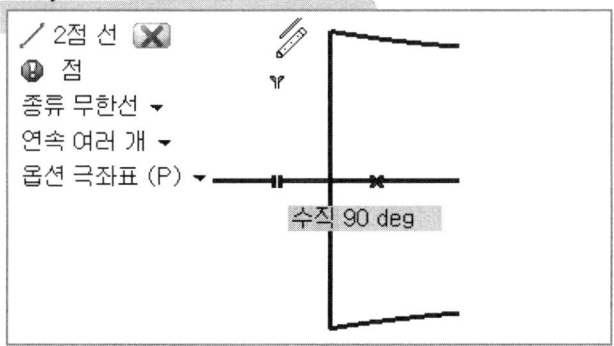

각도를 수평 90으로 기입하고 수직선을 작성합니다.

Step 11

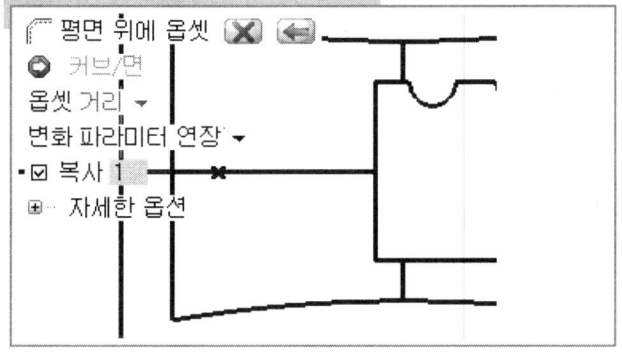

평면위에 옵셋 명령을 실행합니다.

삽입 → 제도 → 평면위에 옵셋

Step 12

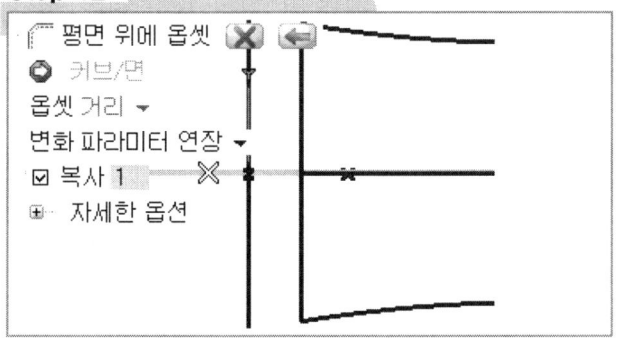

커브/면 항목에서 그림과 같이 위에서 작성된 수평선을 선택합니다.

Step 13

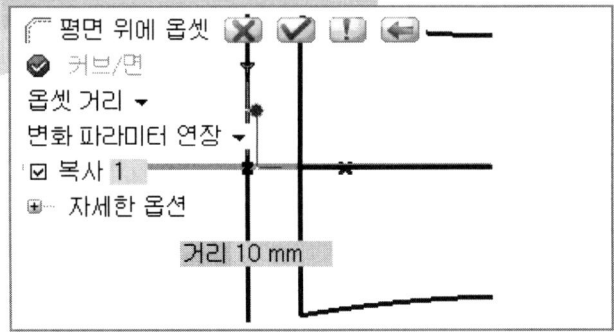

Offset curve가 미리보기됩니다.
거리에 10mm를 입력하고 적용 버튼을 눌러 작업을 완료합니다.

Step 14

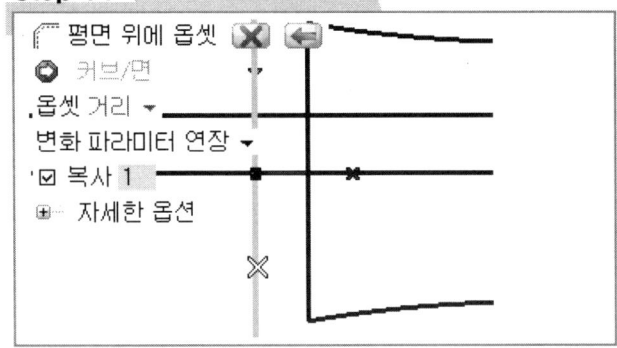

커브/면 항목에서 그림과 같이 위에서 작성된 수직선을 선택합니다.

Step 15

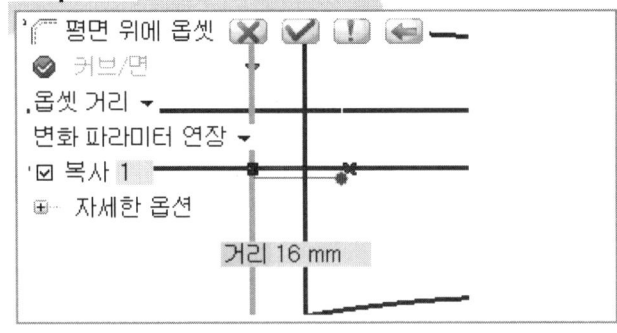

Offset curve가 미리보기됩니다.
거리에 16mm를 입력하고 적용 버튼을 눌러 작업을 완료합니다.

Step 16

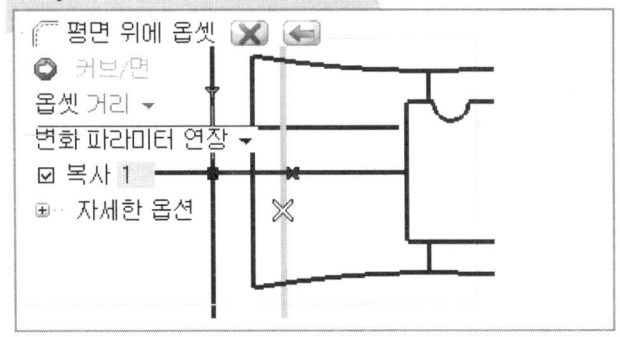

커브/면 항목에서 그림과 같이 위에서 작성된 수직 옵셋 커브를 선택합니다.

Step 17

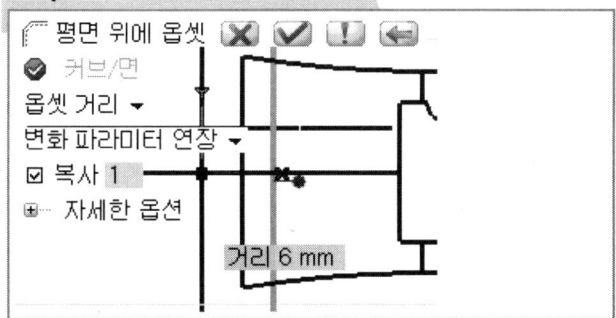

Offset curve가 미리보기됩니다.
거리에 6mm를 입력하고 확인 버튼을 눌러 작업을 완료합니다.

Step 18

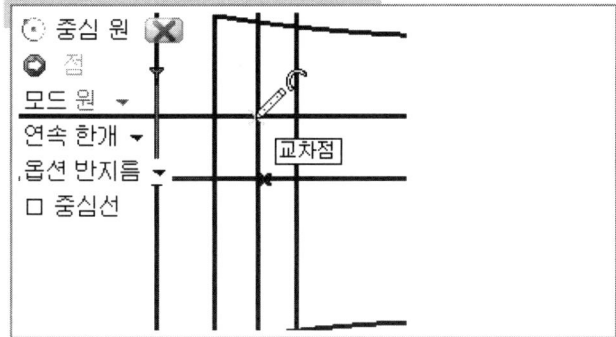

중심점 원 명령을 실행합니다.
옆의 그림과 같이 옵셋커브 교차점을 중심점으로 선택합니다.

Step 19

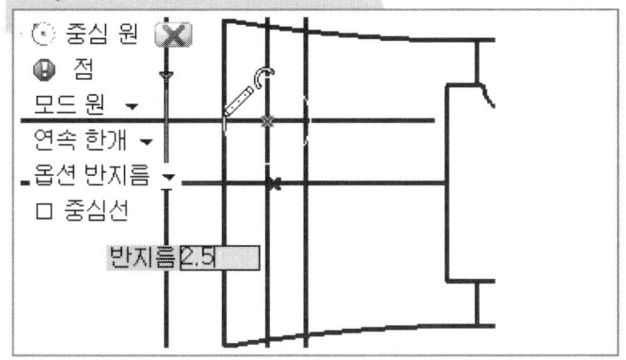

반지름 2.5mm를 입력합니다.

Step 20

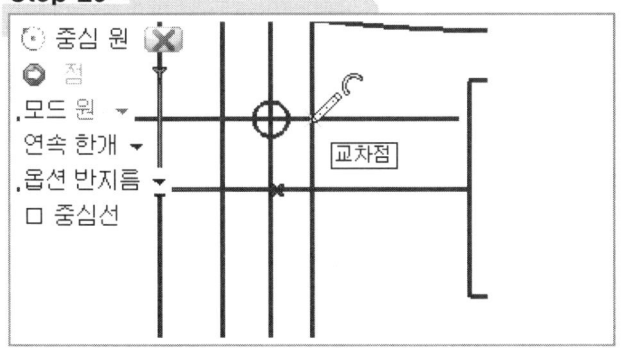

이번에도 옆의 그림과 같이 옵셋커브 교차점을 중심점으로 선택합니다.

Step 21

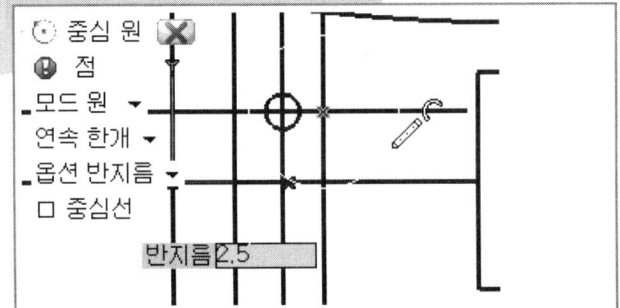

반지름 2.5mm를 입력하고 원을 작성합니다.

Step 22

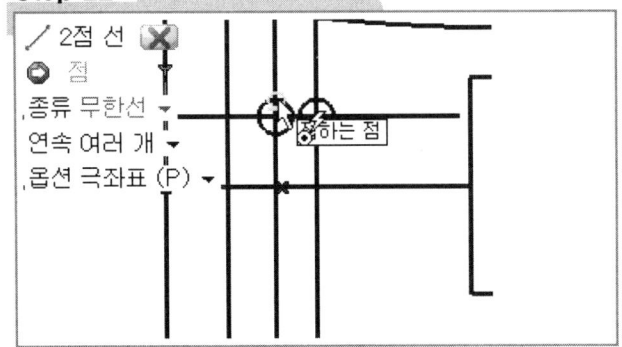

2점 선 명령을 실행하고 스냅의 접점 스냅을 이용하여 옆의 그림과 같이 시작점으로 원의 접하는 점을 선택합니다.

Step 23

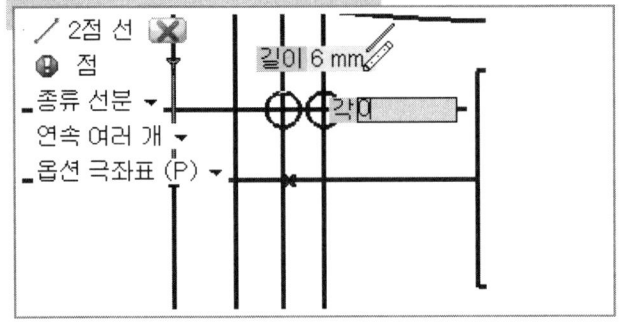

길이 6mm 각도 0도를 기입하고 선을 작성합니다.

Step 24

오른 마우스 버튼을 눌러 연결끊기를 입력합니다.

Step 25

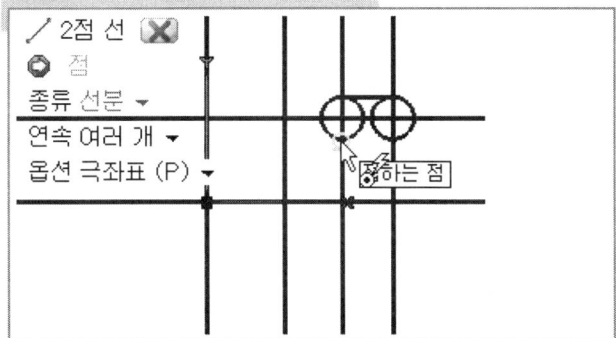

스냅의 접점 스냅을 이용하여 옆의 그림과 같이 시작 접으로 원의 접하는 점을 선택합니다.

Step 26

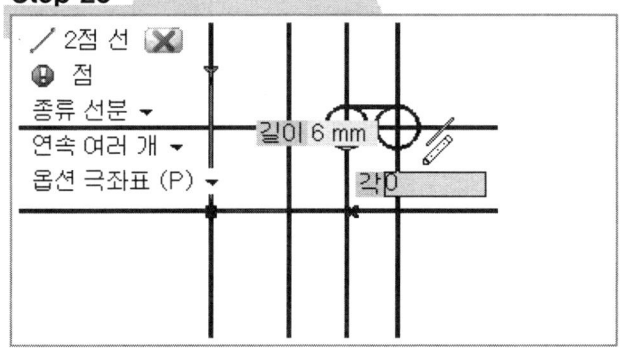

길이 6mm 각도 0도를 기입하고 선을 작성합니다.

Step 27

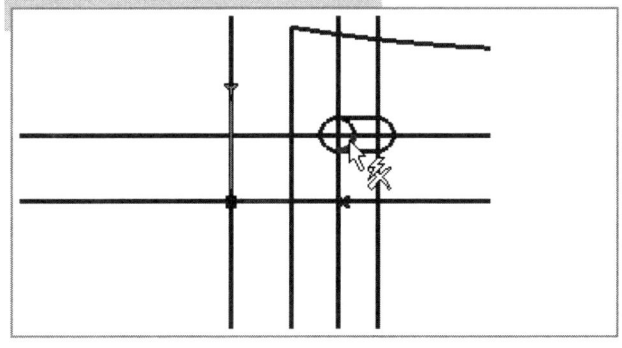

끊어지우기 명령과 지우기 명령을 이용하여 불필요한 선들을 삭제합니다.

Step 28

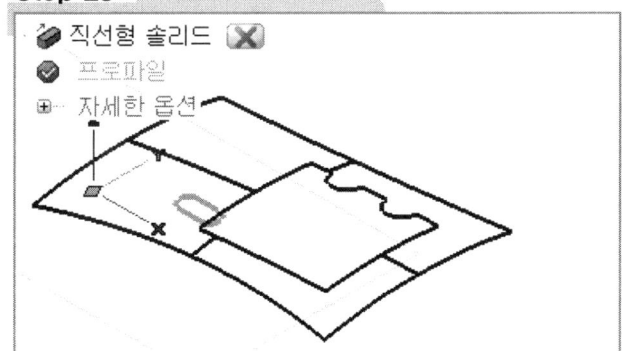

Linser Solid 명령에서 생성한 윤곽을 Profile로 선택합니다.
Chain을 사용하면 윤곽선을 한번에 선택할 수 있습니다.

Edit → Select → Chain

Step 29

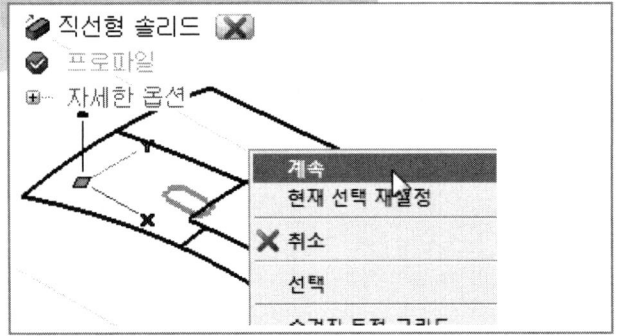

Profile 선택을 마치면 오른쪽 마우스를 클릭하고 명령어 목록에서 계속을 선택하여 다음 단계로 넘어갑니다.

Step 30

생성될 솔리드가 미리보기 됩니다. OK를 선택하여 작업을 완료합니다.

Step 31

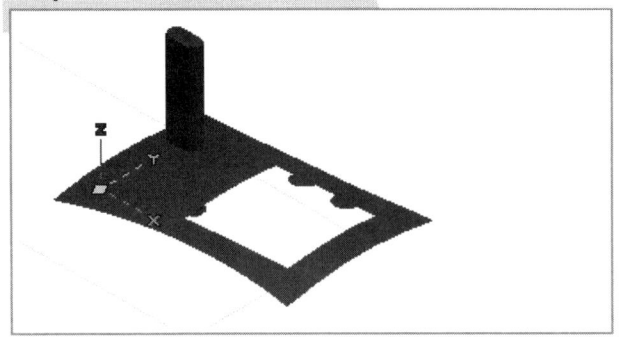

그림과 같이 솔리드가 생성됩니다.

Step 32

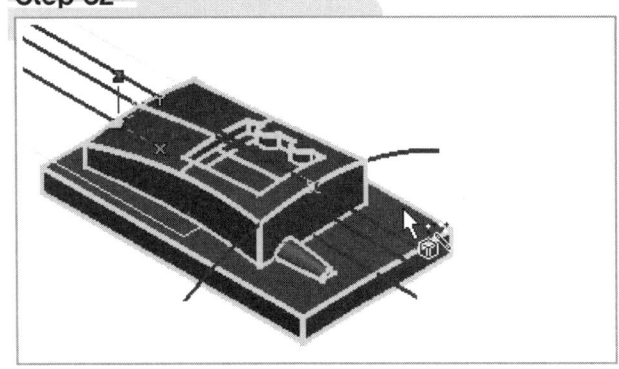

Unhide 명령을 이용하여 감춰둔 솔리드를 불러옵니다.

Unhide 명령을 실행하면 화면이 반전되며 감춰진 엔티티들이 보이는데, 이때 불러올 솔리드만을 선택합니다.

Step 33

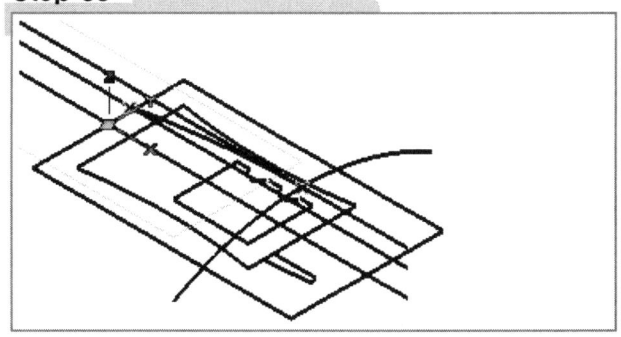

Unhide 명령이 실행되는 상태에서 솔리드를 선택하면 반전된 화면에서는 더 이상 보이지 않게 됩니다. 선택이 끝나면 Esc 버튼을 눌러 작업을 완료합니다.

Step 34

이제 화면에 두 개의 솔리드가 표시됩니다.

Step 35

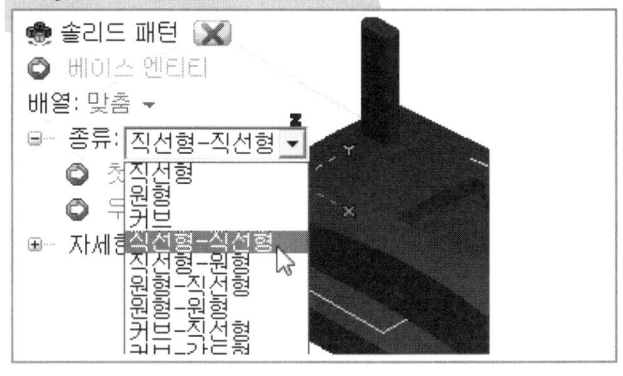

솔리드 패턴 명령을 실행합니다.
종류는 직선-직선으로 선택합니다.

Step 36

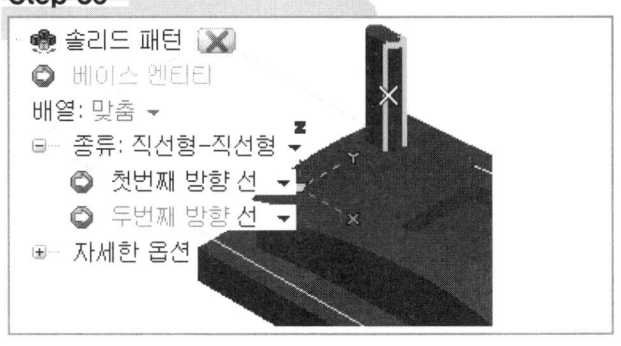

베이스 엔티티로 위에서 작성된 솔리드를 선택합니다.

Step 37

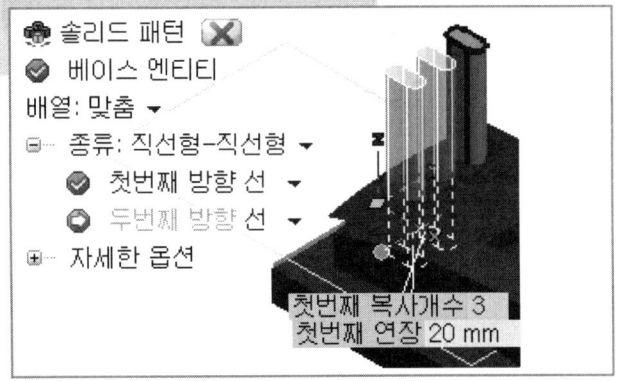

첫번째 방향으로 사각 베이스의 Y축 모서리를 첫번째 방향으로 선택하고 첫번째 복사개수 3개와 첫번째 연장 20mm를 입력합니다.

Step 38

두번째 방향으로 사각 베이스의 X축 모서리를 두번째 방향으로 선택하고 두번째 복사개수 2개와 두번째 연장 16mm를 입력하고 확인 버튼을 입력합니다.

Step 39

솔리드 합치기 명령을 실행합니다.

삽입 → 불리언 → 합치기

Step 40

옵셋된 서피스를 제외한 모든 솔리드를 선택하고 확인 버튼을 입력합니다.

Step 41

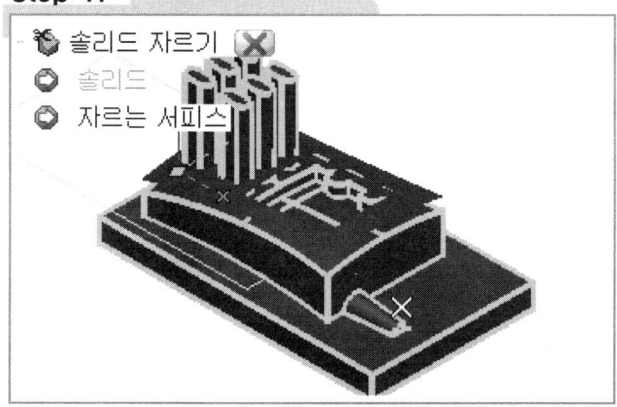

솔리드 자르기 명령어를 열고 잘라낼 솔리드를 선택합니다.

Step 42

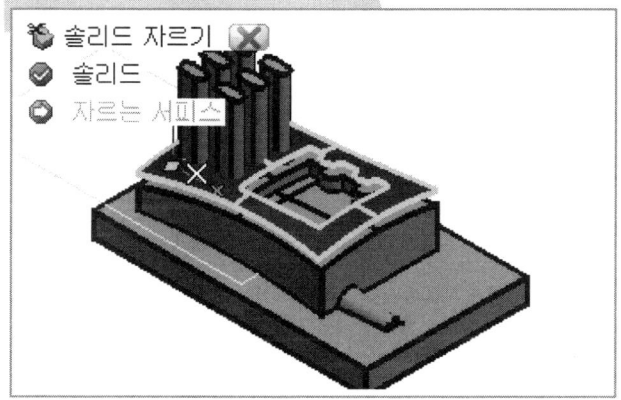

자르는 서피스 항목에서는 잘라낼 경계로 사용할 surface를 선택합니다.

Step 43

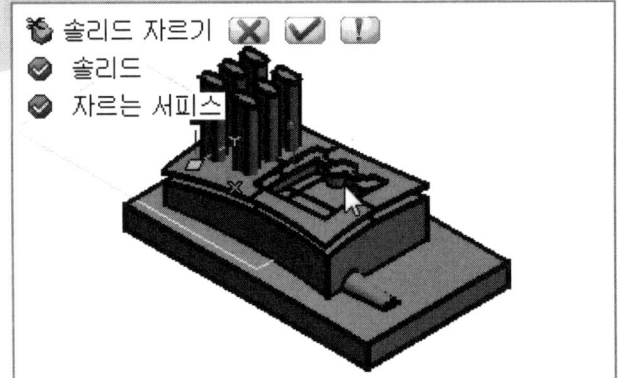

잘려질 방향을 표시하는 화살표가 아래쪽을 향하도록 한다음 작업을 완료합니다.

방향이 맞지 않을 경우 화살표를 더블클릭하여 방향을 반전시킵니다.

Step 44

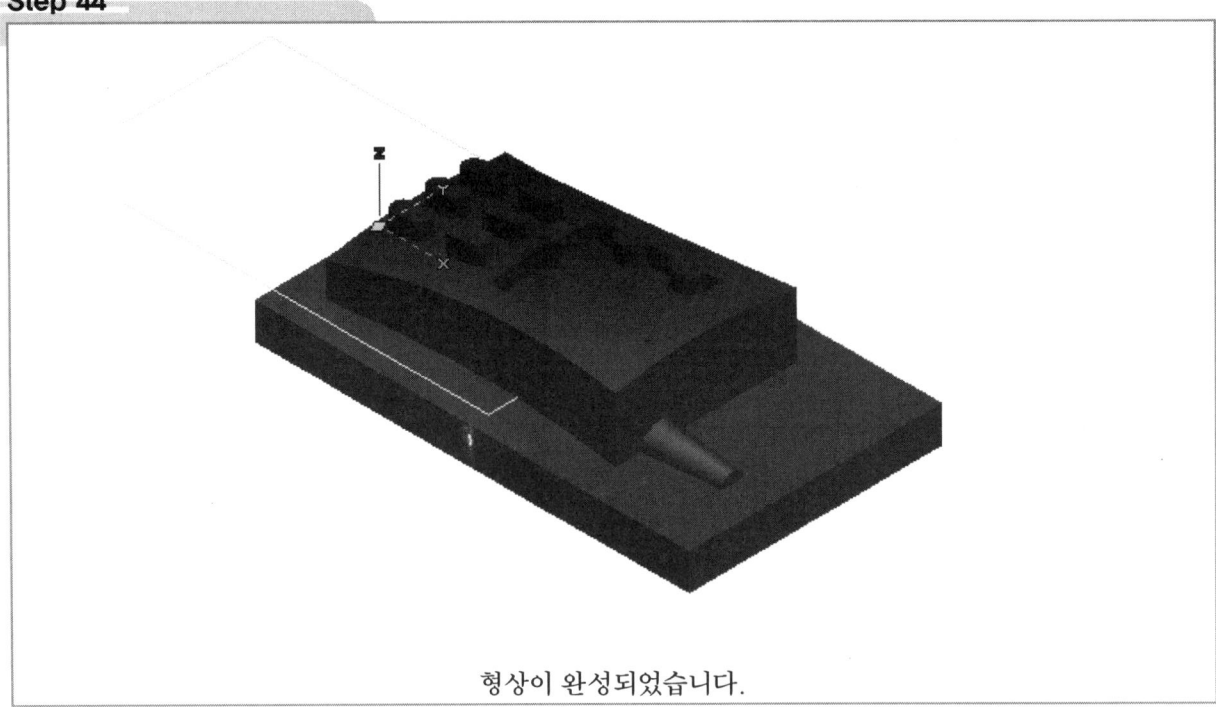

형상이 완성되었습니다.

오픈포켓 형상 및 필렛 입력하기

Step 1

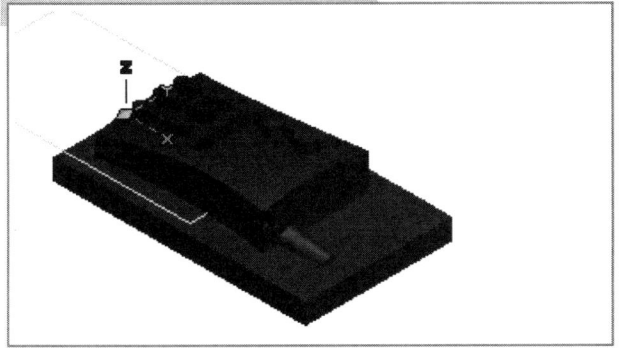

좌표계를 한번 클릭하여 작업평면 편집 명령을 실행합니다.

편집 → 작업평면 → 편집

Step 2

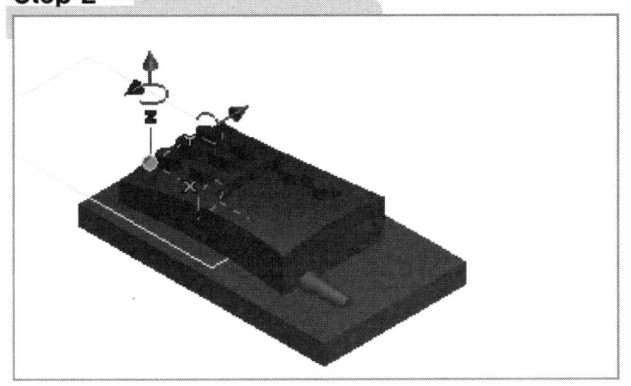

편집 명령이 실행되면 그림과 같이 각 축방향으로 두 개의 화살표가 표시됩니다.

그 중 Z축방향의 직선 화살표를 클릭합니다.

Step 3

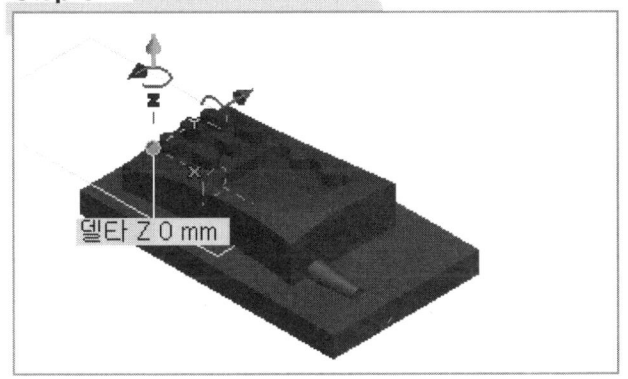

Z축 방향으로의 좌표계 원점 이동 값을 입력할 수 있는 입력창이 표시됩니다..

Step 4

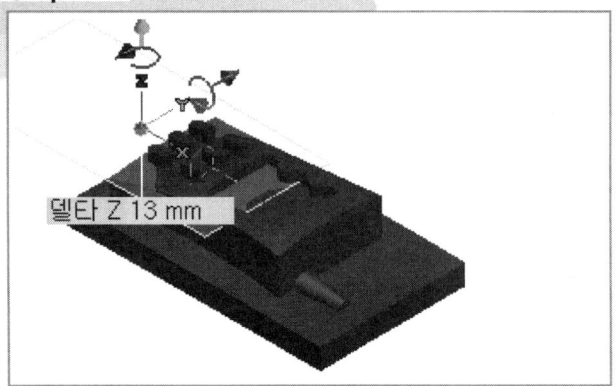

델타 Z 에 13mm를 입력합니다.
좌표계가 이동하는 것을 볼 수 있습니다.

Step 5

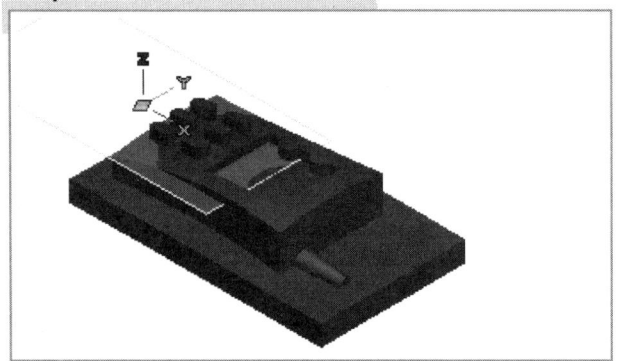

ESC 키를 누르면 좌표계 이동작업이 완료됩니다.

Step 6

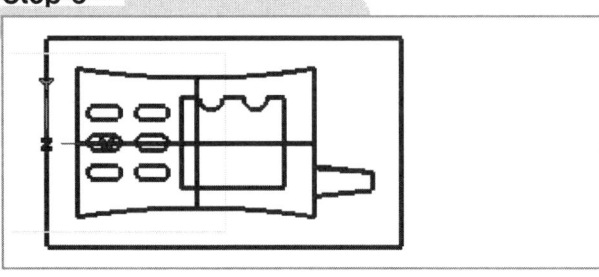

뷰방향은 Top View로, Display는 Wire Frame으로 변경합니다.

Step 7

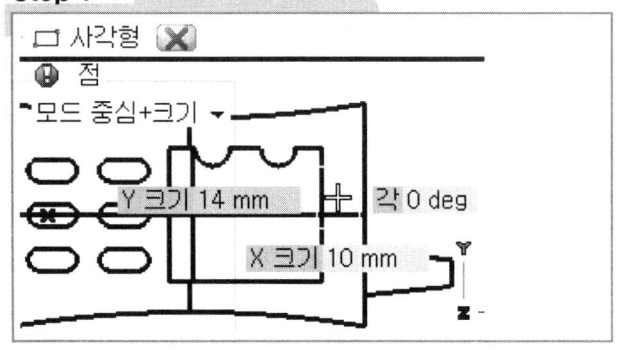

직사각형 명령어를 실행합니다. 중심+크기 mode에서 (X : 10mm, Y : 14mm) 를 입력합니다..

Step 8

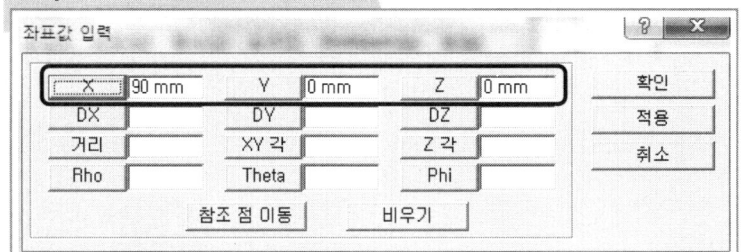

중심점은 스냅의 좌표값 입력을 사용하여 (X : 90mm, Y : 0mm, Z : 0mm)인 좌표를 입력합니다.

Step 9

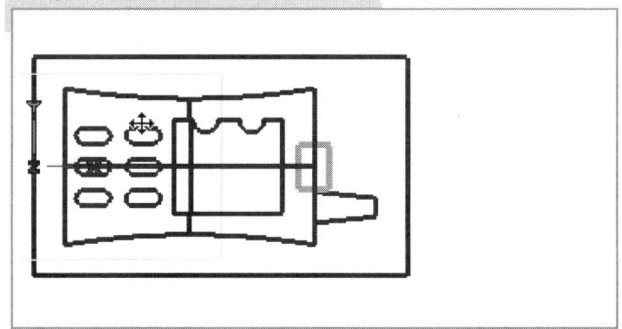

윤곽선 생성이 완료되었습니다.
이제 직선형 홈 명령으로 포켓 형상을 만듭니다.

Step 10

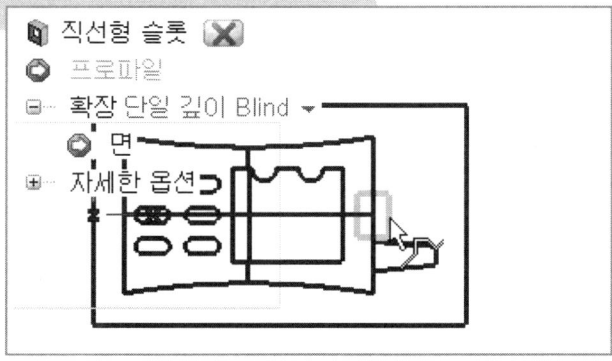

Profile 항목에서 앞서 그린 윤곽선을 선택합니다.

※ 체인을 선택하여 각각 떨어져 있는 윤곽선을 한 번에 잡는다.[단축키 : C]

Step 11

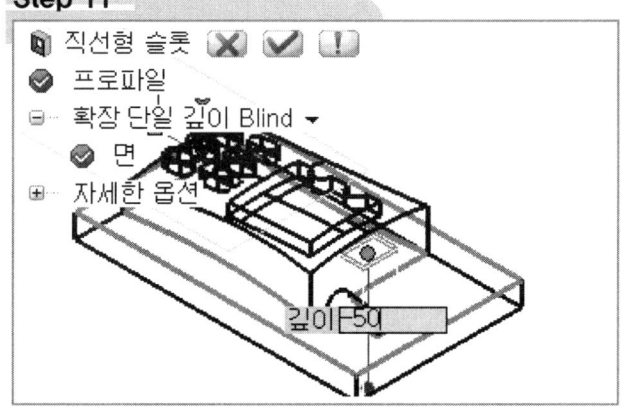

면 항목을 선택하고 Profile이 놓인 솔리드 윗면을 선택합니다.
깊이 값으로 −50mm 입력 합니다.

Step 12

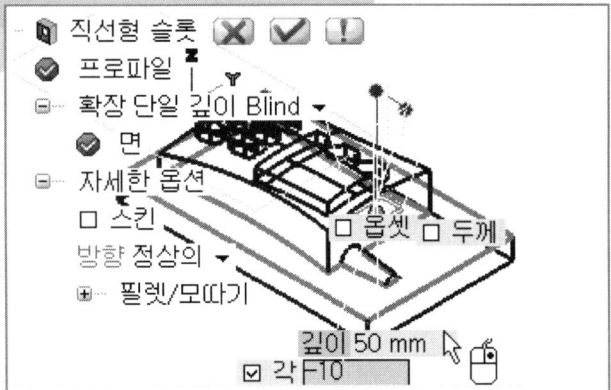

자세한 옵션에서 각을 선택하고 값으로 −10을 입력하고 확인 버튼을 입력합니다.

Step 13

모서리 필렛 명령을 실행하고 측벽의 4개 모서리를 선택합니다.
반지름에 5mm를 입력하고 적용 버튼을 버튼을 눌러 실행시킵니다.

Insert → Solid → Fillet → Edge

Step 14

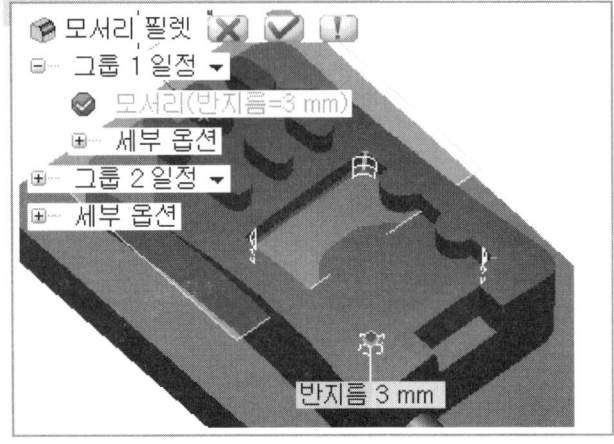

포켓에 형상 측벽의 4개 모서리를 선택합니다.
반지름 3mm를 입력하고 적용 버튼을 눌러 실행합니다.

Step 15

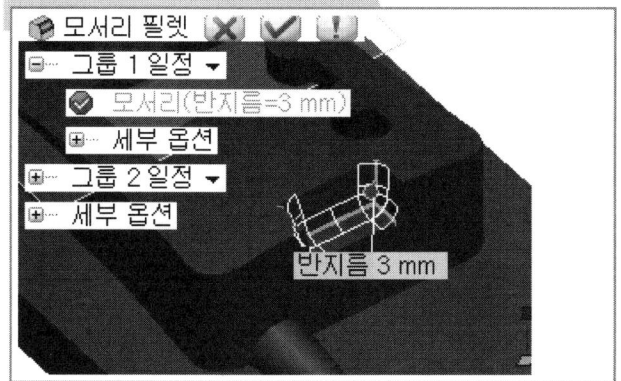

오픈 포켓 바닥면 모서리와 측벽면 모서리를 선택합니다.
반지름 3mm를 입력하고 적용 버튼을 눌러 실행 합니다.

Step 16

나머지 지시없는 라운드는 반지름 1mm를 입력하고 확인 버튼을 누릅니다.

Step 17

형상이 완성되었습니다.

산업기사 모델 따라하기 2

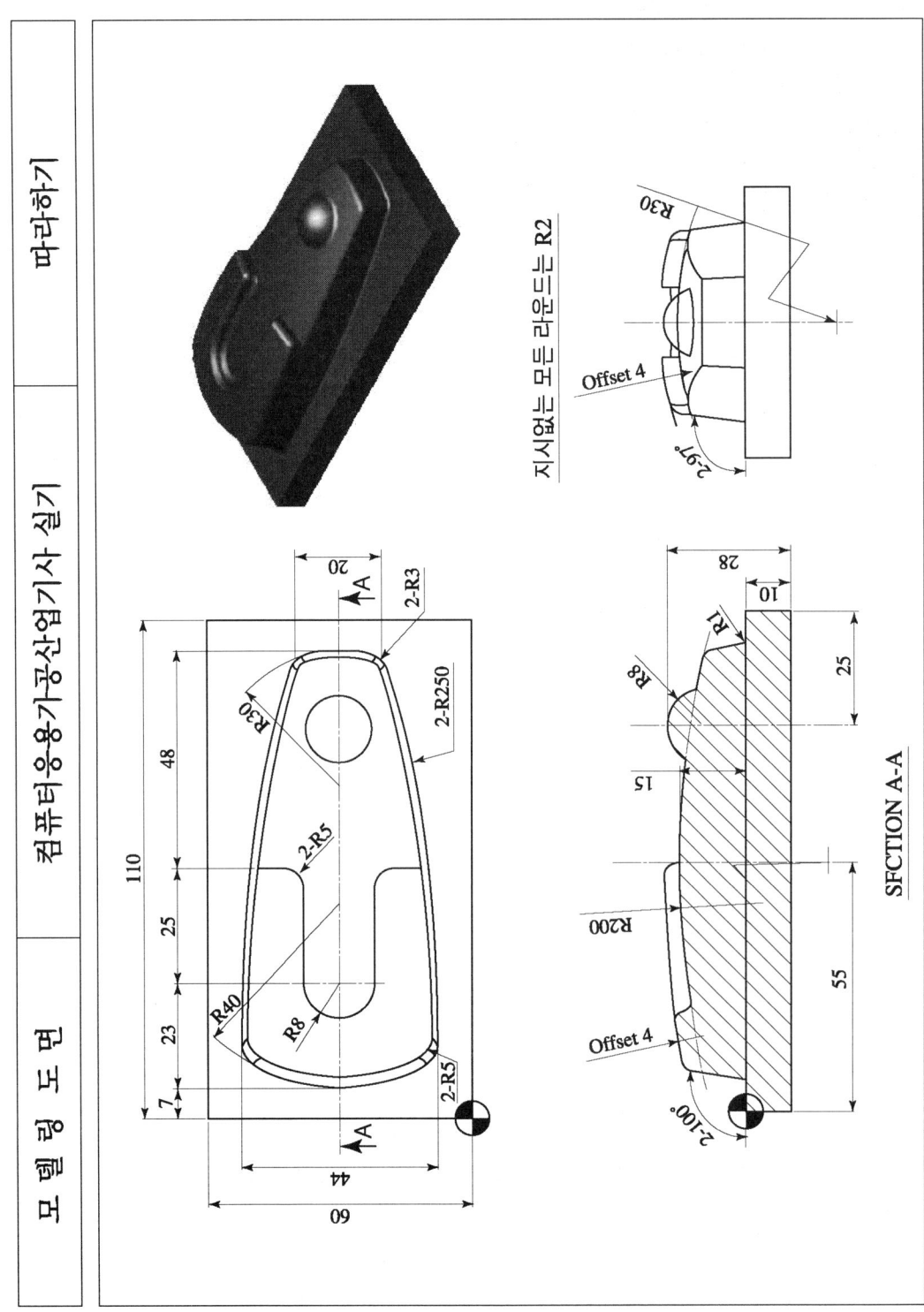

Base Solid 만들기

Step 1

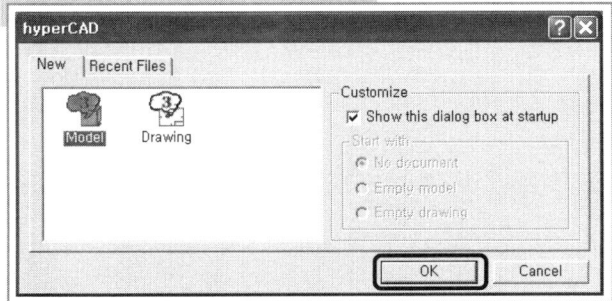

hyperCAD 프로그램을 시작하면 그림과 같이 OPEN 창이 열립니다. OK 버튼을 클릭하여 새로운 Model 파일을 열어 줍니다.

Step 2

Icon toolbar영역에서 직사각형 아이콘을 클릭하여 선택합니다.

삽입 → 제도 → 직사각형 & 다각형 → 사각형

Step 3

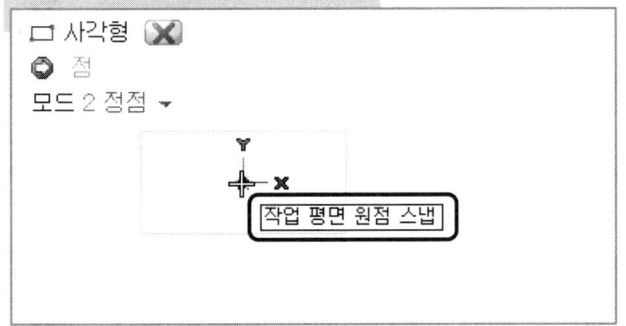

좌표계 원점을 자동스냅으로 잡아 모서리로 선택합니다.

Step 4

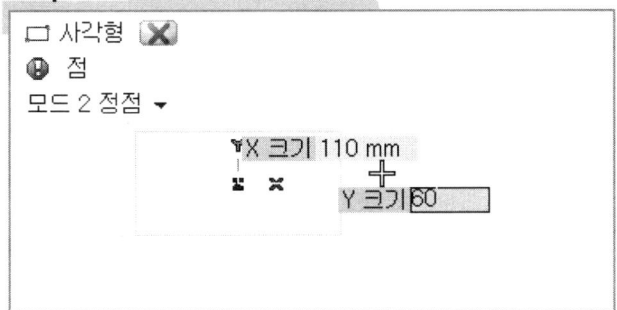

X 크기와 Y 크기에 110과 60을 입력합니다.
(입력은 키보드의 숫자키를 이용하는데 주황색으로 활성화된 입력창에 숫자가 입력됩니다. 활성화를 이동하려면 키보드의 Tab 키를 누릅니다.)

Step 5

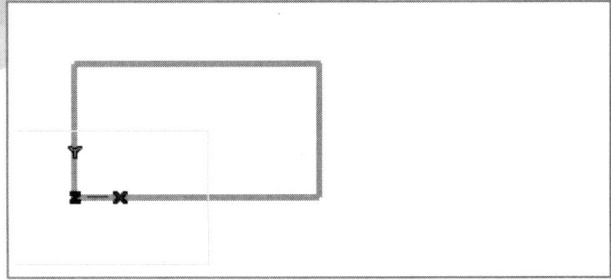

키보드의 ESC 버튼 또는 명령어 목록의 ![X] 버튼을 클릭합니다. 명령어가 종료되면 그림과 같이 생성된 라인이 선택된 상태가 됩니다.

Step 6

생성한 라인이 선택된 상태에서 직선형 솔리드 아이콘을 선택합니다.

삽입 → 솔리드 → 스윕 → 직선형 솔리드

Step 7

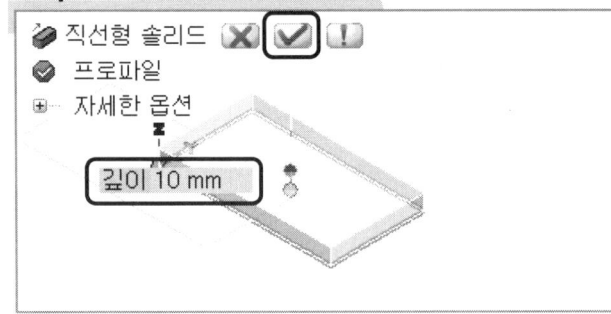

명령어가 켜지면 생성될 솔리드 형상이 미리보기 됩니다.

키보드의 숫자 키로 Depth 입력 창에 높이 값 −10mm을 입력합니다. 솔리드가 아래쪽으로 10mm 돌출되면 OK 버튼을 클릭하여 작업을 완료합니다.

Step 8

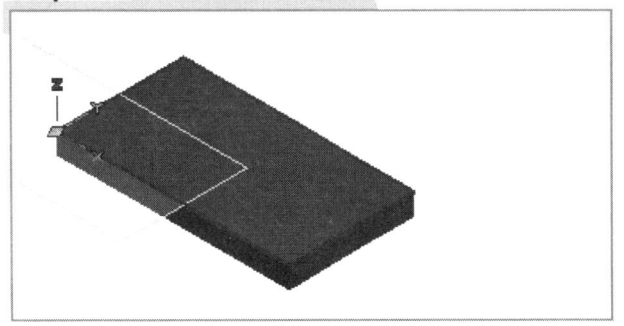

그림과 같은 솔리드가 생성됩니다.

Linear Protrusion으로 돌출형상 만들기

Step by Step

Step 1

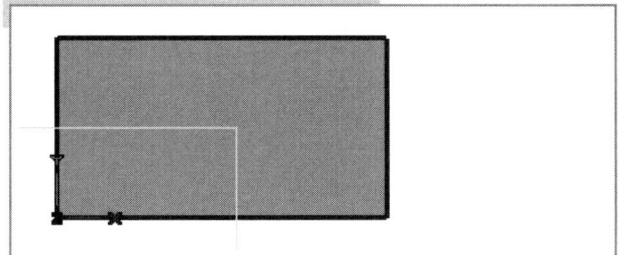

[Ctrl+T] 단축키로 뷰방향을 Top View로 변경합니다.

Step 2

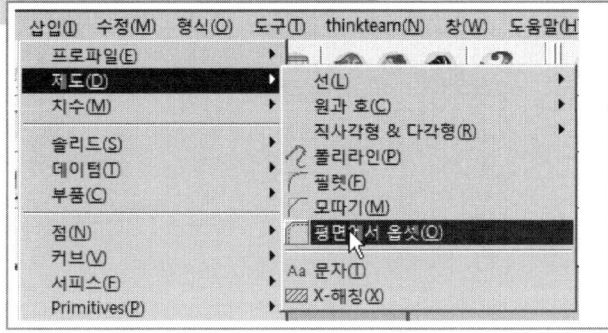

Step 3

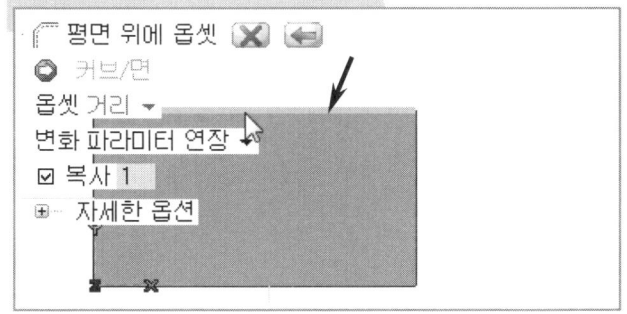

커브/면 항목에서 솔리드의 상단부 모서리을 선택합니다.

※ 커브/면 항목에서 면을 선택하면 선택한 면 의 전체 모서리에 대한 Offset curve 가 생성됩니다.

Step 4

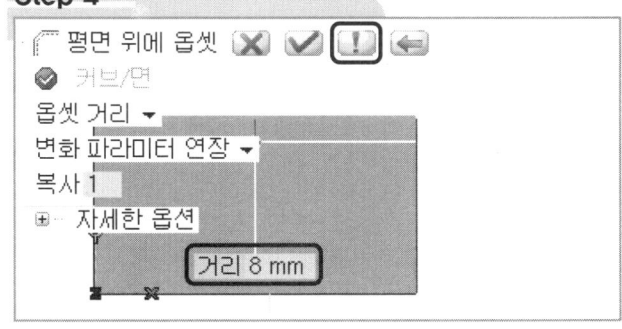

옵셋 커브가 미리보기됩니다.
거리에 8mm를 입력하고 적용버튼을 누릅니다.

※ 바깥쪽으로 Offset 될 경우 값을 입력하여 Offset 방향을 바꿉니다.

Step 5

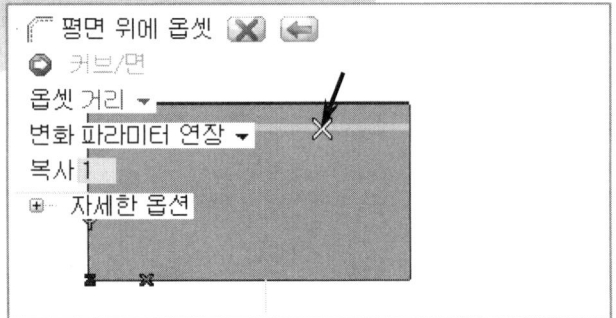

이번에는 커브/면 항목에서 8mm 옵셋한 커브를 선택합니다.

Step 6

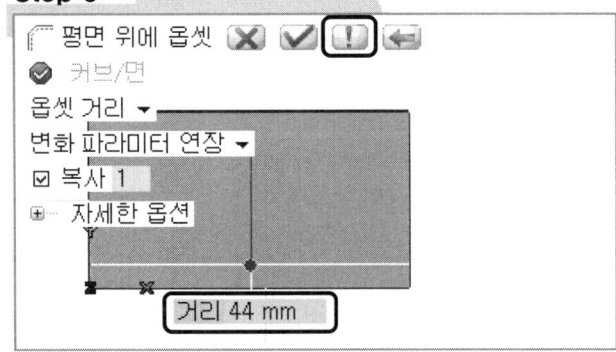

옵셋 커브가 미리보기됩니다.
거리에 44mm를 입력하고 적용버튼을 누릅니다.

Step 7

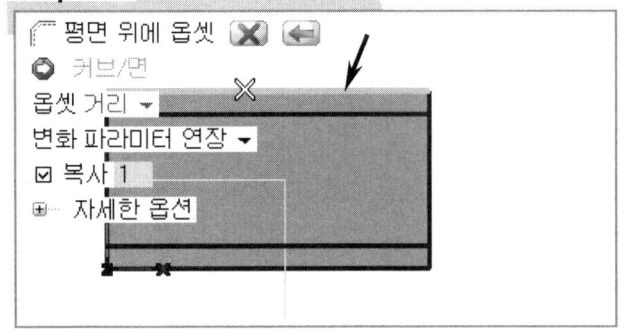

커브/면 항목에서 솔리드의 상단부 모서리을 선택합니다.

Step 8

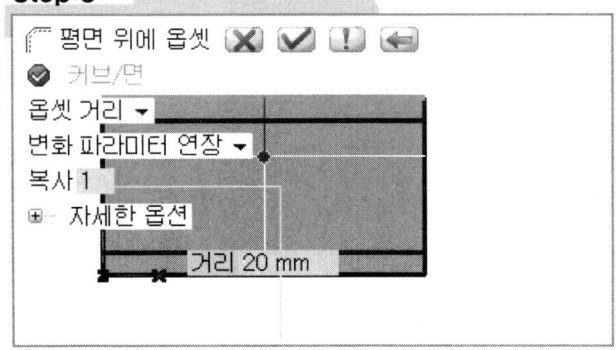

옵셋 커브가 미리보기됩니다.
거리에 20mm를 입력하고 적용버튼을 누릅니다.

※ 바깥쪽으로 Offset 될 경우 값을 입력하여 Offset 방향을 바꿉니다.

Step 9

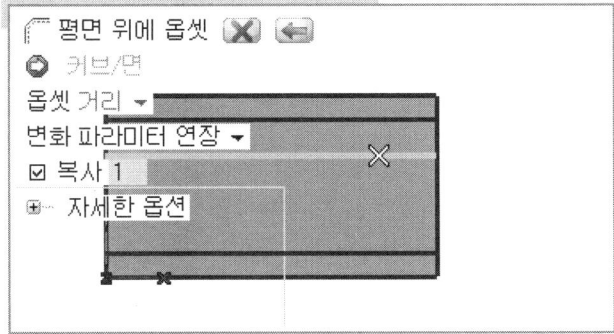

이번에는 커브/면 항목에서 20mm 옵셋한 커브를 선택합니다.

Step 10

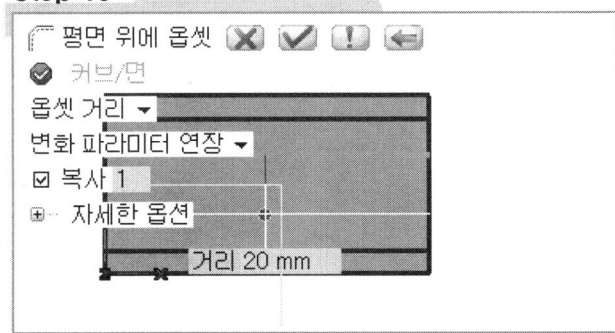

옵셋 커브가 미리보기됩니다.
거리에 20mm를 입력하고 적용버튼을 누릅니다.

※ 바깥쪽으로 Offset 될 경우 값을 입력하여 Offset 방향을 바꿉니다.

Step 11

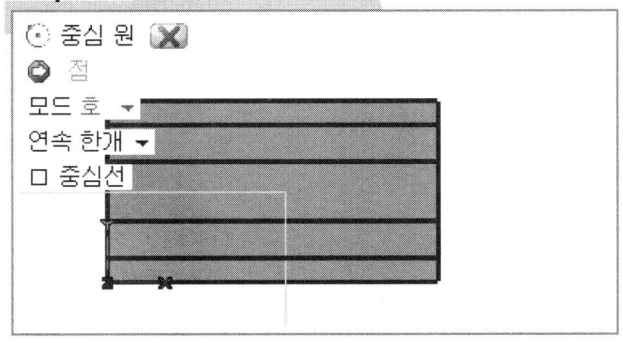

중심원 명령을 입력 합니다.

Step 12

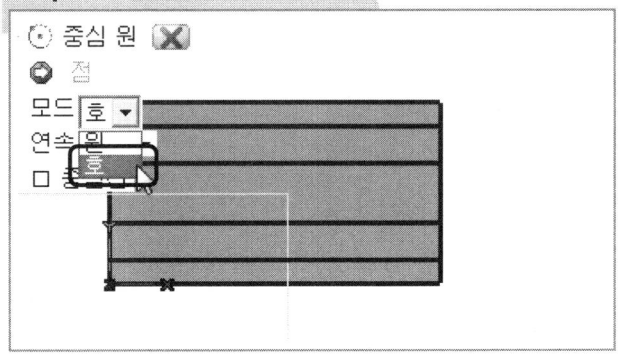

모드는 호로 변경 합니다.

Step 13

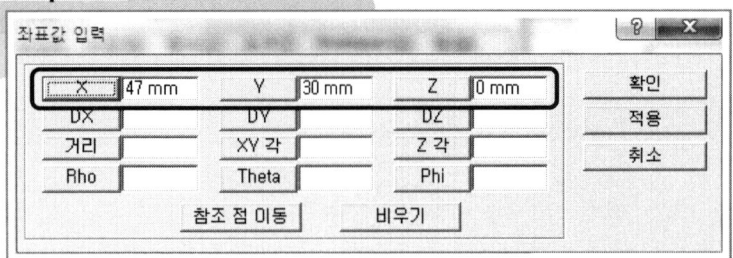

원 중심점은 스냅의 좌표값 입력을 사용하여 (X : 47mm, Y : 30mm, Z : 0mm)인 좌표를 입력합니다.

도구 → 스냅 → 점 좌표 활성화

Step 14

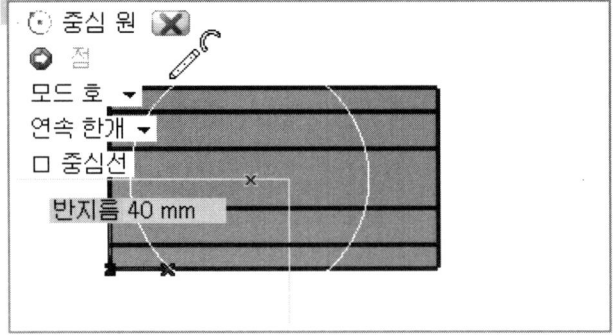

반지름 값은 40mm를 입력합니다.

Step 15

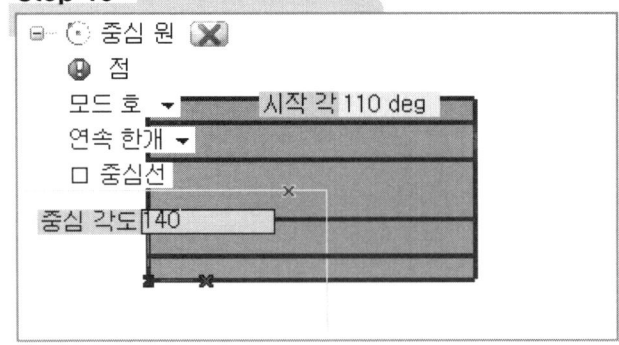

임의점을 클릭하면 그림과 같이 시작각과 중심각 입력 창이 표시됩니다.

시작각에는 110도를 중심각에는 140도를 입력하여 호의 크기를 정해줍니다.

Step 16

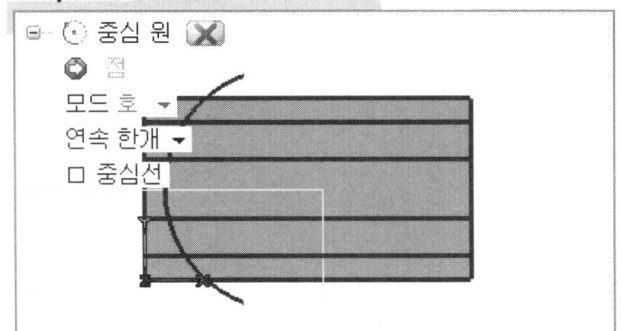

반지름 40mm 호가 작성 되었습니다.

Step 17

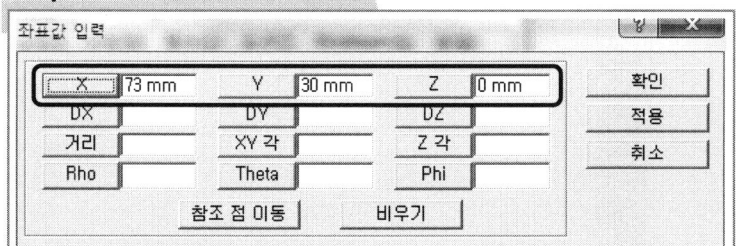

원 중심점은 스냅의 좌표값 입력을 사용하여 (X : 73mm, Y : 30mm, Z : 0mm)인 좌표를 입력합니다.

도구 → 스냅 → 점 좌표 활성화

Step 18

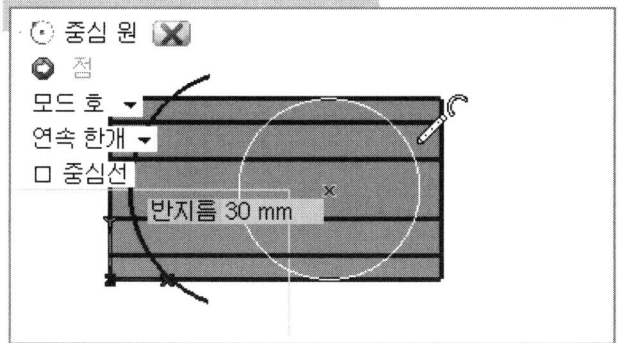

반지름 값은 30mm를 입력합니다.

Step 19

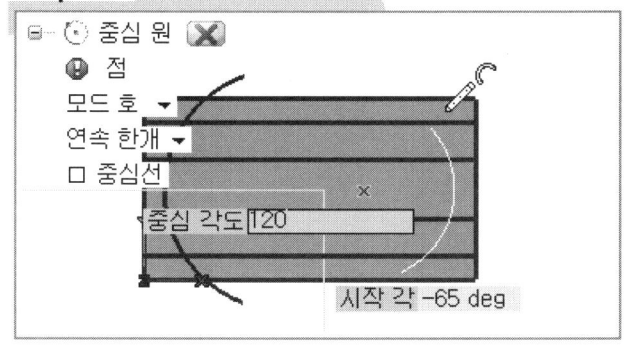

임의점을 클릭하면 그림과 같이 시작각과 중심각 입력 창이 표시됩니다.

시작각에는 -65도를 중심각에는 120도를 입력하여 호의 크기를 정해줍니다.

Step 20

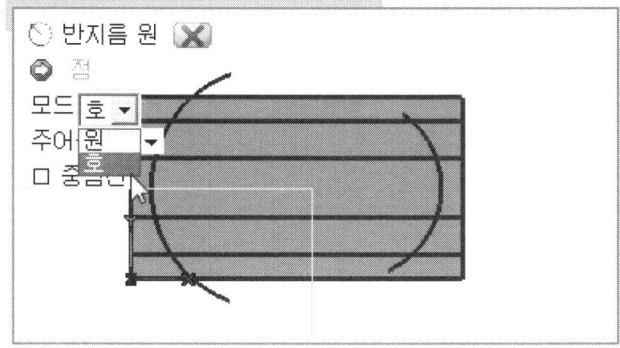

반지름 원을 실행합니다.

삽입 → 제도 → 원과 호 → 반지름

모드는 호로 변경해 줍니다.

Step 21

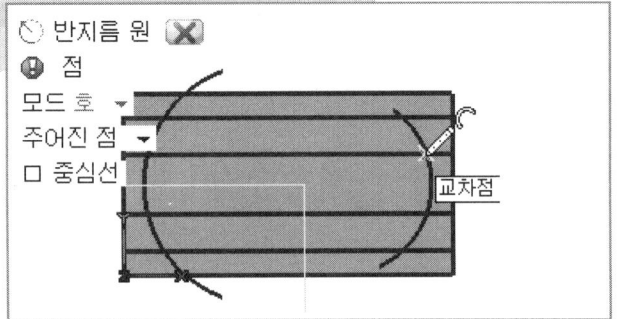

옆 그림과 같이 반지름 30mm 호와 상단 옵셋 커브의 교차점을 시작점으로 선택 합니다.

Step 22

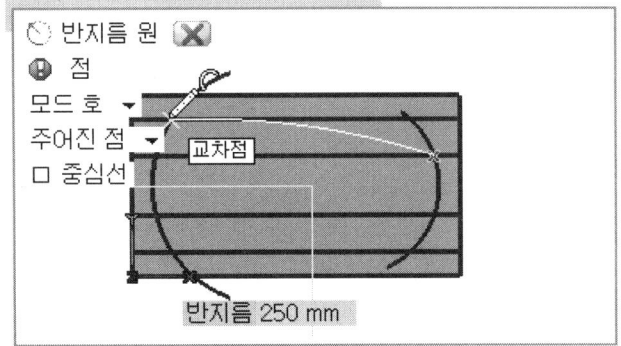

반지름 값으로 250mm를 입력하고 좌측에 있는 반지름 40mm원호와 상단 옵셋커브의 교차점을 끝점으로 하여 원호를 생성합니다.

Step 23

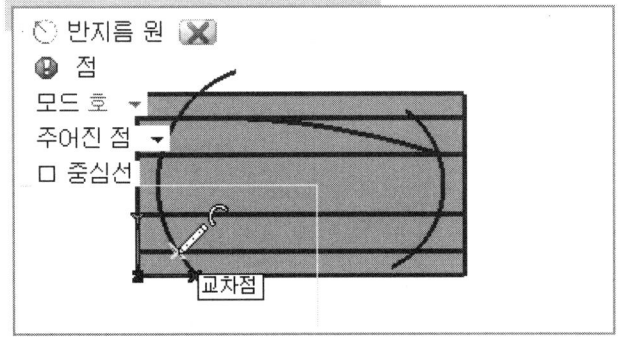

옆그림과 같이 반지름 40mm 호와 하단 옵셋 커브의 교차점을 시작점으로 선택 합니다.

Step 24

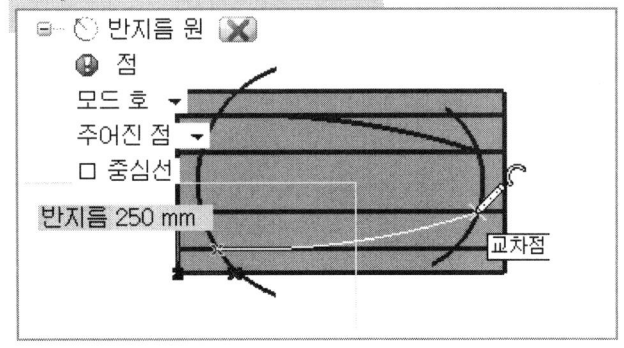

반지름 값으로 250mm를 입력하고 좌측에 있는 반지름 30mm원호와 상단 옵셋커브의 교차점을 끝점으로 하여 원호를 생성합니다.

Step 25

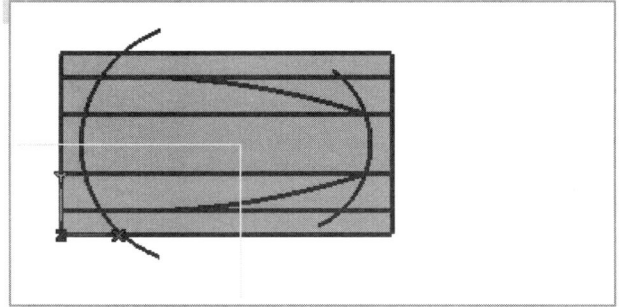

반지름 250mm 원호가 작성 되었습니다.

Step 26

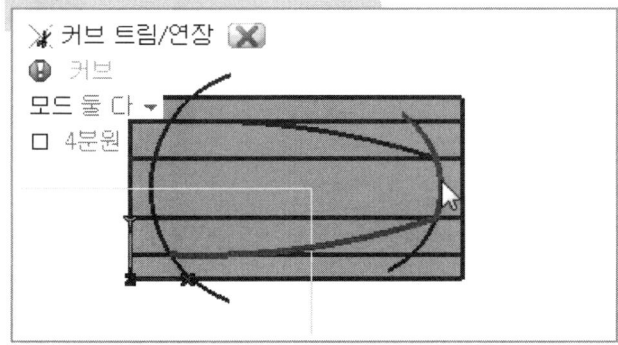

윤곽선의 모서리는 트림/연장 명령을 사용하여 정리하고, 불필요한 선들은 지우기 명령으로 삭제합니다.

Step 27

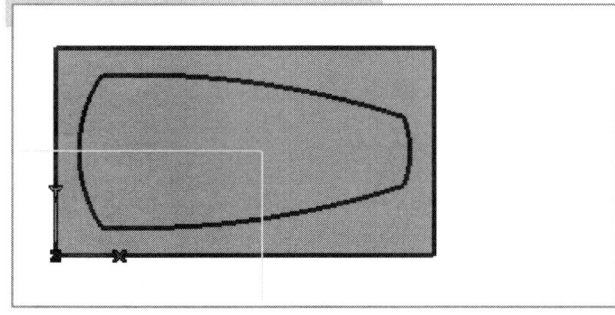

윤곽선 생성이 완료되었습니다.
이제 직선형 돌출 명령으로 돌출 형상을 만듭니다.

Step 28

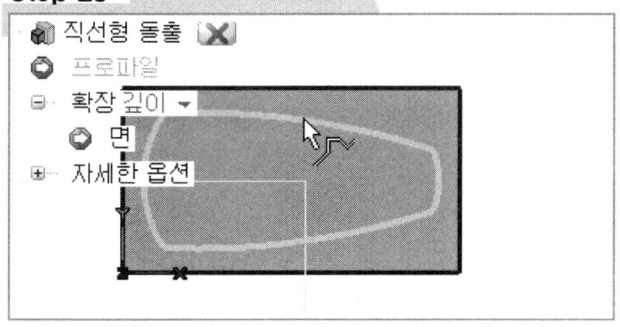

프로파일 로 앞서 그린 윤곽선을 선택합니다.
단축키 (C)를 사용하여 Chain 을 실행시키면 윤곽선을 쉽게 선택할 수 있습니다.

Step 29

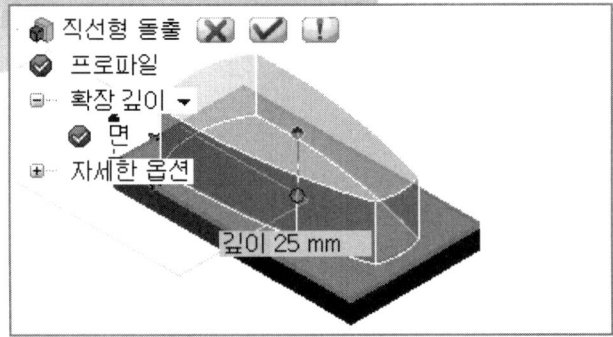

면 항목을 선택하고 Profile이 놓인 솔리드 윗면을 선택합니다.

깊이 값은 25mm를 입력하고 실행시킵니다.

Step 30

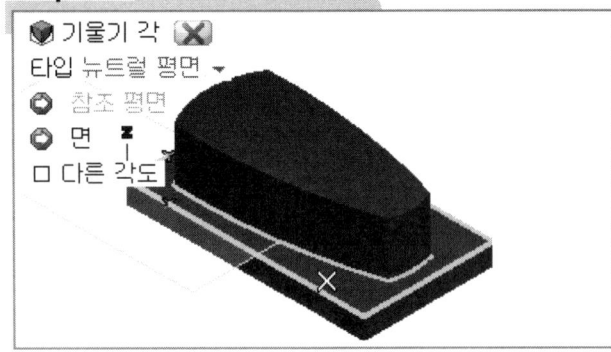

기울기 각 명령을 실행합니다.

참조평면으로 Base solid의 윗면을 선택합니다.

삽입 → 솔리드 → 기울기 각

Step 31

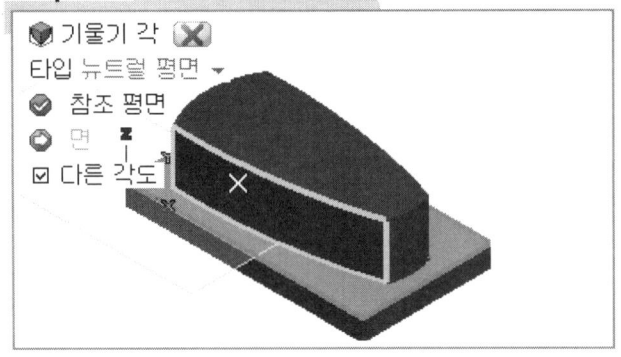

면 항목에서는 기울기를 추가할 좌우 측벽을 모두 선택합니다.

Step 32

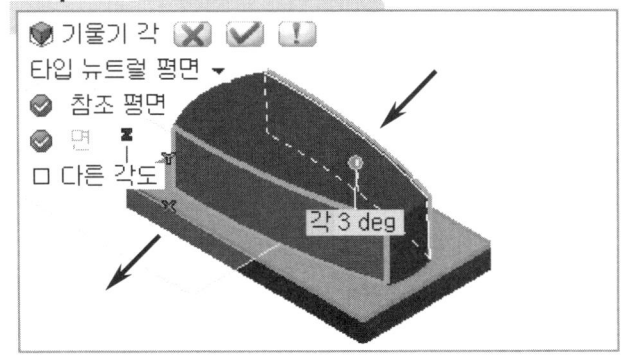

각도를 안쪽 방향으로 3도 입력하고 적용 버튼을 클릭합니다.

Step 33

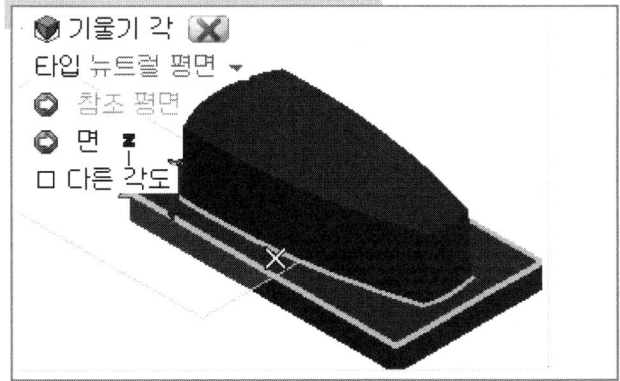

작업이 완료되면 다시 참조평면을 선택합니다.

Step 34

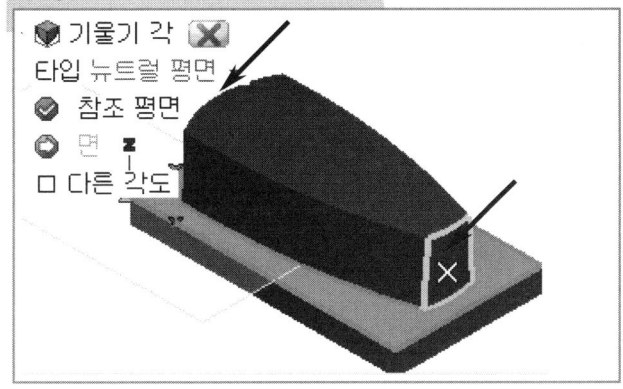

면 항목에서는 기울기를 추가할 전후 측벽을 모두 선택합니다.

Step 35

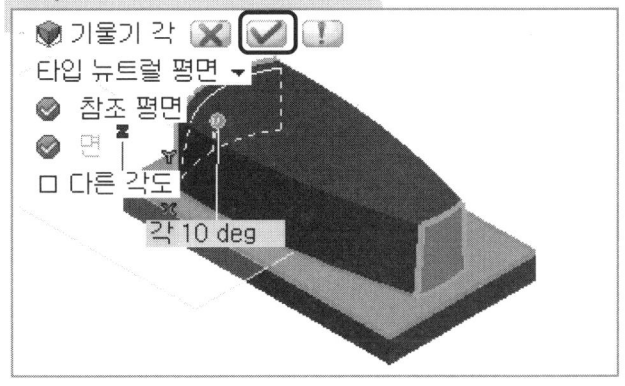

각도를 안쪽 방향으로 10도 입력하고 확인 버튼을 클릭합니다.

Step 36

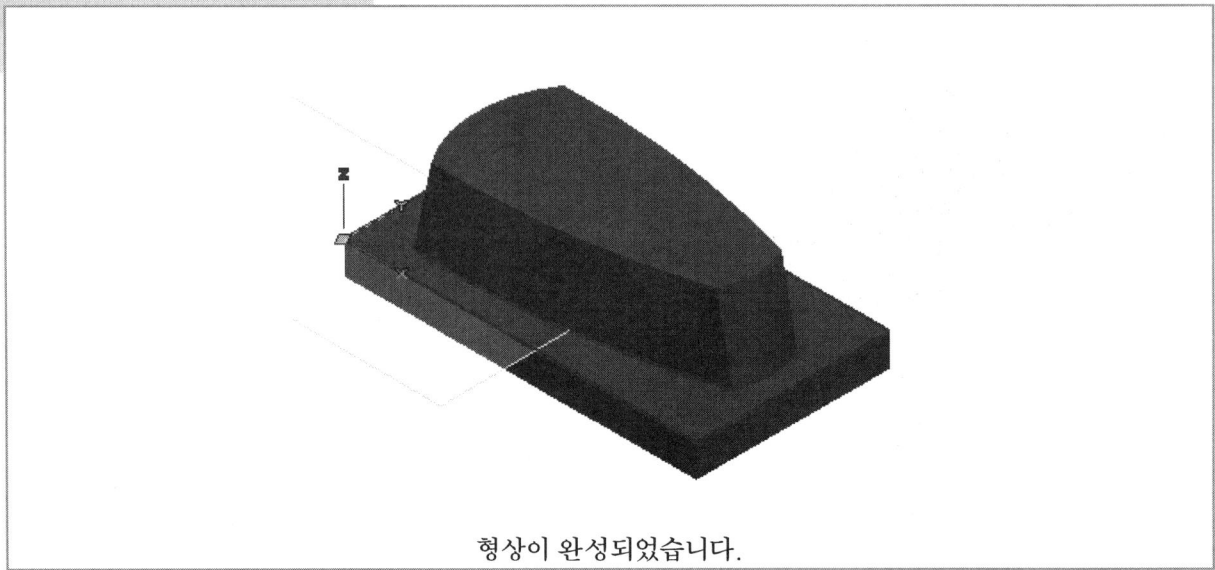

형상이 완성되었습니다.

솔리드 윗면 잘라내기

Step 1

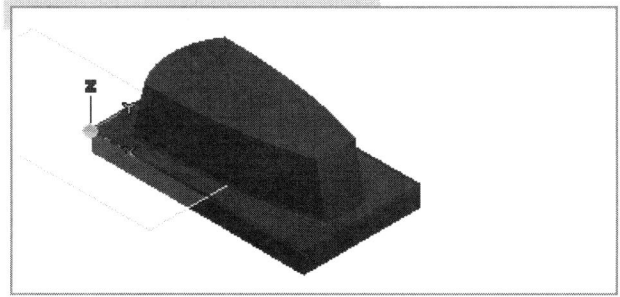

좌표계를 한번 클릭하여 작업평면 편집 명령을 실행합니다.

편집 → 작업평면 → 편집

Step 2

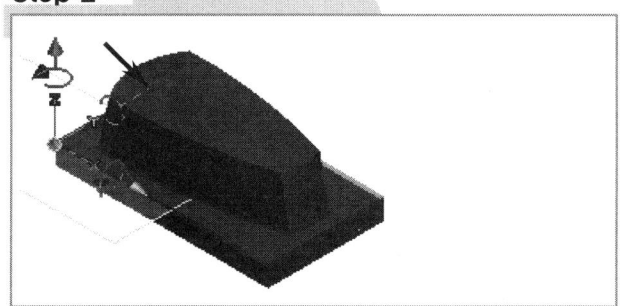

Select 명령이 실행되면 그림과 같이 각 축방향으로 두 개의 화살표가 표시됩니다.

그 중 Y축방향의 직선 화살표를 클릭합니다.

Step 3

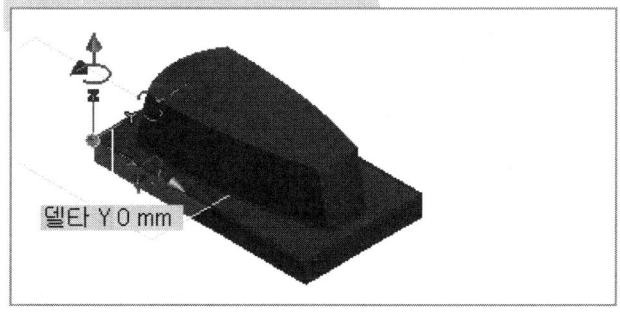

Z축 방향으로의 좌표계 원점 이동 값을 입력할 수 있는 입력창이 표시됩니다.

Step 4

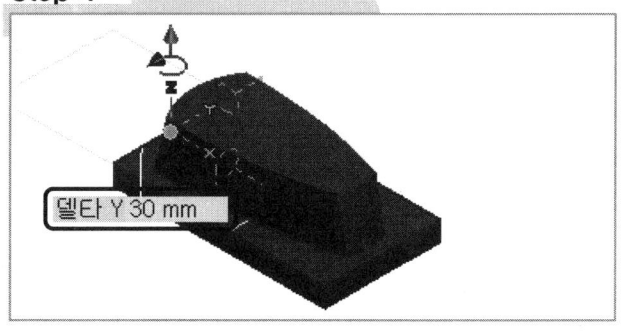

델타 Y에 30mm를 입력합니다.
좌표계가 이동하는 것을 볼 수 있습니다.

Step 5

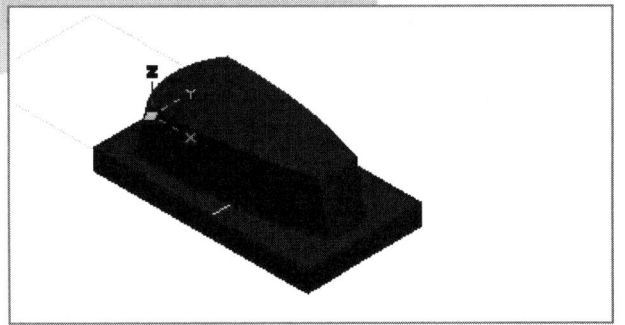

ESC 키를 누르면 좌표계 이동작업이 완료됩니다.

Step 6

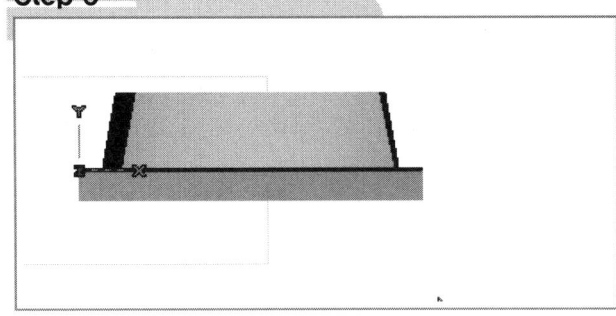

뷰방향을 정면 뷰 로 변경하고, 단축키 [V]를 입력하여 정면 뷰가 XY평면이 되도록 축방향을 돌려줍니다.

편집 → 작업평면 → 뷰 위에 설정

Step 7

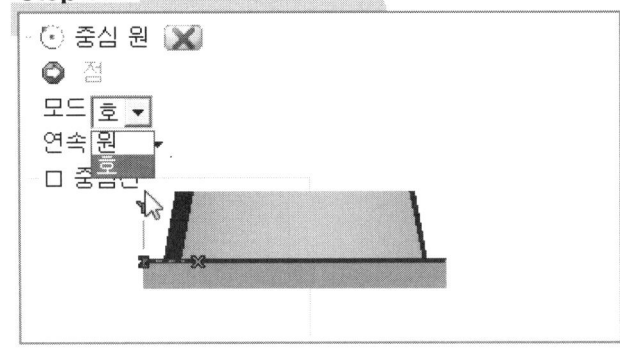

중심원 명령어를 실행시키고 모드는 호로 변경합니다.

원 중심점은 스냅 명령의 점 좌표 활성화를 이용하여 입력합니다.

Step 8

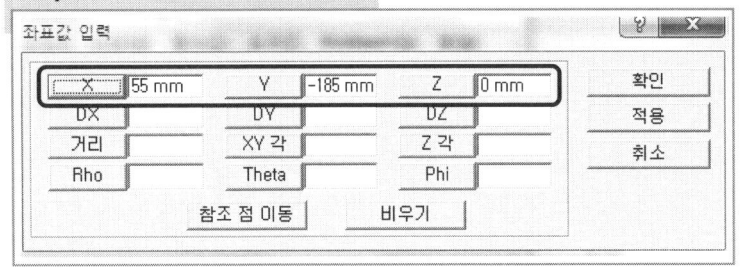

스냅의 X, Y, Z 좌표값 입력 명령을 선택하고 (X : 55mm, Y : −185mm, Z : 0mm)를 입력합니다. 확인 버튼을 클릭하여 원중심점을 입력을 완료합니다.

Step 9

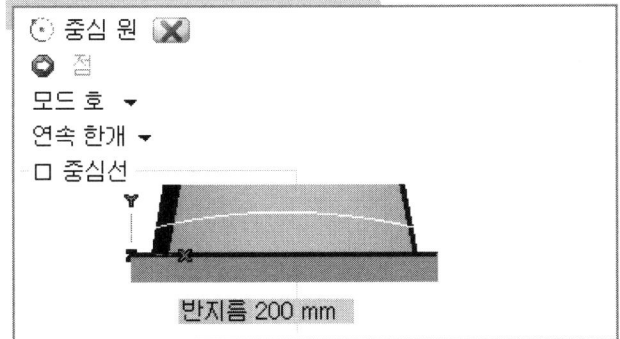

반지름 값으로는 200mm를 입력합니다.

Step 10

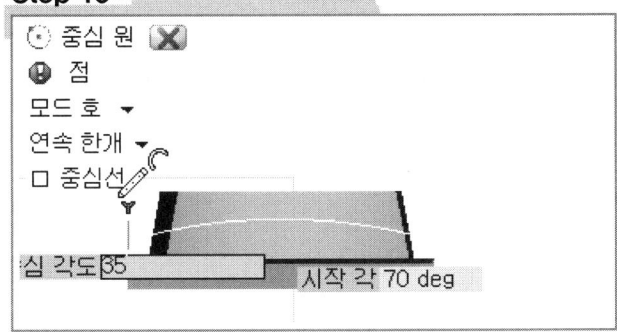

임의점을 클릭하면 그림과 같이 시작각과 중심각 입력 창이 표시됩니다.

시작각에는 70도를 중심각에는 35도를 입력하여 호의 크기를 정해줍니다.

Step 11

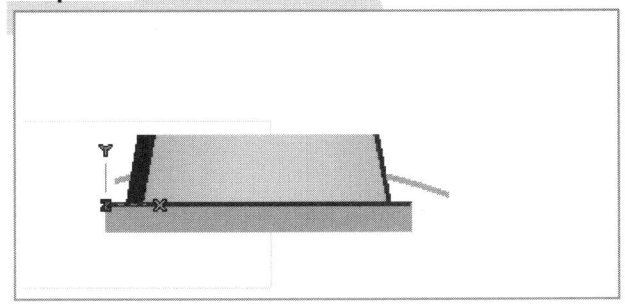

호가 생성 되었습니다.

Step 12

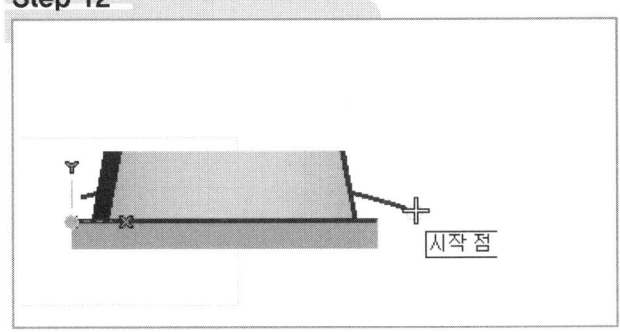

Move 명령어를 사용하여 좌표계 원점 위치를 생성한 호의 오른쪽 끝점으로 이동시킵니다.

Edit → WorkPlane → Move

Step 13

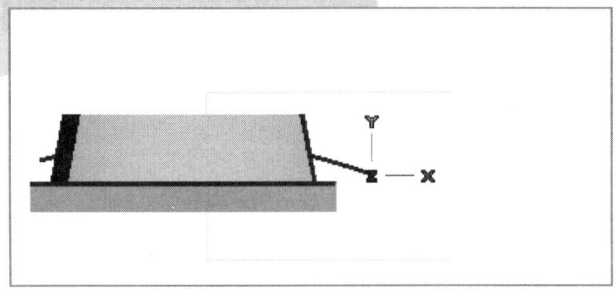

끝점을 선택하면 그림과 같이 좌표계 원점의 위치가 이동된 것을 볼 수 있습니다.

Step 14

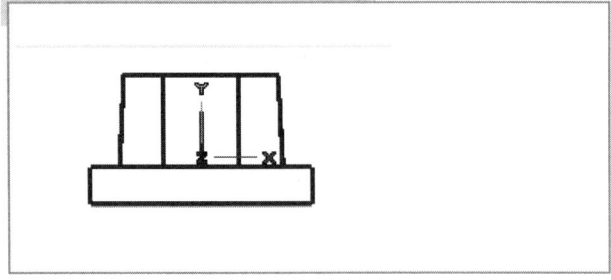

화면뷰를 다시 Right View로 바꾼 뒤 단축키 [V] 버튼을 사용하여 축방향을 뷰방향으로 돌려줍니다.

Step 15

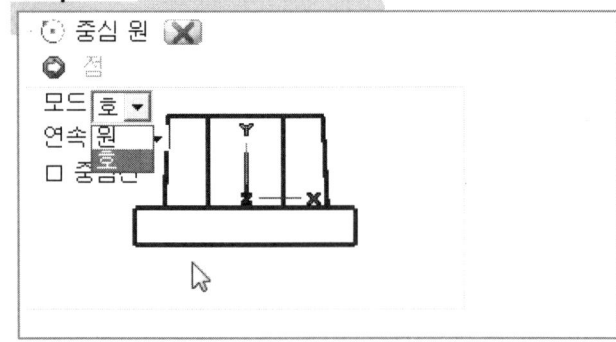

중심원 명령어를 실행시키고 모드는 호로 변경합니다.

원 중심점은 스냅 명령의 점 좌표 활성화를 이용하여 입력합니다.

Step 16

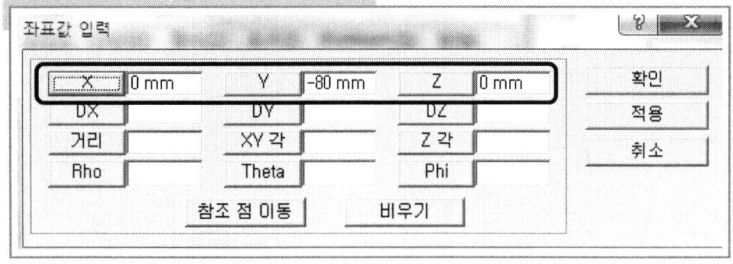

스냅의 X, Y, Z 좌표값 입력 명령을 선택하고 (X : 0mm, Y : −80mm, Z : 0mm)를 입력합니다. 확인 버튼을 클릭하여 원중심점을 입력을 완료합니다.

Step 17

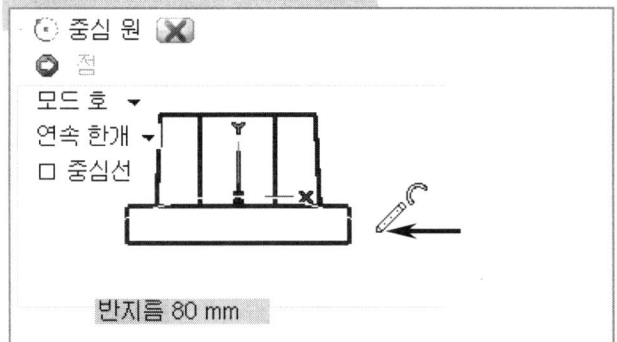

반지름 값으로 80mm를 입력하고 솔리드 측벽 약간 바깥쪽을 클릭하여 호의 시작점 위치를 정의합니다.

Step 18

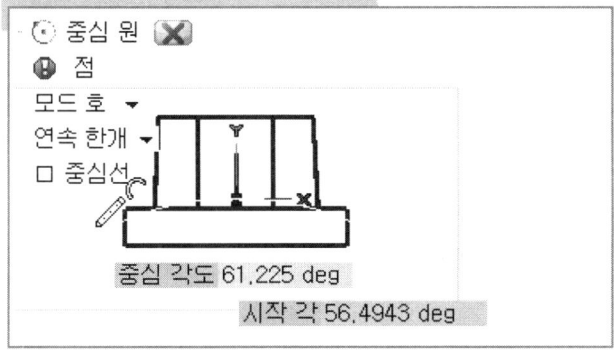

마우스로 클릭한 위치가 호의 시작점이 됩니다.

끝점도 솔리드의 측벽 약간 바깥쪽을 클릭하여 정의합니다.

Step 19

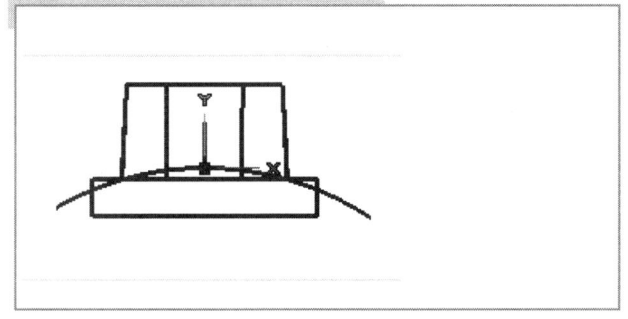

Surface를 생성하는데 사용할 두 호가 모두 생성되었습니다.

Step 20

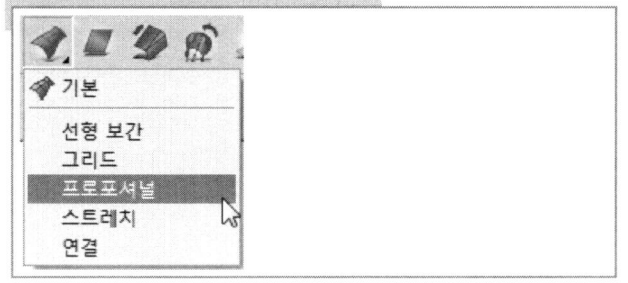

프로포셔널 명령어를 이용하여 서피스를 생성합니다.

삽입 → 서피스 → 로프트 → 프로포셔널

Step 21

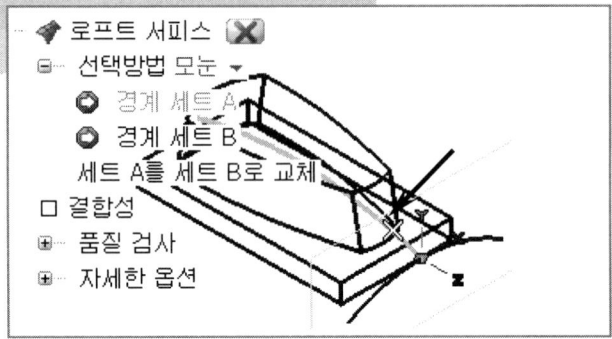

프로포셔널 명령어를 실행시키고 경계세트A 항목에서 R200mm인 호를 선택합니다.

Step 22

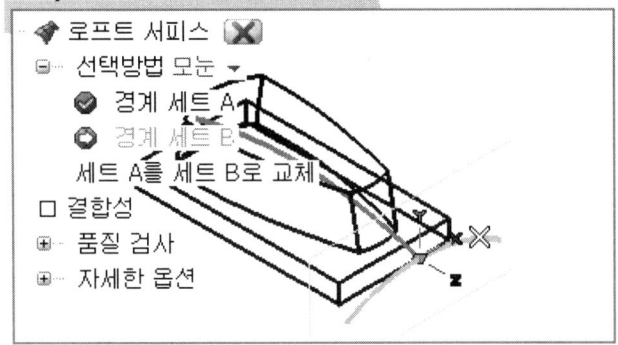

경계세트 B 항목에서는 R80mm인 호를 선택합니다.

Step 23

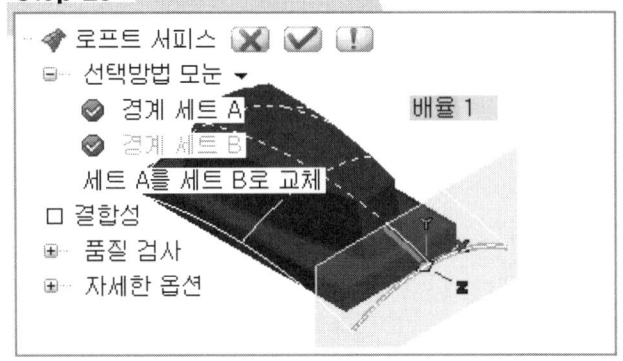

그림과 같이 surface가 미리보기되면 OK 버튼을 눌러 명령어를 완료합니다.

Step 24

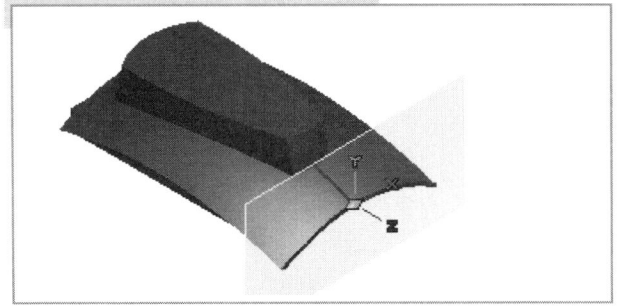

Surface가 생성되었습니다.

이제 자르기 명령어를 사용하여 솔리드를 잘라내줍니다.

Step 25

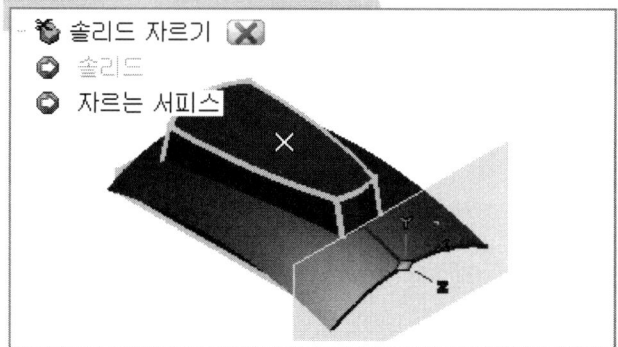

솔리드 자르기 명령을 실행하고 솔리드 항목에서 잘라낼 솔리드를 선택합니다.

삽입 → 솔리드 → 자르기

Step 26

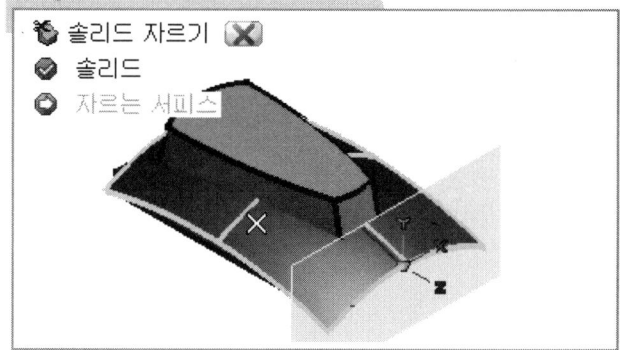

자르는 서피스 항목에서는 앞에서 생성한 surface를 선택합니다.

Step 27

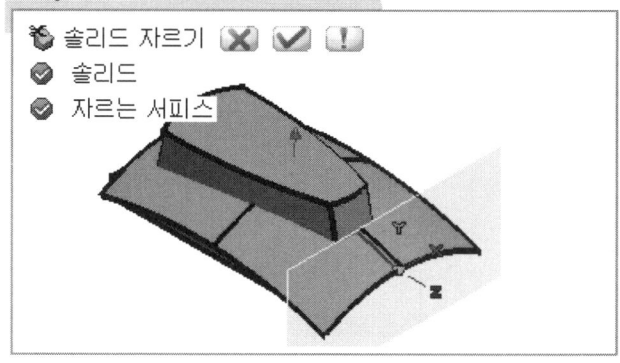

선택이 완료되면 그림과 같이 화살표가 표시됩니다. 이 화살표가 가리키는 방향이 잘려나가므로 화살표가 원하는 방향을 향하는지 확인합니다.

방향이 잘못되었을 경우, 화살표를 더블클릭하여 방향을 반전시킵니다.

Step 28

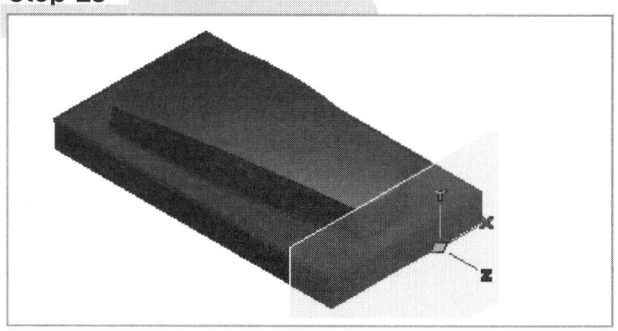

작업을 완료하면 그림과 같이 솔리드가 잘려나간 것을 확인할 수 있습니다.

Solid Boolean 명령을 사용하여 돌출 형상 생성하기

Step 1

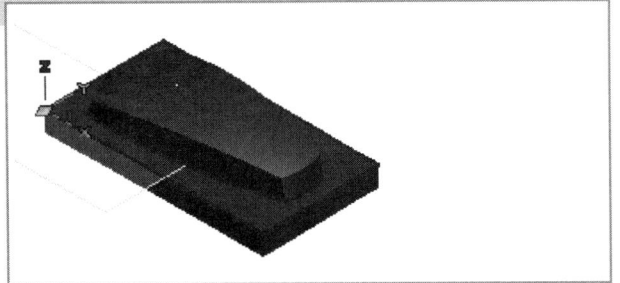

단축키 [W]를 눌러 절대평면으로 변경합니다.

Step 2

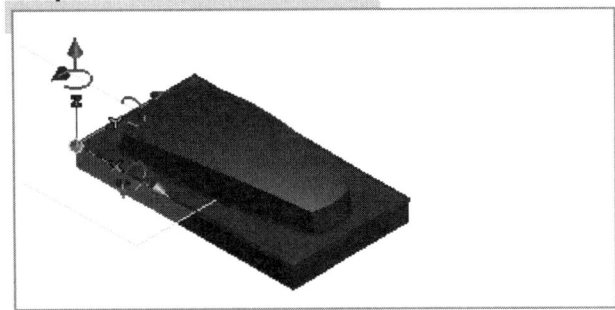

좌표계를 한번 클릭하여 작업평면 편집 명령을 실행합니다.

편집 → 작업평면 → 편집

Step 3

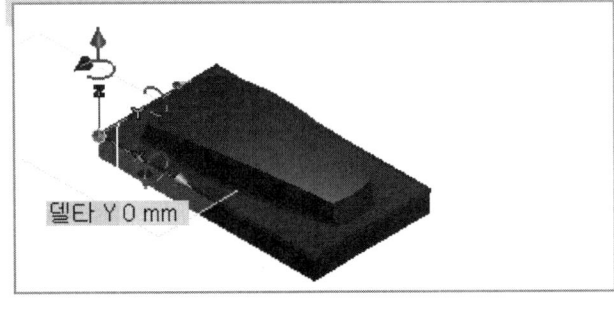

편집 명령이 실행되면 그림과 같이 각 축방향으로 두 개의 화살표가 표시됩니다.

그 중 Y축방향의 직선 화살표를 클릭합니다.

Step 4

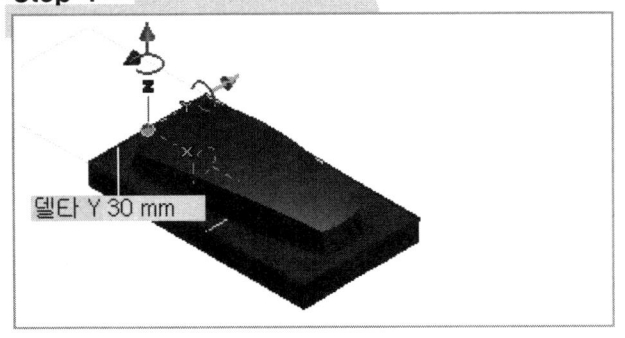

델타 Y에 30mm를 입력합니다.
좌표계가 이동하는 것을 볼 수 있습니다.

Step 5

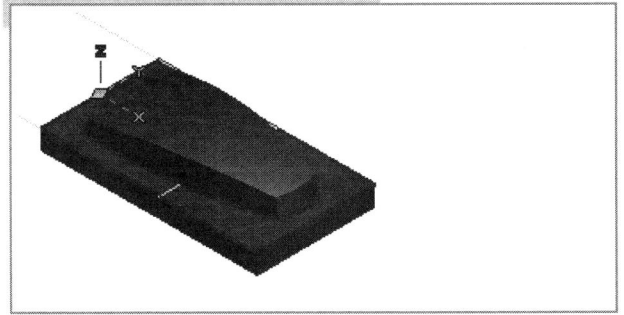

ESC 키를 누르면 좌표계 이동작업이 완료됩니다

Step 6

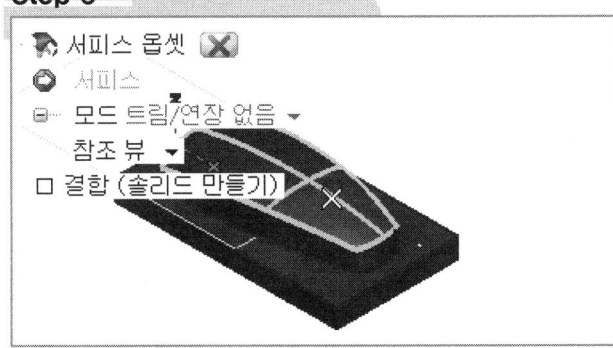

옵셋 서피스 명령을 실행합니다.

서피스 항목에서 솔리드 윗면을 선택합니다.

삽입 → 서피스 → 옵셋

Step 7

거리 값으로 4mm를 입력합니다.

아래쪽으로 offset이 될 경우에는 거리에 값을 입력하여 방향을 반전시킵니다.

Step 8

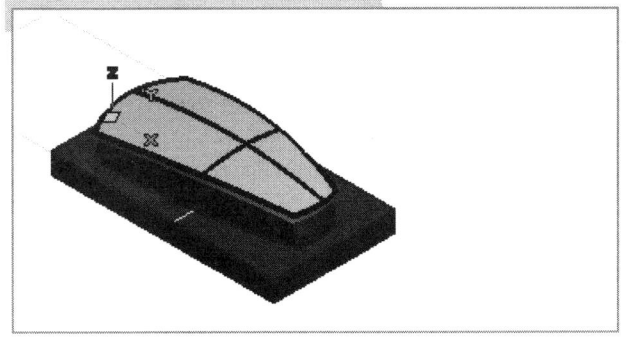

옵셋 서피스가 생성 되었습니다.

Step 9

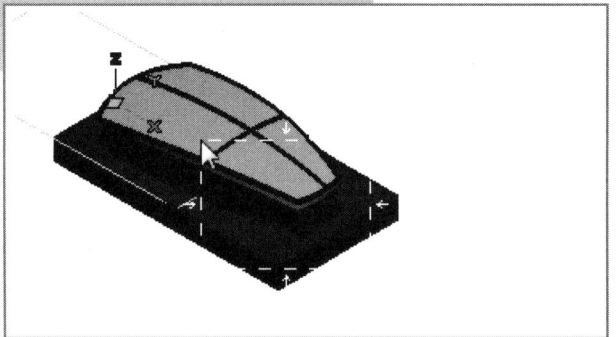

옵셋 서피스가 선택된 상태에서 Ctrl버튼을 누른채로 엔티티 전체를 드래그하여 선택합니다.

Step 10

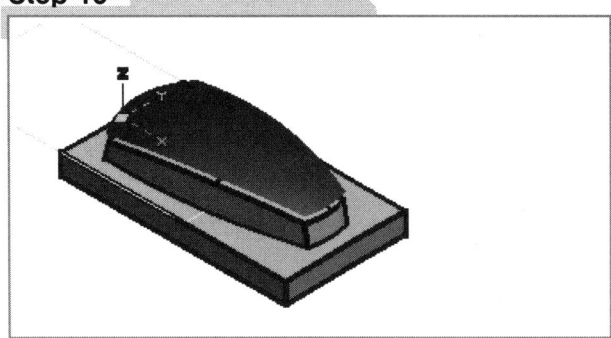

그러면 그림과 같이 Offset surface 를 제외한 모든 엔티티가 선택됩니다.

이때 Hide 명령을 실행하여 선택한 엔티티들을 감춰줍니다.

View → Hide Entities

Step 11

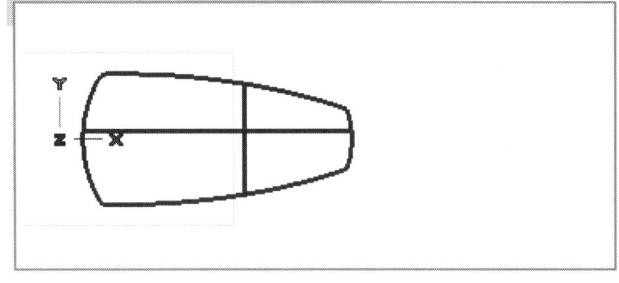

표시는 와이어프레임으로 변경하고 뷰를 상면 뷰로 변경합니다.

Step 12

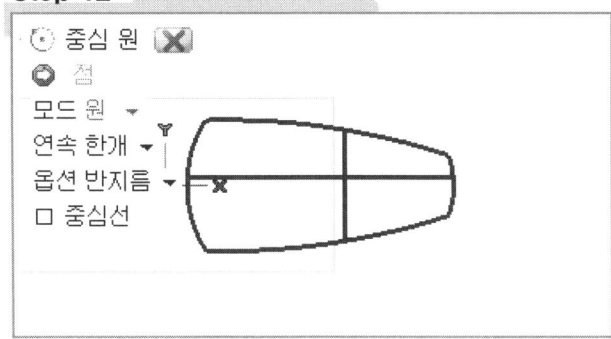

윤곽선을 그립니다.

중심원 명령을 입력 합니다.

Step 13

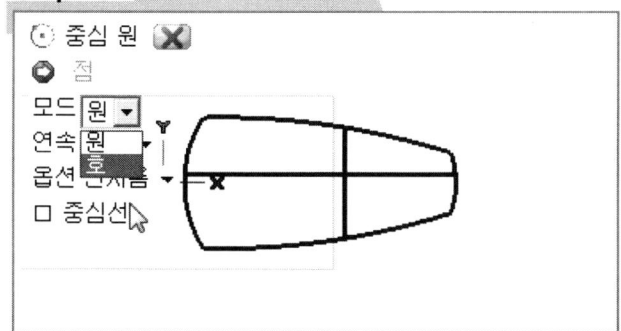

모드는 호로 변경 합니다.

Step 14

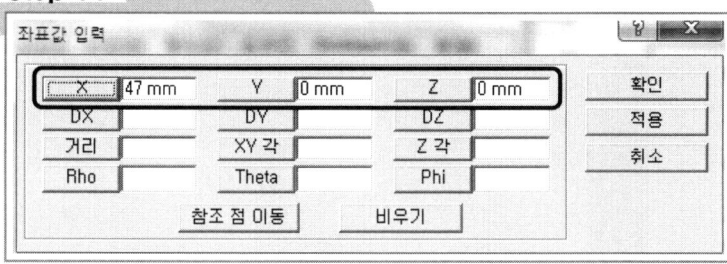

원 중심점은 스냅의 좌표값 입력을 사용하여 (X : 47mm, Y : 0mm, Z : 0mm)인 좌표를 입력합니다.

도구 → 스냅 → 점 좌표 활성화

Step 15

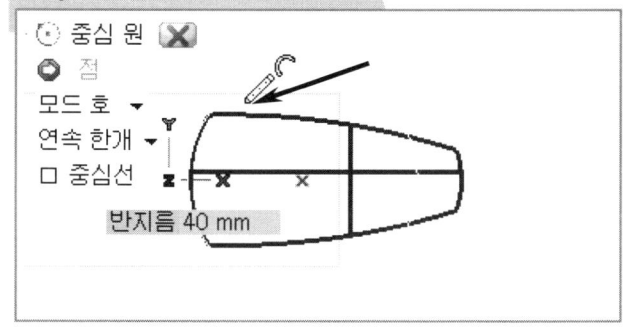

반지름 값은 40mm를 입력합니다. 솔리드 측벽 약간 바깥쪽을 클릭하여 호의 시작점 위치를 정의합니다.

Step 16

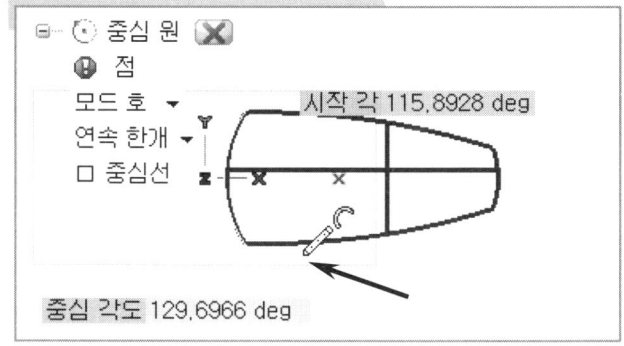

마우스로 클릭한 위치가 호의 시작점이 됩니다.

끝점도 서피스의 약간 바깥쪽을 클릭하여 정의합니다.

Step 17

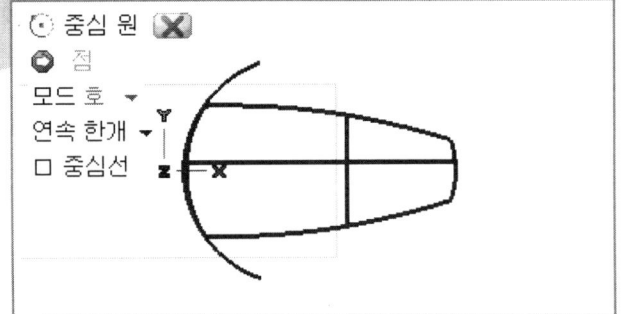

반지름 40mm 원호가 생성 되었습니다.

Step 18

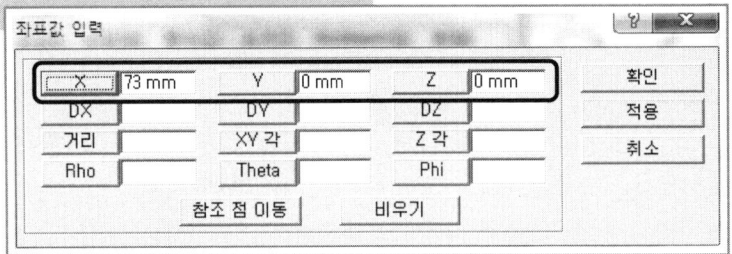

원 중심점은 스냅의 좌표값 입력을 사용하여 (X : 73mm, Y : 0mm, Z : 0mm)인 좌표를 입력합니다.

도구 → 스냅 → 점 좌표 활성화

Step 19

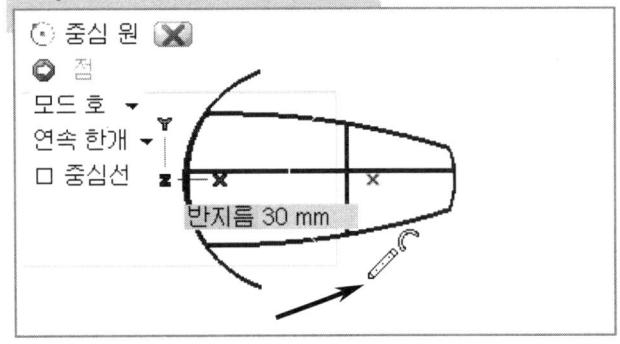

반지름 값은 30mm를 입력합니다. 솔리드 측벽 약간 바깥쪽을 클릭하여 호의 시작점 위치를 정의합니다.

Step 20

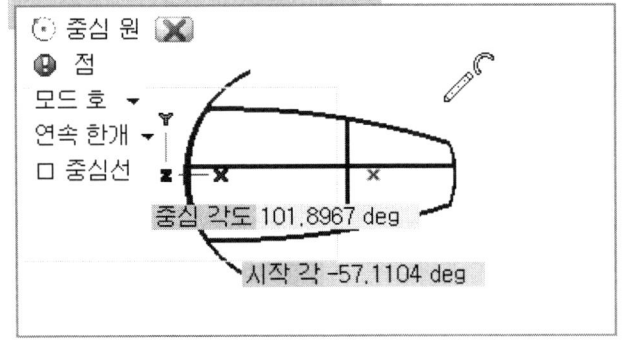

마우스로 클릭한 위치가 호의 시작점이 됩니다.

끝점도 서피스의 약간 바깥쪽을 클릭하여 정의합니다.

Step 21

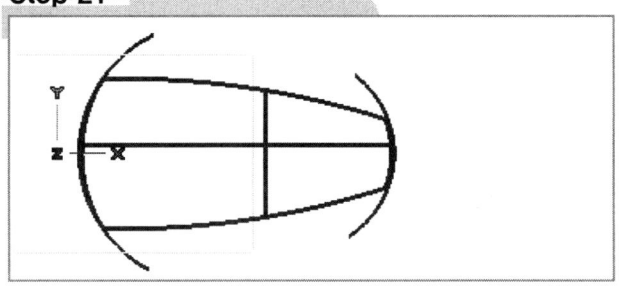

반지름 30mm 원호가 생성 되었습니다.

Step 22

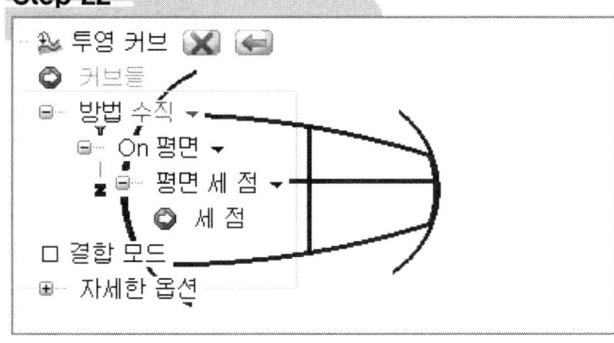

이번에는 서피스에서 반지름 250mm 원호 투영하기 위해 투영 명령을 실행 합니다.

삽입 → 커브 → 투영

Step 23

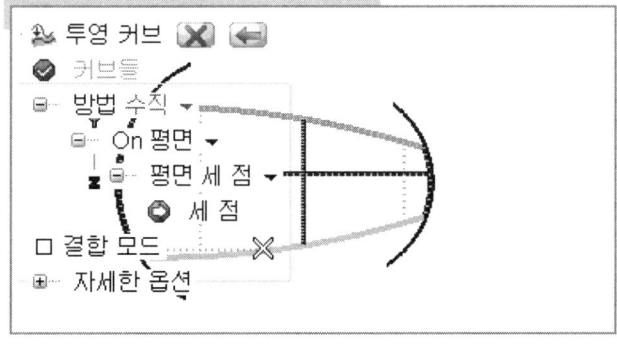

커브로는 옆의 그림처럼 서피스의 반지름 250mm 원호 모서리를 선택합니다.

Step 24

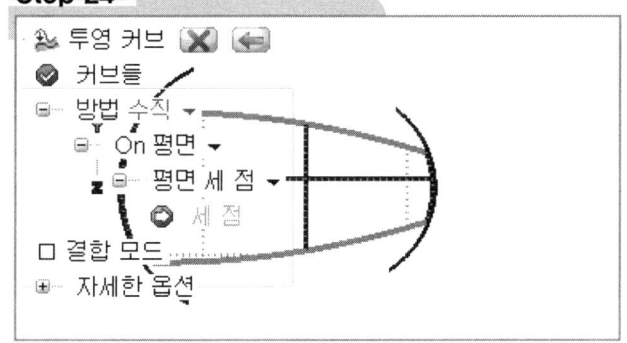

세점을 선택하고 XY평면의 바닥면에 임의 세점을 클릭해 줍니다.

Step 25

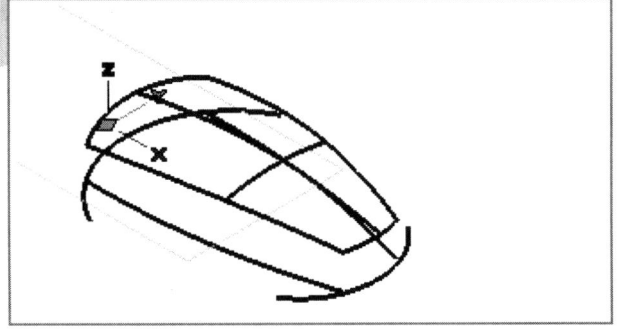

투영 커브가 생성 되었습니다.

Step 26

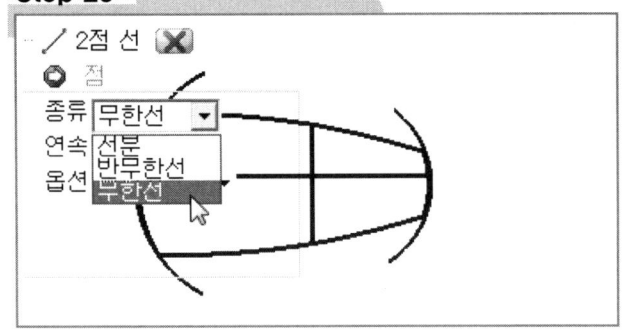

뷰를 상면 뷰로 변경하고 2점 선 명령을 실행합니다.
선 종류는 무한선으로 변경합니다.

Step 27

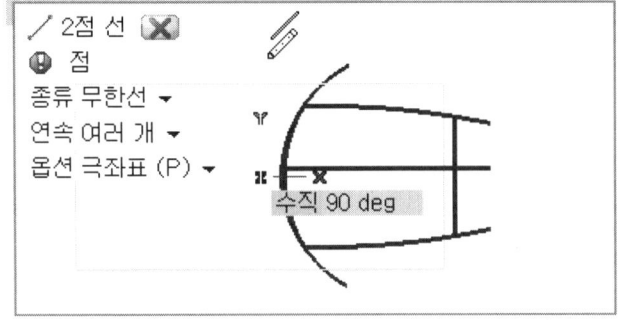

좌표계 원점 Work Plane Origin 을 시작점으로하는 수직한 참조선을 그립니다..

Step 28

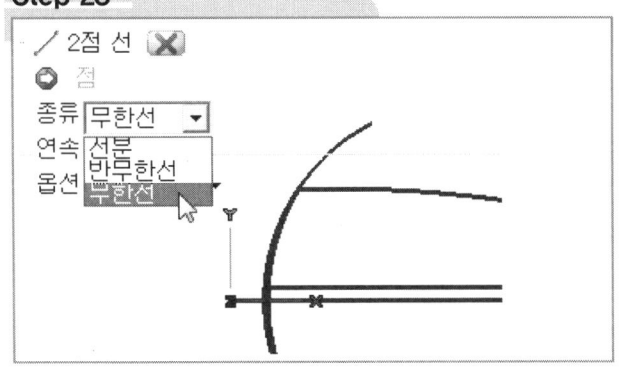

선 종류를 무한선으로 변경합니다.

Step 29

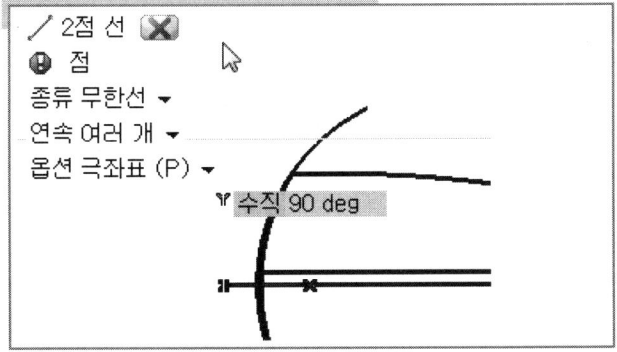

좌표계 원점을 시작점으로 하는 수직한 참조선을 그립니다. 각도는 90도로 입력합니다.

Step 30

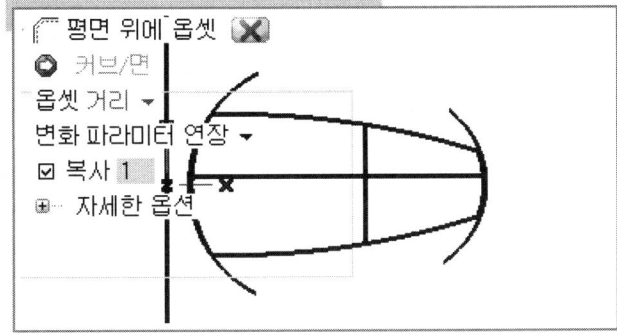

평면위에 옵셋 명령을 실행합니다.

삽입 → 제도 → 평면위에 옵셋

Step 31

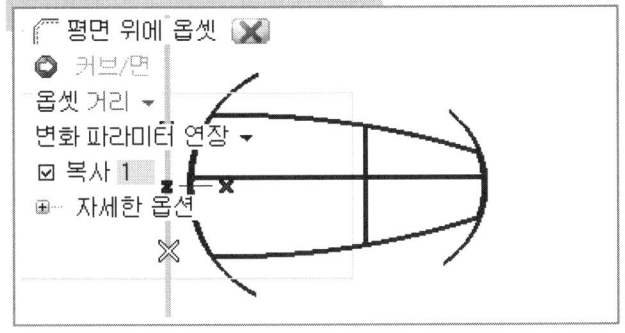

커브/면 항목에서 위에서 작성한 수직선을 선택합니다.

※ 커브/면 항목에서 면을 선택하면 선택한 면 의 전체 모서리에 대한 Offset curve 가 생성됩니다.

Step 32

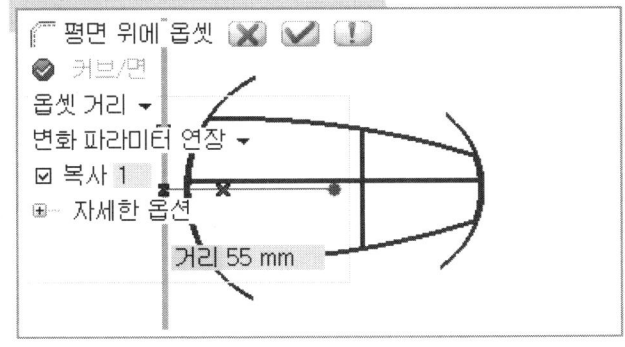

옵셋 커브가 미리보기 됩니다.
거리에 55mm를 입력하고 적용버튼을 누릅니다.

※ 바깥쪽으로 Offset 될 경우 값을 입력하여 Offset 방향을 바꿉니다.

Step 33

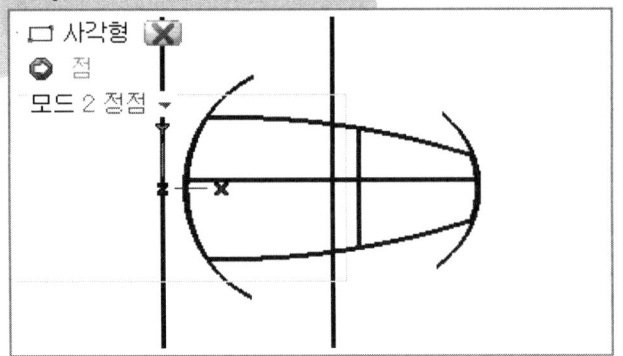

사각형 명령을 입력합니다

삽입 → 제도 → 직사각형 & 다각형 → 사각형

Step 34

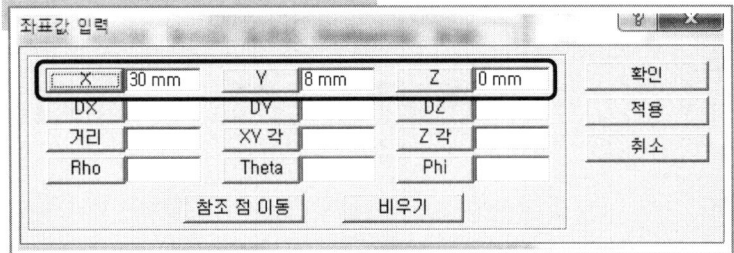

사각형의 시작점은 스냅의 좌표값 입력을 사용하여 (X : 30mm, Y : 8mm, Z : 0mm)인 좌표를 입력합니다.

도구 → 스냅 → 점 좌표 활성화

Step 35

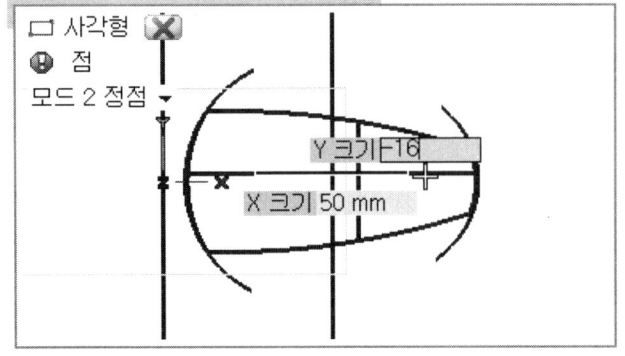

XY거리 입력 창에 (X size : 50mm, Y : size −16mm)를 입력하여 직사각형을 생성합니다.

Step 36

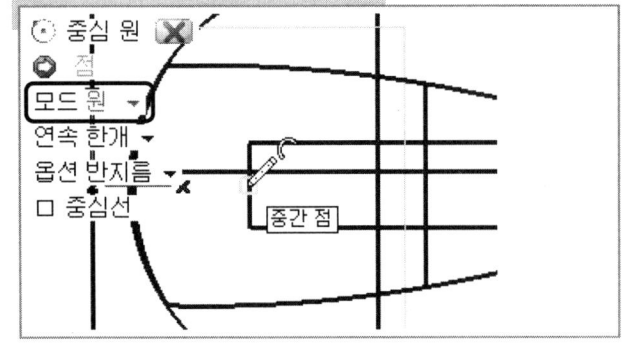

중심원 명령을 실행하고 모드를 원으로 지정합니다.

중심점으로 앞서 생성한 사각형의 왼쪽 변 중점을 선택합니다.

Step 37

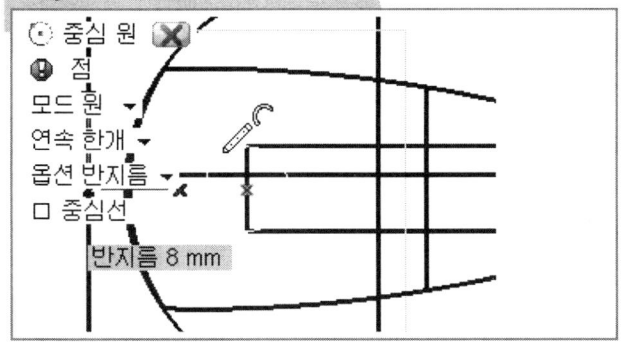

반지름으로 8mm를 입력합니다.

Step 38

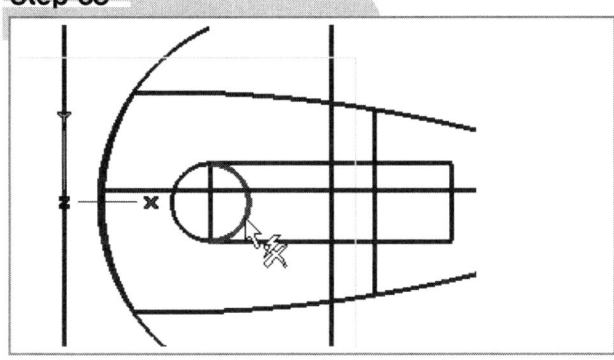

끊어지우기 명령을 이용하여 불필요한 선들을 삭제합니다.

편집 → 끊어지우기

Step 39

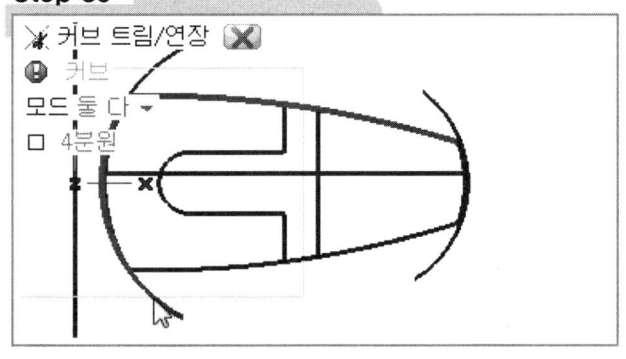

트림/연장 명령을 이용하여 불필요한 선들을 정리하고 지우기 명령을 이용해 선들을 지웁니다.

Step 40

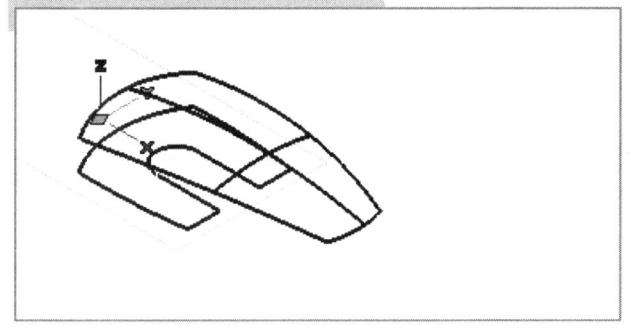

선들이 정리 되었습니다.

Step 41

직선형 솔리드 명령을 입력하고 생성한 윤곽을 프로파일로 선택합니다.
체인을 사용하면 윤곽선을 한번에 선택할 수 있습니다.

편집 → 선택 → 체인

Step 42

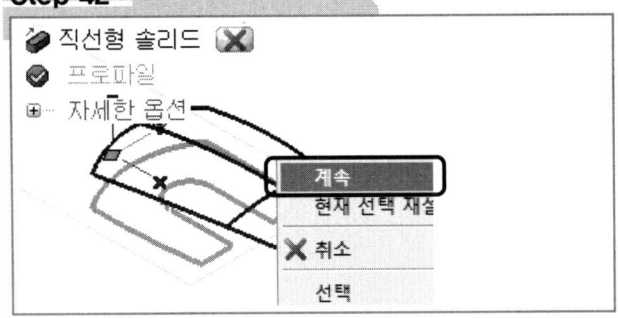

프로파일 선택을 마치면 오른쪽 마우스를 클릭하고 명령어 목록에서 계속을 선택하여 다음 단계로 넘어갑니다.

Step 43

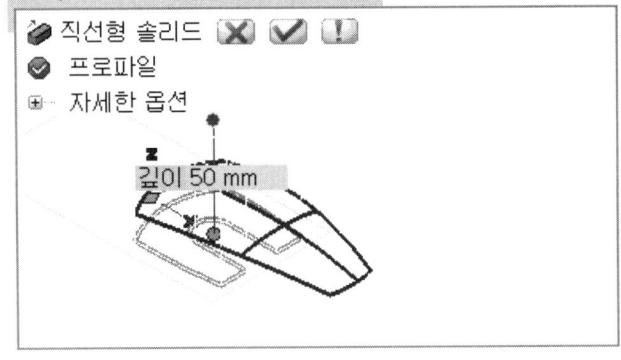

생성될 솔리드가 미리보기 됩니다. OK를 선택하여 작업을 완료합니다.

Step 44

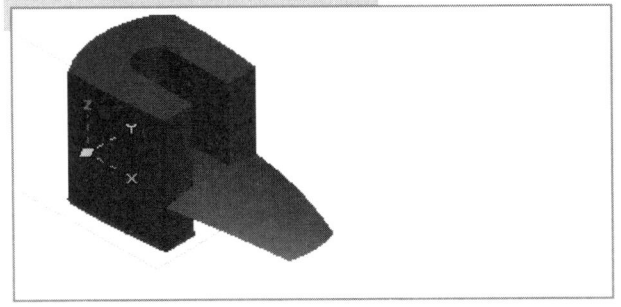

그림과 같이 솔리드가 생성됩니다.

Step 45

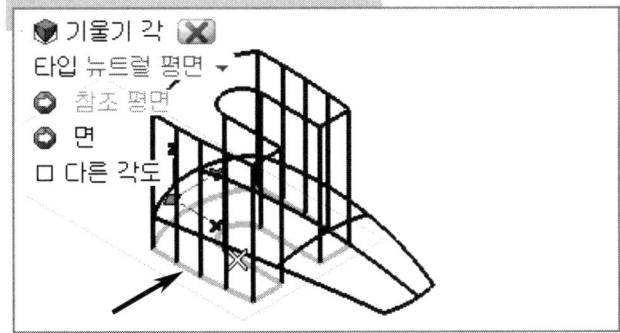

기울기 각 명령을 실행합니다.

참조평면으로 솔리드의 바닥면을 선택합니다.

삽입 → 솔리드 → 기울기 각

Step 46

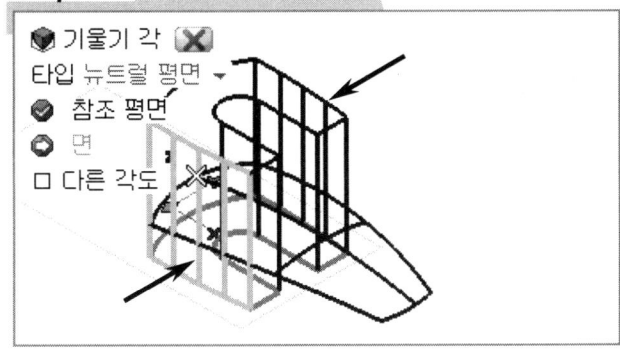

면 항목에서는 기울기를 추가할 좌우 측벽을 모두 선택합니다.

Step 47

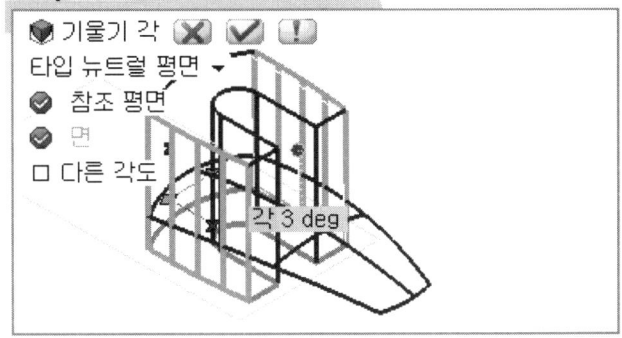

각도를 안쪽 방향으로 3도 입력하고 적용 버튼을 클릭합니다.

Step 48

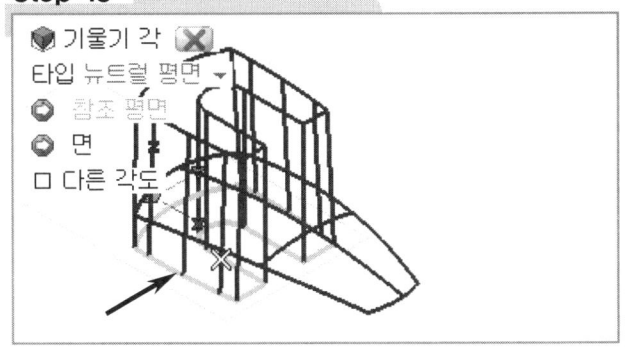

참조평면으로 솔리드의 바닥면을 선택합니다.

Step 49

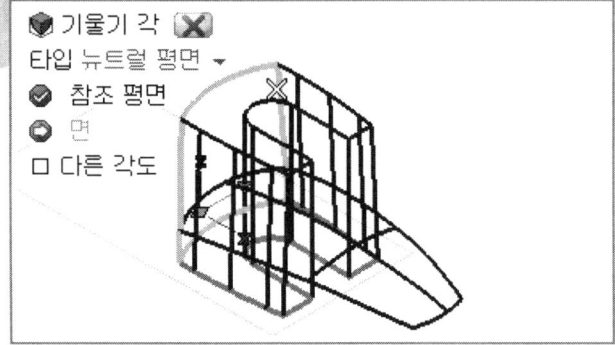

면 항목에서는 기울기를 추가할 뒤 측벽을 선택합니다.

Step 50

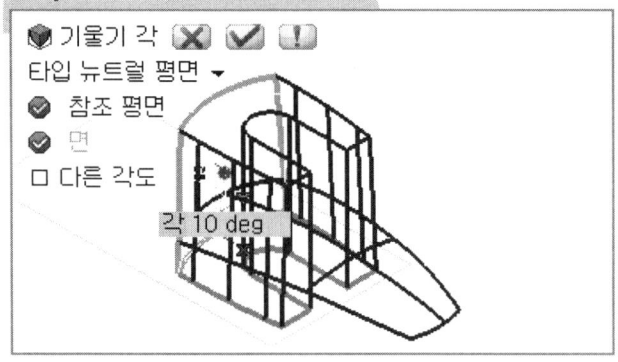

각도를 안쪽 방향으로 10도 입력하고 확인 버튼을 클릭합니다.

Step 51

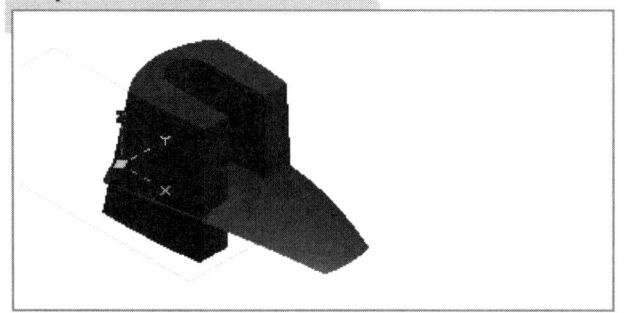

기울기가 추가 되었습니다.

Step 52

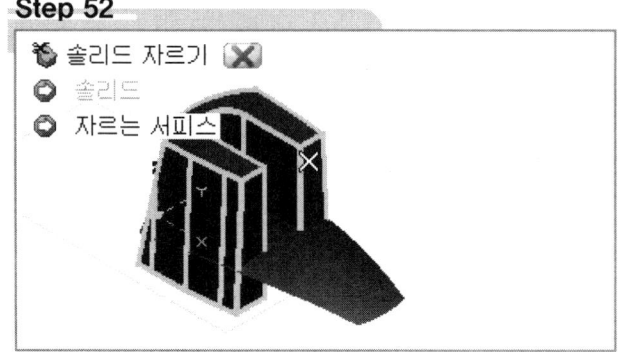

솔리드 자르기 명령어를 열고 잘라낼 솔리드를 선택합니다.

Step 53

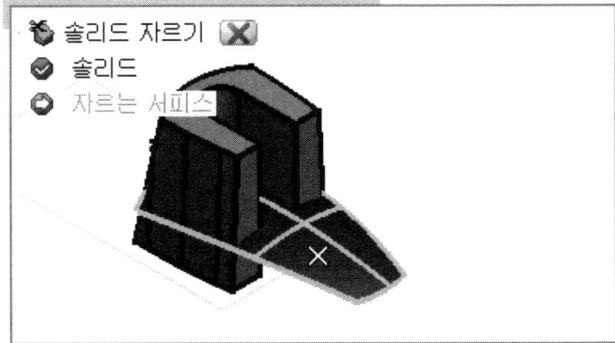

자르는 서피스 항목에서는 잘라낼 경계로 사용할 서피스를 선택합니다.

Step 54

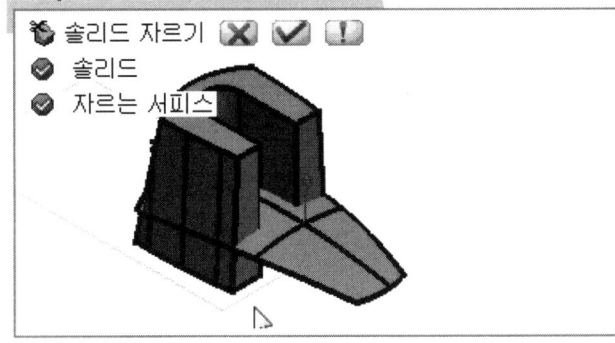

잘려질 방향을 표시하는 화살표가 위쪽을 향하도록 한 다음 작업을 완료합니다.

방향이 맞지 않을 경우 화살표를 더블클릭하여 방향을 반전시킵니다.

Step 55

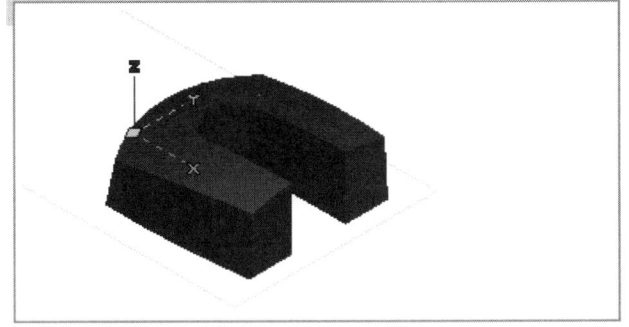

Solid Cut 작업이 완료되었습니다.

Step 56

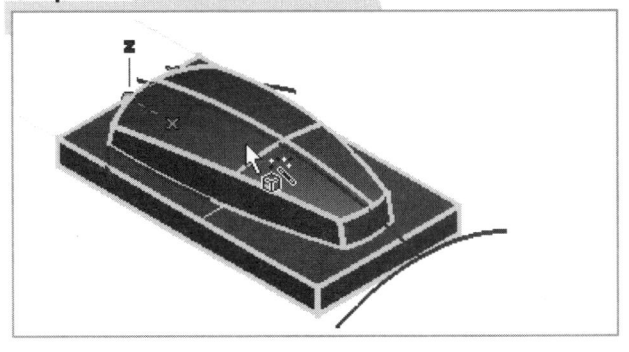

엔티티보이기 명령을 이용하여 감춰둔 솔리드를 불러옵니다.

엔티티보이기 명령을 실행하면 화면이 반전되며 감춰진 엔티티들이 보이는데, 이때 불러올 솔리드만을 선택합니다.

Step 57

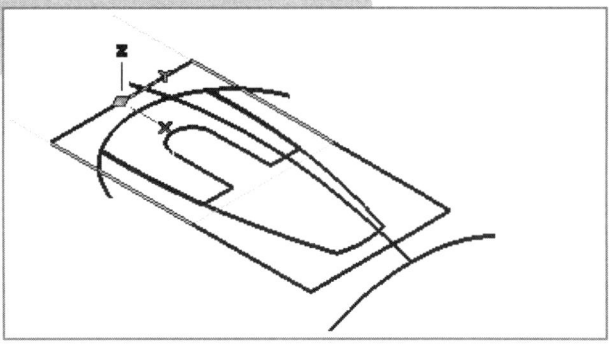

Unhide 명령이 실행되는 상태에서 솔리드를 선택하면 반전된 화면에서는 더 이상 보이지 않게 됩니다. 선택이 끝나면 Esc 버튼을 눌러 작업을 완료합니다.

Step 58

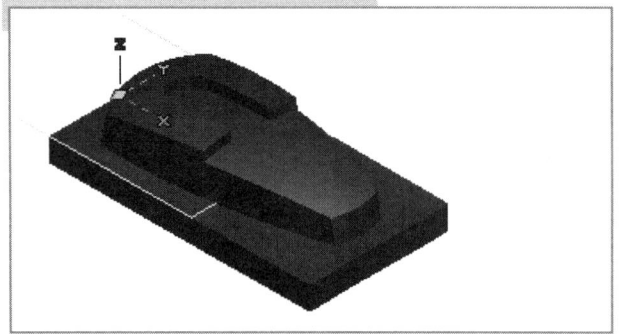

이제 화면에 두개의 솔리드가 표시됩니다.

Step 59

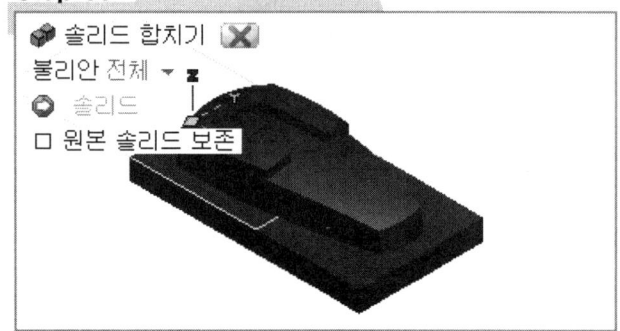

솔리드 합치기 명령을 실행합니다.

삽입 → 불리언 → 합치기

Step 60

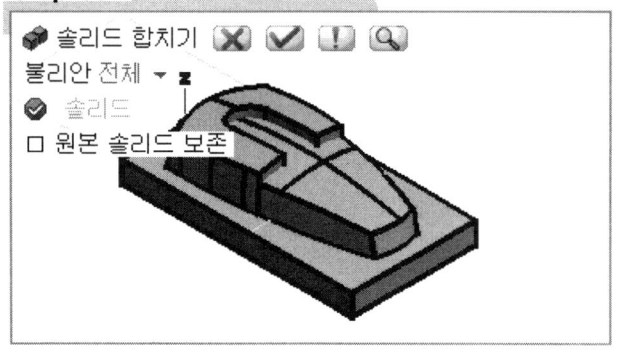

모든 솔리드를 선택하고 확인 버튼을 입력합니다.

Step 61

형상이 완성되었습니다.

회전 형상 작성하기

Step by Step

Step 1

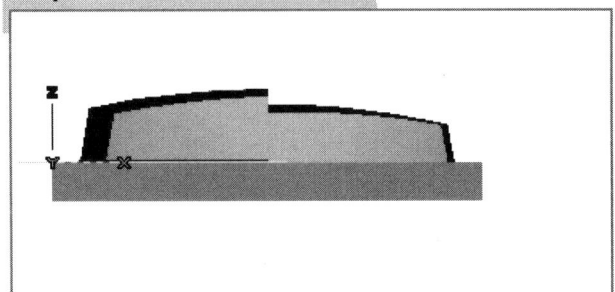

뷰방향을 정면 뷰로 변경합니다.

Step 2

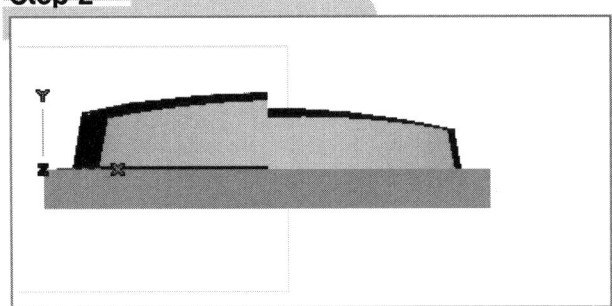

단축키 [V]를 눌러 뷰방향에 맞게 축방향을 회전시킵니다.

편집 → 작업평면 → 뷰 위에 설정

Step 3

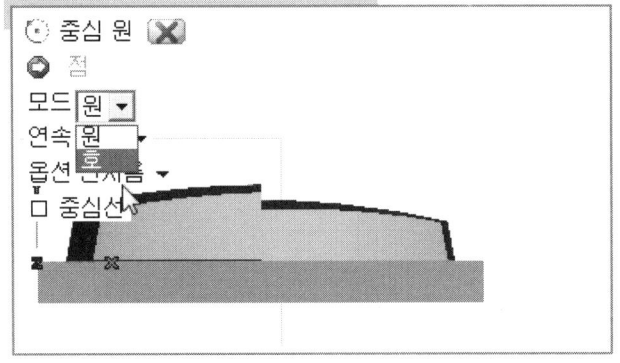

중심 원 명령을 실행하고 모드를 호로 설정합니다.

원 중심점을 입력하기위해 스냅의 점좌표 활성화 Point Coordinates 를 선택합니다.

Step 4

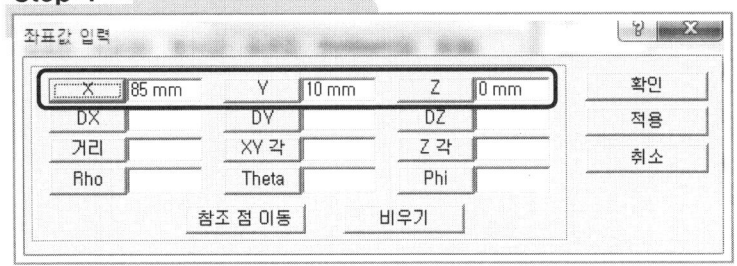

점좌표 활성화 창이 열리면 (X : 85, Y : 10, Z : 0)를 입력하고 확인을 입력 합니다.

Step 5

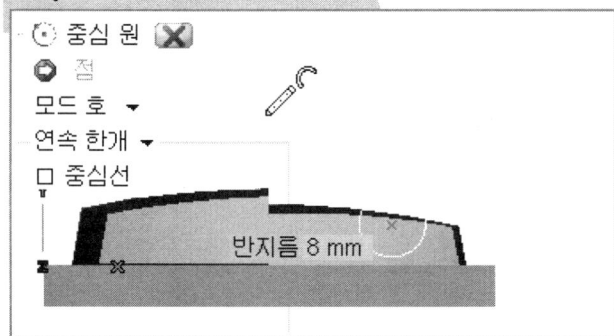

반지름 값은 8mm를 입력합니다.

빈공간을 한번 클릭하면 시작각도와 중심각도를 입력할 수 있습니다.

Step 6

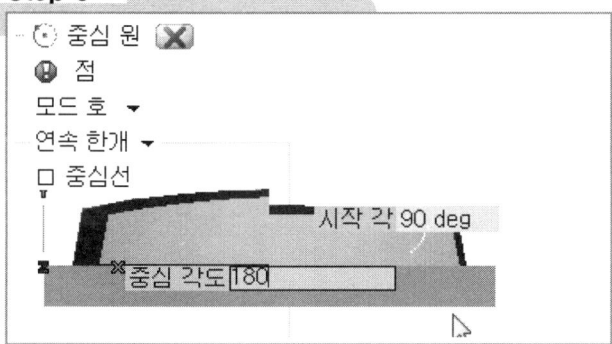

시작 각도에는 90deg, 중심 각도에는 180deg 입력합니다.

Step 7

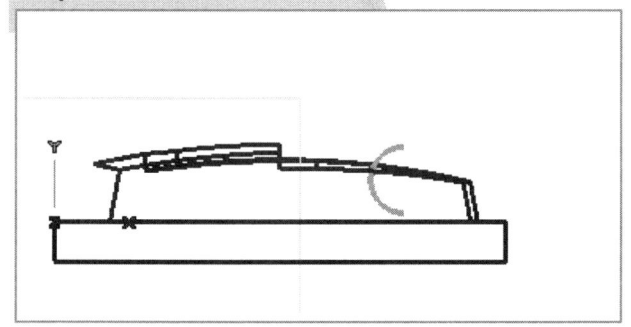

화면표시를 와이어프레임 으로 변경하면 그림과 같이 반원이 생성된 것을 확인할 수 있습니다.

Step 8

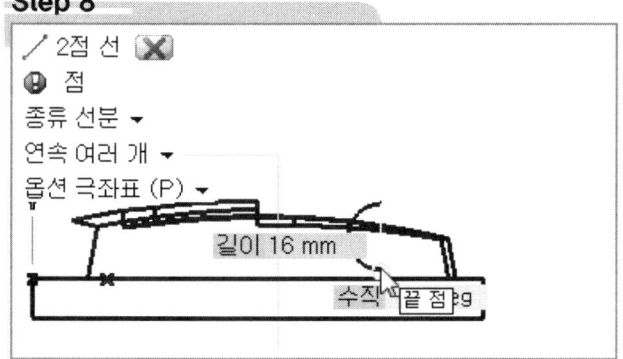

2-Point line 명령을 실행하여 호의 끝점과 끝점을 연결하는 길이 16mm의 수직선을 그립니다.

Step 9

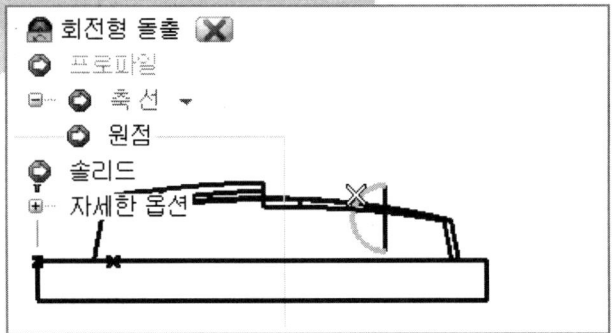

아무것도 선택되지 않은 상태에서 회전형 돌출 명령을 실행합니다. 프로파일로는 반지름 8mm의 호를 선택합니다.

삽임 → 솔리드 → 스윕 → 회전형 돌출

Step 10

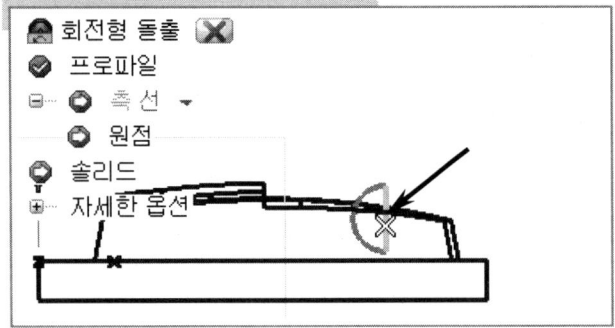

축 항목을 클릭하여 활성화시키고 수직선을 선택합니다.

Step 11

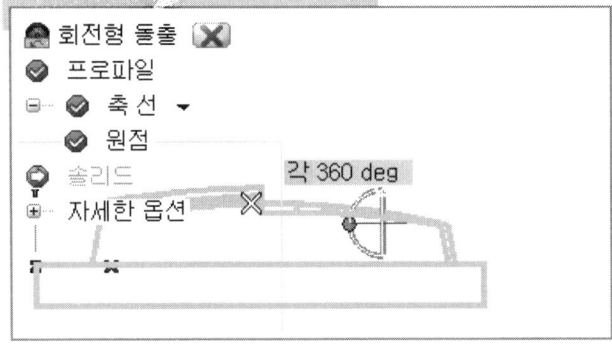

형상이 미리보기 되면 Angle에 360deg를 입력합니다.

Solid 항목에서는 형상을 추가할 솔리드를 선택합니다.

Step 12

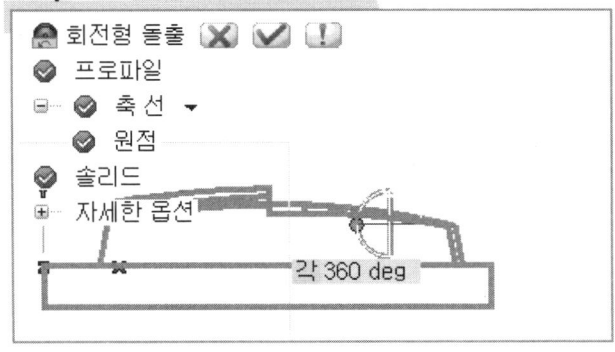

선택이 끝나면 OK 버튼을 클릭하여 작업을 완료합니다.

Step 13

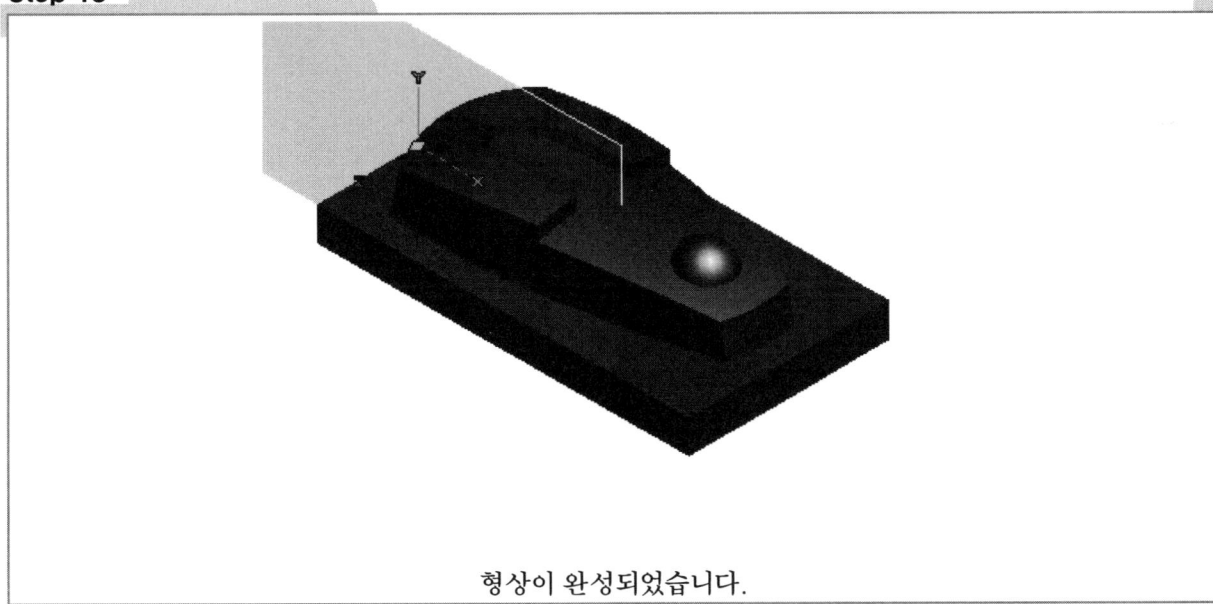

형상이 완성되었습니다.

모서리에 Fillet 입력하기

Step 1

모서리 필렛 명령어를 실행합니다.

삽입 → 솔리드 → 필렛 → 모서리

Step 2

그림에서와 같이 기울기가 추가된 돌출된 두 모서리를 선택하고 R3mm의 fillet을 입력합니다.

Step 3

그림에서와 같이 기울기가 추가된 돌출된 두 모서리를 선택하고 R5mm의 fillet을 입력합니다.

Step 4

솔리드 윗면의 모서리 및 지시 없는 모서리에 2mm의 fillet을 입력합니다.

Step 5

모델링 형상이 완성되었습니다.

Part 3

HyperMILL

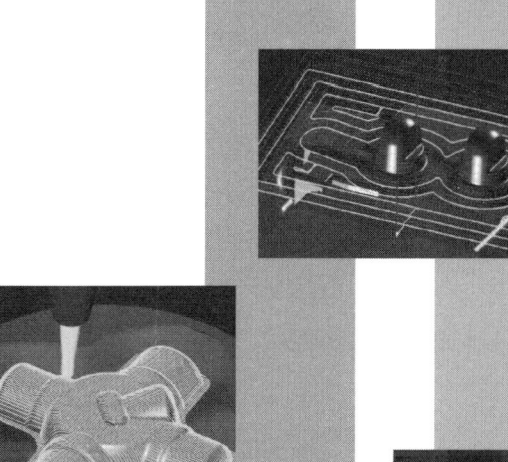

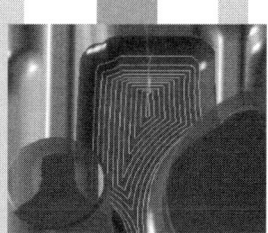

HyperMill 3D 가공류 및 작업순서

CAM이란?

컴퓨터 이용 제조(Computer Aided Manufacturing)의 약자로, CAD에 의하여 설계된 내용을 바탕으로 CAM을 통해 NC(수치제어) 공작기계에 정확한 작업동작지시를 하여 생산, 가공, 조립, 검사 등의 제조 과정을 컴퓨터로 관리하여 작업의 신속성과 제품의 정밀성을 기하기 위한 과정.

1. 3D 사이클의 종류

1-1 3D 등고선 황삭 가공 (소재지정)

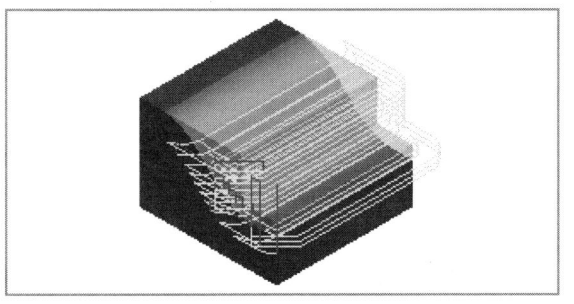

미리 생성해 놓은 가공 소재를 선택하여 평면 단위로 소재를 제거합니다. 이와 같이 소재를 선택해야 하는 가공에서는 소재와 가공할 형상에 대한 개별 파일이 필요합니다.

1-2 3D 프로파일 가공

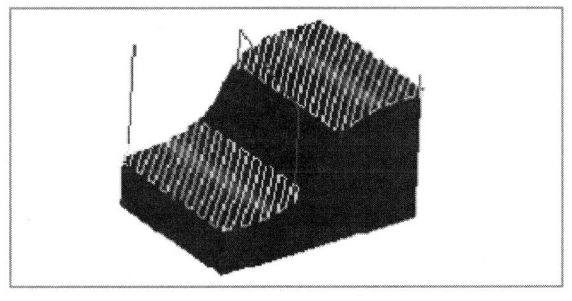

평면 또는 완만한 영역을 가공하는데 적합한 가공 방법으로 지정한 가이드 커브(프로파일)를 따라 일정한 XY 피치를 가지는 공구경로를 생성합니다.

1-3 3D 등고선 정삭

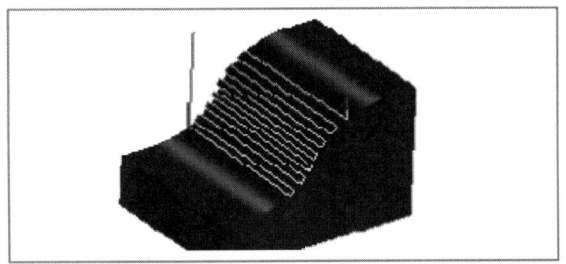

형상의 측벽이나 급경사 영역을 가공하는데 적합한 가공방법으로 일정한 Z피치를 가지는 섹션커브를 구하여 공구경로를 생성합니다.

1-4 3D 프리 패스 가공

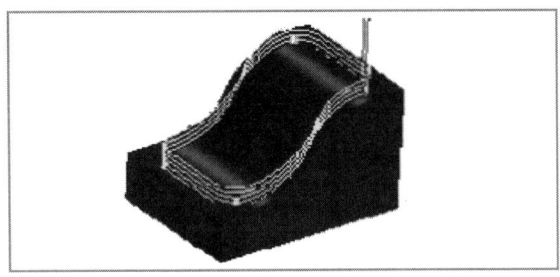

선택한 프로파일을 공구경로로 사용하는 3D 윤곽가공입니다. 수직 절삭 이송 량을 입력하면 다중 수직 절삭이 가능합니다. 글자 가공에 많이 사용됩니다.

1-5 3D ISO 가공

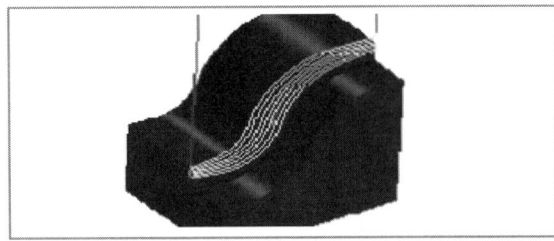

공구 경로가 서피스의 ISO(U, V)커브를 따라 생성되어, 서피스 곡률에 최적으로 대응되는 가공방법입니다.

2. 3D 고급 사이클의 종류

2-1 3D 등고선 최적화 가공

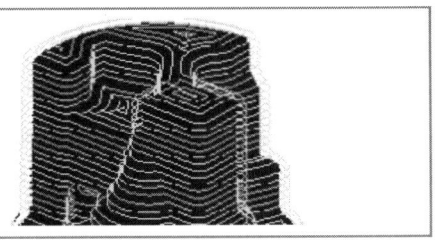

완만한 영역은 프로파일 정삭의 포켓 방식으로, 급경사 영역은 등고선 정삭으로 가공하여 완만한 영역과 급경사 영역 모두에 최적화된 가공방법입니다.

2-2 3D 3차원 피치 가공

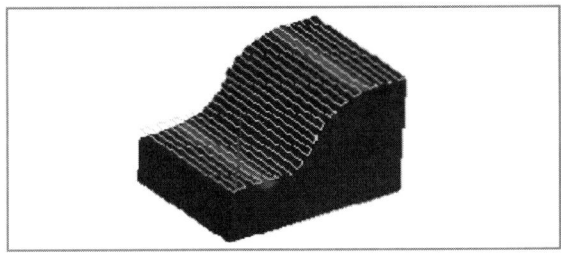

XY평면이나 Z축 방향으로 일정한 피치를 가지는 일반 가공방법과 달리 공구경로 사이의 직선 거리가 일정하도록 가공하는 방법으로 고속 가공에 적합합니다. 닫힌 가이드 커브 내부가 또는 두 커브의 흐름을 따라 등간격으로 가공합니다.

2-3 3D 펜슬 가공

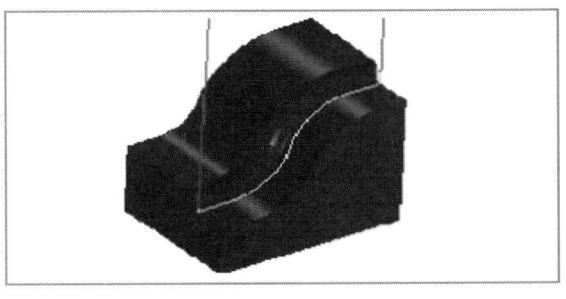

참조 공구를 지정하여 미절삭 된 홈 부분을 자동으로 감지하고 한 줄 가공합니다.
코너부위의 절삭부하를 최소화시킬 수 있어 주로 고속 가공을 위한 준비 단계로 사용됩니다.

2-4 3D 자동 잔삭 가공

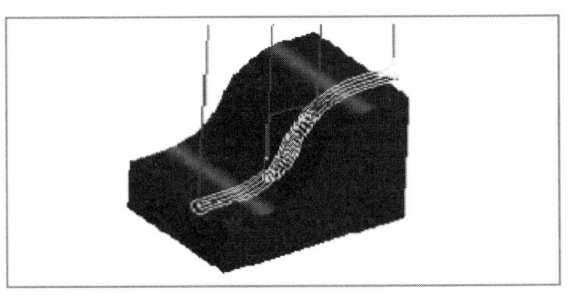

참조 공구를 통해 미절삭 된 영역을 자동으로 계산하여 가공해주는 자동 잔삭 가공방법입니다. 정, 중삭 사이클 사이의 잔삭작업에 주로 사용합니다.

2-5 3D 재가공(Rework)

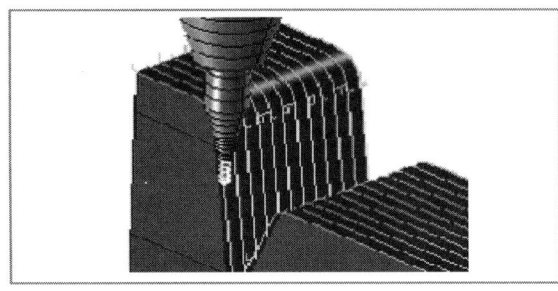

충돌이 감지되어 가공할 수 없는 작업 공정을 참조로 재가공하는 방식입니다.
재가공의 경우에는 감지된 충돌 영역을 피하기 위해 참조 공정에서와 다른 공구가 적용됩니다.

3. hyperMILL의 작업 순서

① **모델링 분석 작업** : 3D 설계와 CAM작업을 같이 하는 경우에 작업자는 모델에 대한 정보를 정확히 알 수 있지만, 외부의 모델링을 IMPORT시켜 작업하는 경우 모델의 크기, 최소 R값과 원점의 위치 등을 확인해야만 합니다.

② **공구 셋팅** : 공구번호, 공구직경, 공구길이 등을 고려하여 황삭, 중삭, 정삭, 잔삭에 알맞은 공구를 선택하고 보유하고 있는 가공기 ATC(AUTO TOOL CHANGER)에 장착합니다. 그 후 가공기 ATC에 장착된 공구에 맞춰 공구 리스트를 작성(공구 T번호, RPM, FEED 등을 입력)하고 hyperMILL에 적용시켜줍니다.

③ **공정 리스트 정의** : 공정 리스트에서 정의한 값을 참조하여 공정들이 생성됩니다.
　㉠ 공정리스트 설정 정의
　　　ⓐ 공정 리스트의 이름을 정의합니다.
　　　ⓑ 생성될 POF 파일이 저장된 경로를 지정합니다.
　　　ⓒ 작업의 기준이 되는 NCS를 정의합니다.
　㉡ 주석문 입력 : 공정 리스트에 원하는 주석문을 입력할 수 있습니다.
　㉢ 피소재 정의
　　　ⓐ 소재(stock) 모델을 정의합니다.
　　　ⓑ 파트(part)(절삭모델)을 정의합니다.
　㉣ 포스트 프로세서 정의 : hyperVIEW를 사용할 경우에는 생략 가능
　　　ⓐ 공작 기계를 선택합니다.
　　　ⓑ NC폴더 이름을 입력합니다.
　　　ⓒ NC 파일 이름을 입력합니다.

④ **공정 삽입** : 작업공정을 생성하여 툴패스 생성에 필요한 정보를 입력합니다.
　㉠ 어떤 종류의 공정으로 가공할지를 선택합니다. (예 : 황삭, 중삭, 정삭, 잔삭, ……)
　㉡ 작업공정에 맞는 설정 값들을 입력합니다.
　　　ⓐ 공구지정 : 공정에서 사용할 공구를 선택
　　　ⓑ 가공방법 : 공구 경로의 형상 및 방향 결정
　　　ⓒ 파라메타 : 경로의 절입, 절삭량 및 기타 수치 값 입력
　　　ⓓ 영역지정 : 공구 경로 생성하고자 하는 범위 선택
　　　ⓔ 매크로 : 절삭 진입/진출 시의 MOTION 제어
　　　ⓕ 설정 : 가공경로의 공차 값 지정 및 공구와 홀더/스핀들의 충돌체크 여부확인
　　※ hyperMILL의 모든 공정 셋팅은 위의 6항목으로 구성됩니다.

⑤ **계산작업** : 설정된 공정대로 계산하여 CL-DATA(POF 파일로 저장)를 생성합니다.

⑥ **POSTPROCESSING** : hyperVIEW에서 작업할 가공기에 맞게 CL-DATA(초기 가공경로 데이터)를 가공 NC-DATA로 변환합니다.

HyperMill CAM을 이용한 가공 1

HyperMILL Cam을 이용하여 다음과 같은 절삭지시서에 따라 가공해 봅니다.

따라하기 1

공구 번호	작업내용	파일명 (비번호가 2번일경우)	공구조건 종류	공구조건 직경	경로 간격 (mm)	절삭조건 회전수 (rpm)	절삭조건 이송 (m/m)	절삭조건 절입량 (mm)	절삭조건 잔량 (mm)	비고
1	황삭	02황삭.nc	평E/M	Ø12	5	1400	100	6	0.5	
2	정삭	02정삭.nc	볼E/M	Ø4	1	1800	90			
3	잔삭	02잔삭.nc	볼E/M	Ø2		3700	80			Pencil

1. 공정 리스트 설정

Step 1

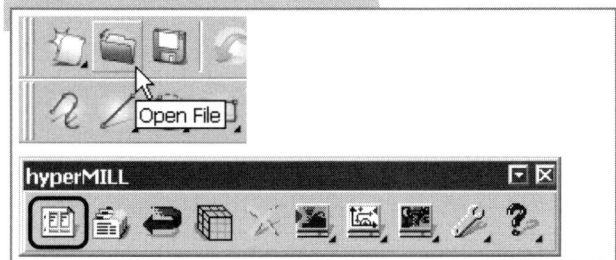

hyperCAD의 Open 명령어를 사용하여 '**산업기사_따라하기1.e3**' 파일을 열고, 그림과 같이 hyperMILL 아이콘 툴바의 첫 번째 아이콘을 클릭합니다.

Step 2

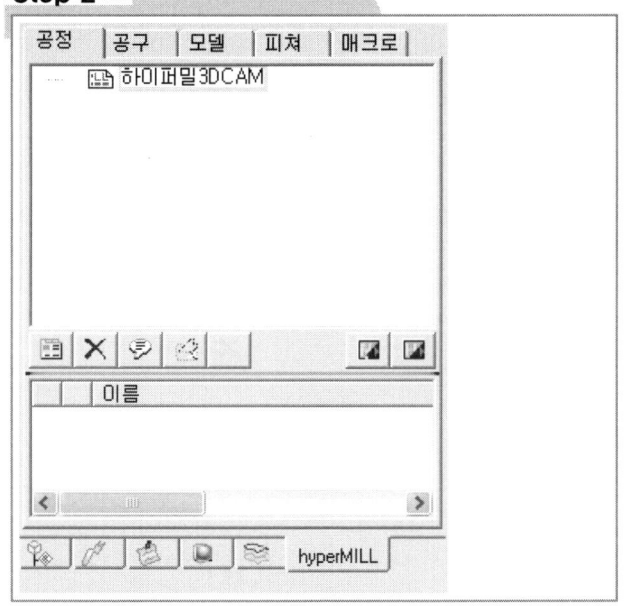

hyperCAD의 히스토리 트리 창에 hyperMILL 브라우저가 추가됩니다.

Step 3

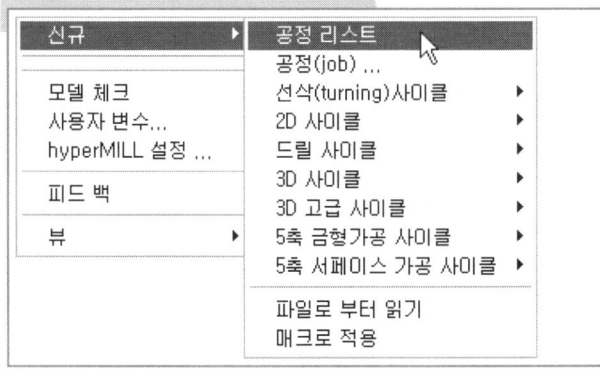

hyperMILL 브라우저 창에서 마우스 오른쪽 버튼을 클릭하면 명령어 목록이 표시됩니다. 여기서 [**신규 → 공정리스트**] 항목을 선택하여 새로운 공정리스트를 만들어줍니다.

Step 4

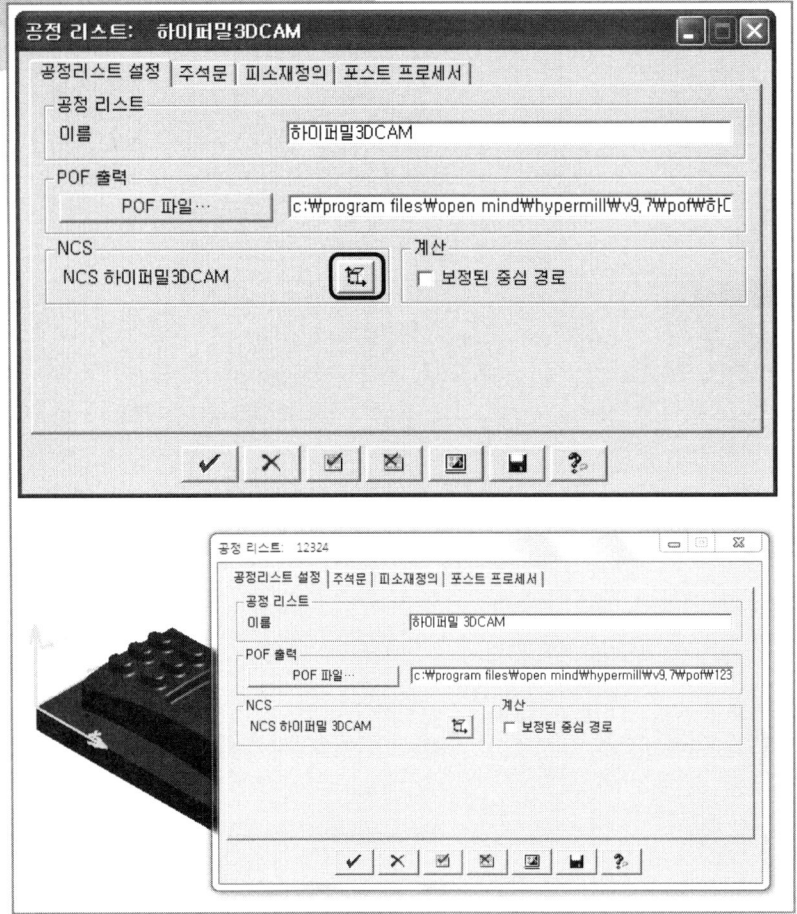

공정리스트 설정창이 열립니다. 공정리스트 설정 탭에서 공정리스트의 이름과 POF파일 저장 경로, NCS(공작물 원점) 등을 설정합니다. NCS는 공정리스트를 생성할 때 CAD의 좌표계와 동일하게 자동생성되는데, NCS 항목에서 원점계 편집 아이콘을 선택하면 아래 그림과 같이 원점위치 또는 축 방향을 편집할 수 있습니다. 이 작업에서는 NCS와 동일한 CAD 좌표계를 가지고 있으므로 편집작업은 생략하도록 합니다.

Step 5

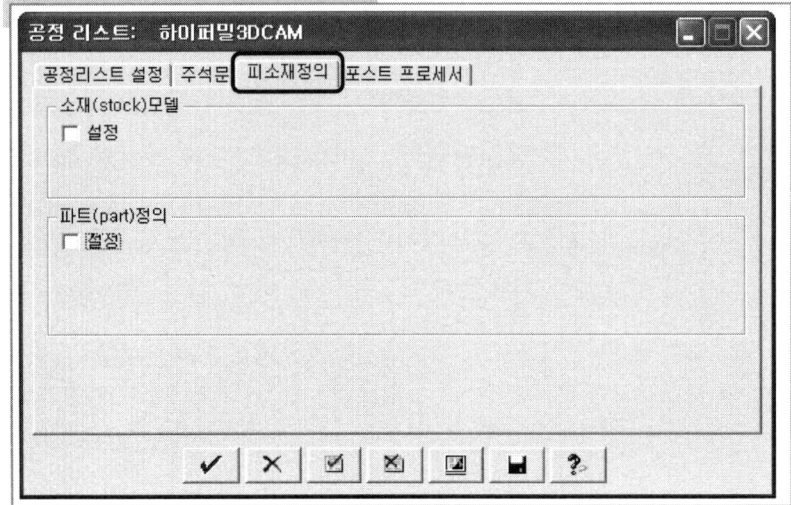

다음은 피소재정의(PART DATA) 탭을 선택하여 다음과 같이 소재모델(가공소재)과 파트(가공모델)를 정의합니다.

Step 6

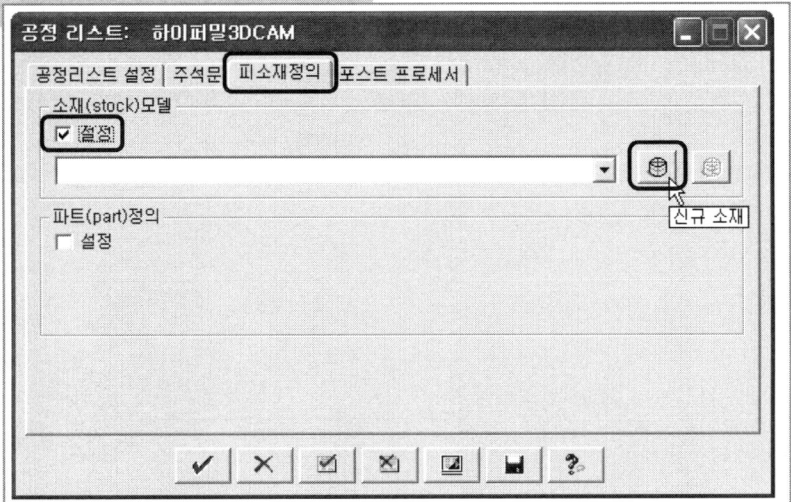

설정 항목을 체크하고 우측에 표시되는 신규 소재 아이콘을 선택합니다.

Step 7

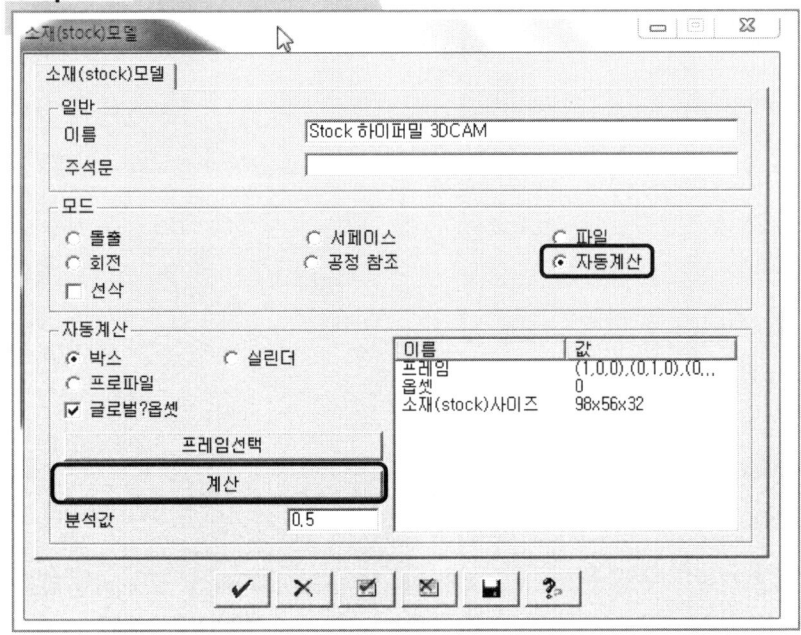

소재모델 정의 창이 열리면 모드에서 자동계산(bounding geometry)을 선택한 후 계산버튼을 클릭합니다.

Step 8

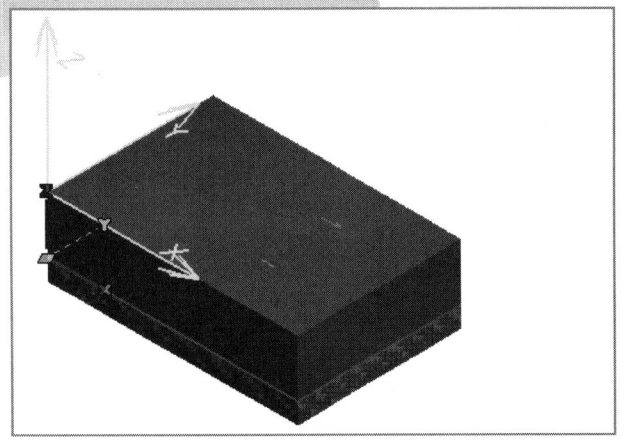

다음과 같이 박스형상의 육면체소재가 화면에 표시됩니다.
소재가 원하는 대로 정의되면 OK ✔ 버튼을 클릭하여 소재모델정의를 완료합니다.

Step 9

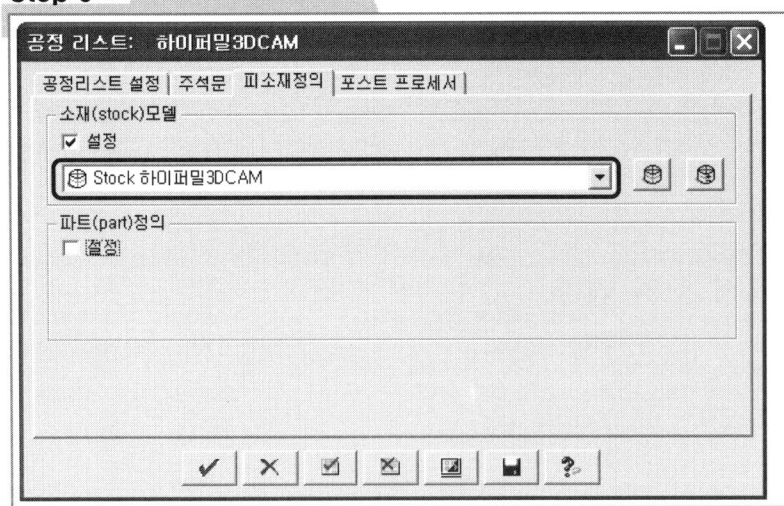

생성한 소재가 공정리스트의 소재모델 항목에 설정된 것을 볼 수 있습니다.

Step 10

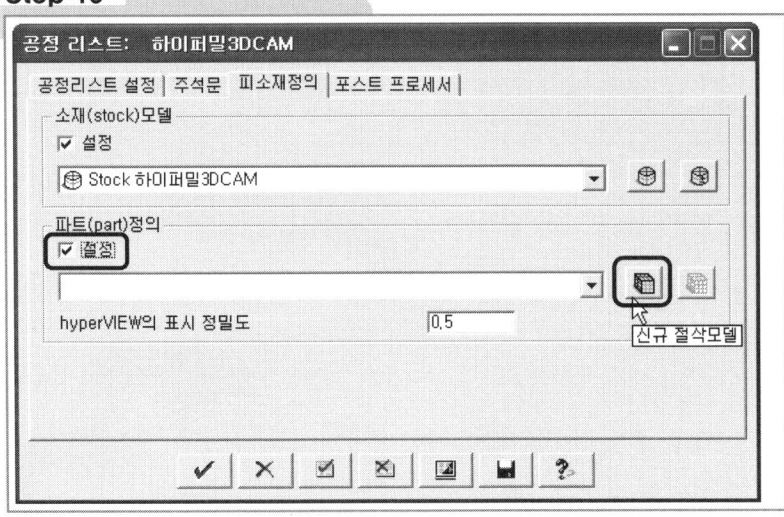

다음으로 파트정의를 하겠습니다.
소재모델정의와 같이 설정항목을 체크하고 신규 절삭모델 아이콘을 선택합니다.

Step 11

절삭모델 정의 창이 열리면 현재선택 항목의 신규선택 아이콘을 선택합니다.

Step 12

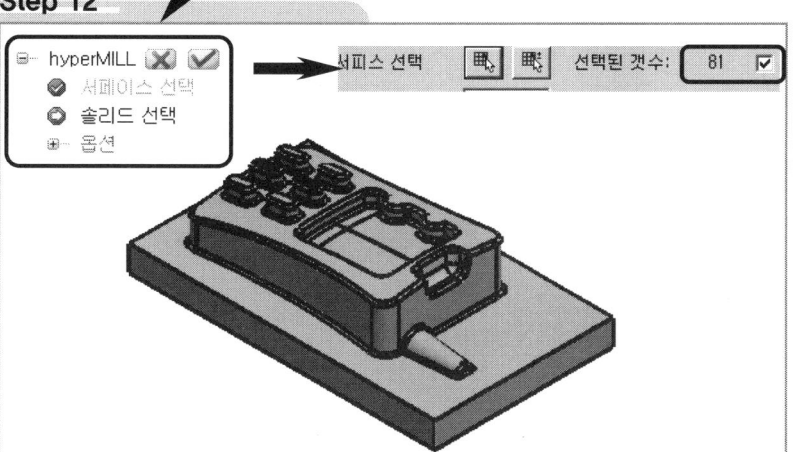

가공하고자 하는 모델을 전체 선택(단축키 A)하고 OK버튼을 우측 그림과 같이 선택된 서피스의 개수가 표시됩니다. 이제 OK버튼으로 절삭모델창을 완료하고, 공정리스트창을 완료하면 기본적인 공정리스트 정의가 끝납니다.

2. 황삭 공정

(1) 3D 등고선 황삭가공(소재지정)

Step 1

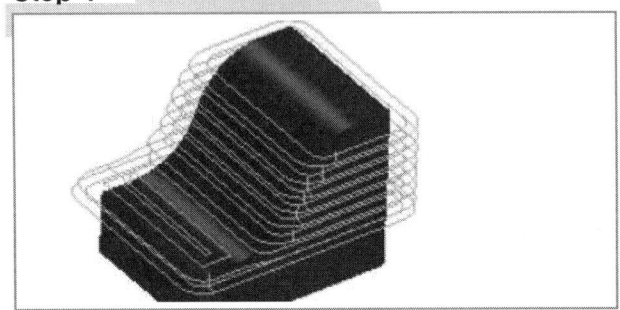

이 황삭가공 공정은 미리 생성해 놓은 가공 소재(STOCK)를 지정하여 평면 단위로 소재를 제거하는 툴패스를 생성해주는 작업공정입니다. 이 작업공정에서는 가공물에 대한 모델링 파일과는 별도로 소재가 정의된 파일이 필요합니다.

Step 2

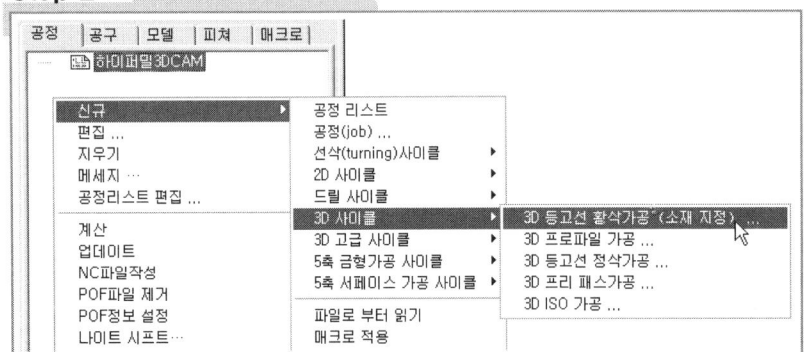

작업공정을 추가하기 위해 브라우저 창 내에서 오른쪽 마우스버튼을 클릭합니다. 그림과 같이 선택목록이 표시되면 [3D 등고선 황삭가공(소재지정)] 항목을 선택하여 작업공정 편집 창을 열어줍니다.

※ hyperMILL 아이콘 툴바에서 두 번째 아이콘을 선택하여 신규오퍼레이션 창에서 작업공정을 추가할 수도 있습니다.

(2) 공 구

Step 3

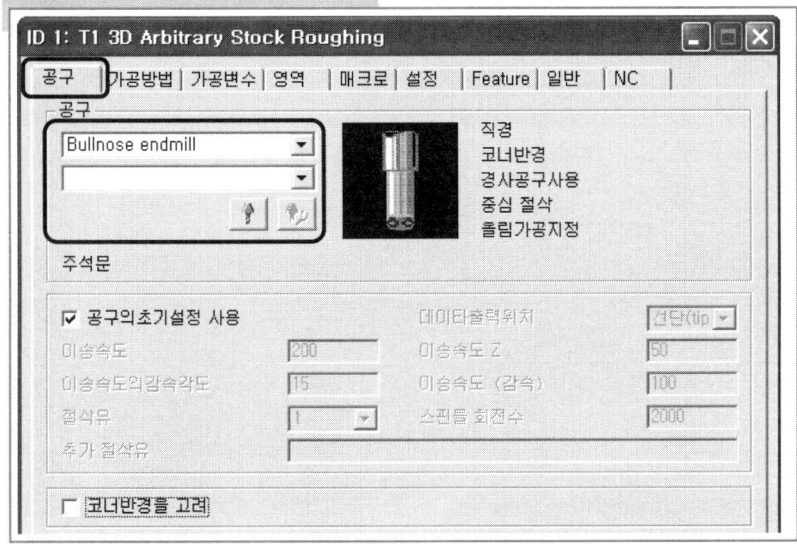

작업공정 정의창이 열리면 첫 번째 탭인 공구가 표시됩니다.

Step 4

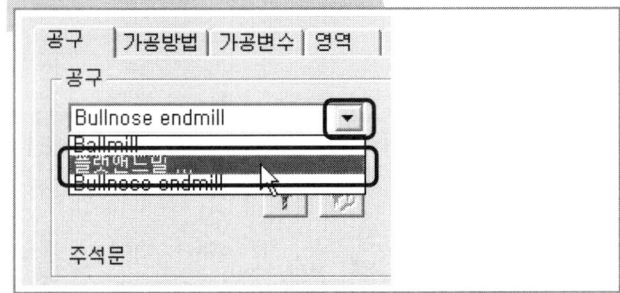

공구 항목의 첫 번째 항목에서 오른쪽 끝의 화살표버튼을 클릭하면 공구타입을 선택할 수 있습니다. 목록에서 플랫앤드밀을 선택합니다.

Step 5

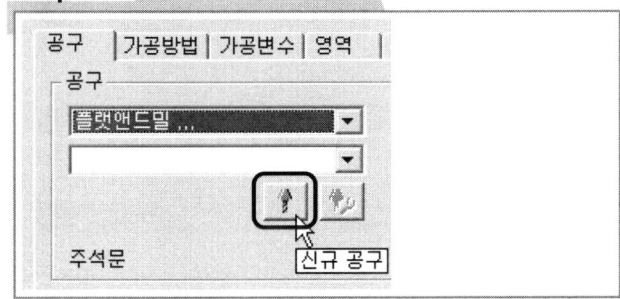

공구타입 선택이 끝나면 신규공구 아이콘을 클릭하여 공구정의 창을 열어줍니다.
공구정의 창에서는 공구직경, 공구길이 및 피드, 스핀들 값, 홀더 정의 등을 할 수 있습니다.

Step 6

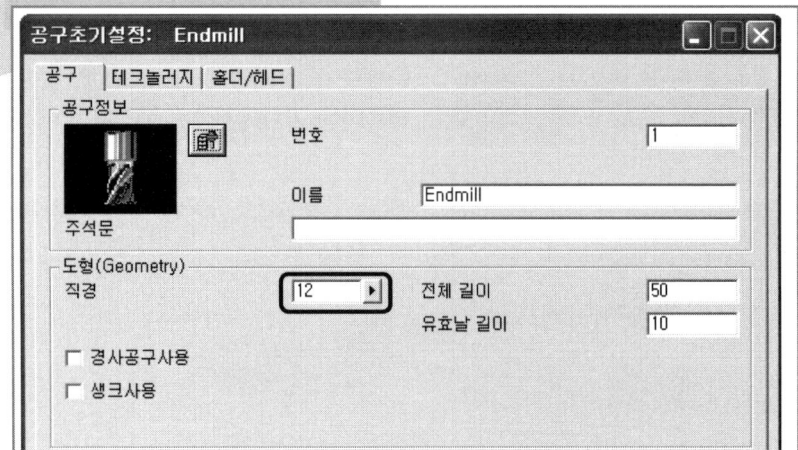

공구 탭의 직경항목에 12를 입력하여 12Ø 공구를 만듭니다.

Step 7

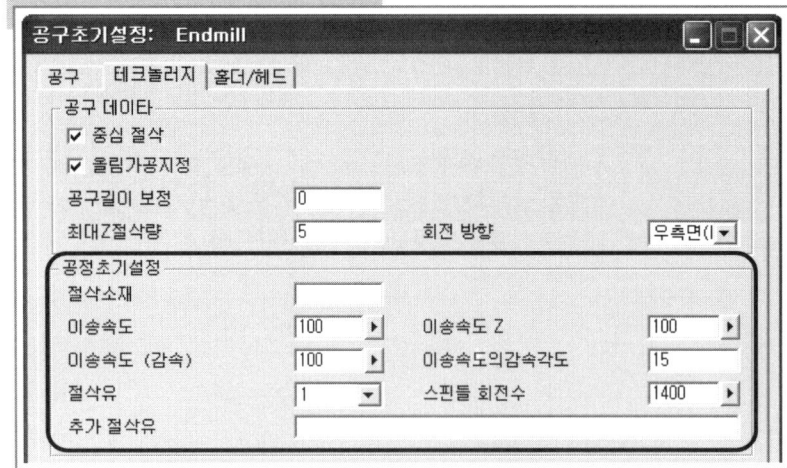

공구직경을 정의하면 테크놀러지 탭으로 넘어가서 절삭 지시서의 내용처럼 이송(FEEDRATE) 100 / 회전 수 (SPINDLE) 1400을 지정합니다.

(3) 가공방법

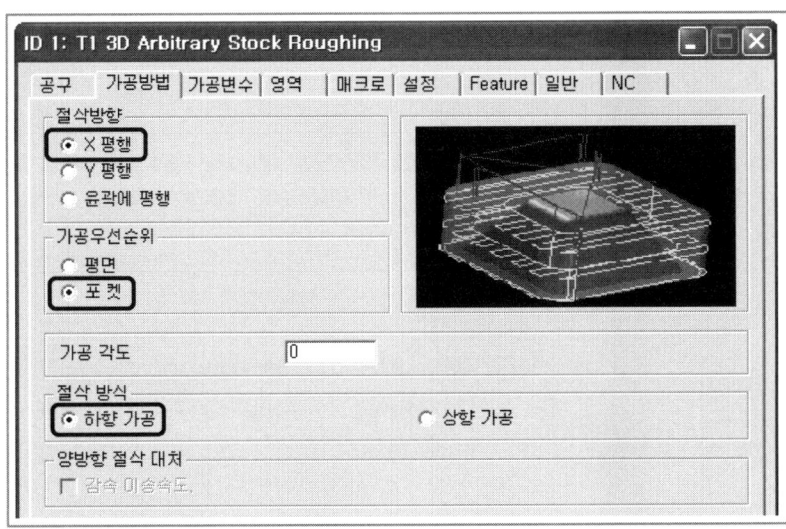

가공하고자 하는 형상에 따라 가공방향을 지정해 주는 옵션으로 X 축 평행, Y 축 평행, 윤곽에 평행의 3가지 옵션이 있습니다. 여기서는 X축 평행을 선택합니다.

Step 8 절삭방향

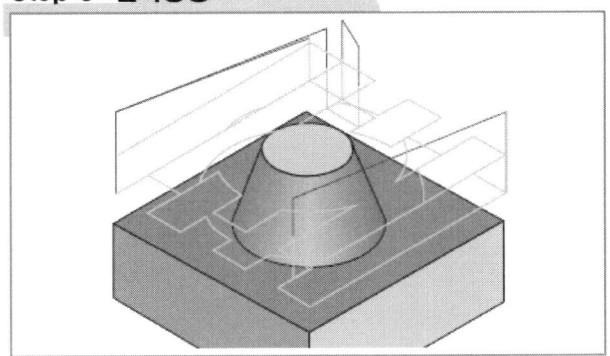

X 평행 : 공구의 진행은 X축, 절입은 Y축 방향으로 가공할 경우 사용합니다.
Y 평행 : 공구의 진행은 Y축, 절입은 X축 방향으로 가공할 경우 사용합니다.

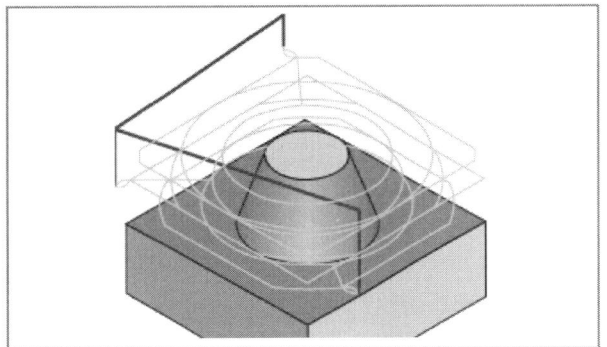

윤곽에 평행(Contour Parallel) : 형상의 윤곽과 평행하게 가공할 경우 사용합니다. (형상의 옵셋)

Step 9 가공우선순위(Machining priority)를 지정합니다.

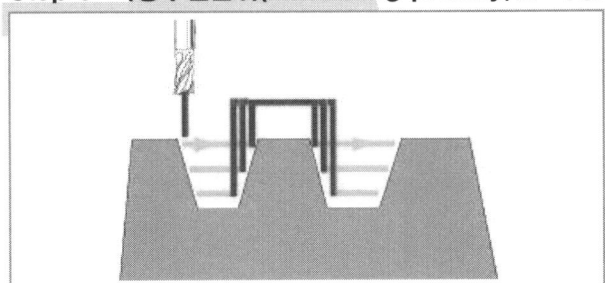

평면 우선(plane)
하나의 레벨에 모든 포켓을 똑같이 순차적으로 가공합니다.

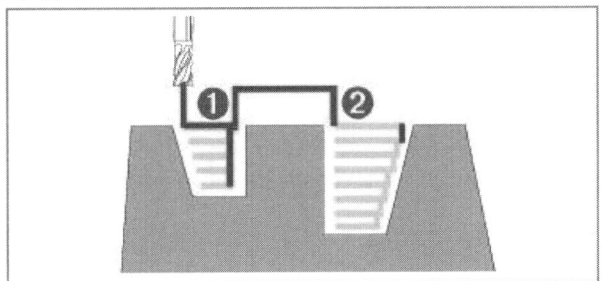

포켓 우선(pocket)
하나의 포켓을 다 가공한 후 다른 포켓으로 이동하여 가공합니다.

Step 10 절삭방식(cutting mode)

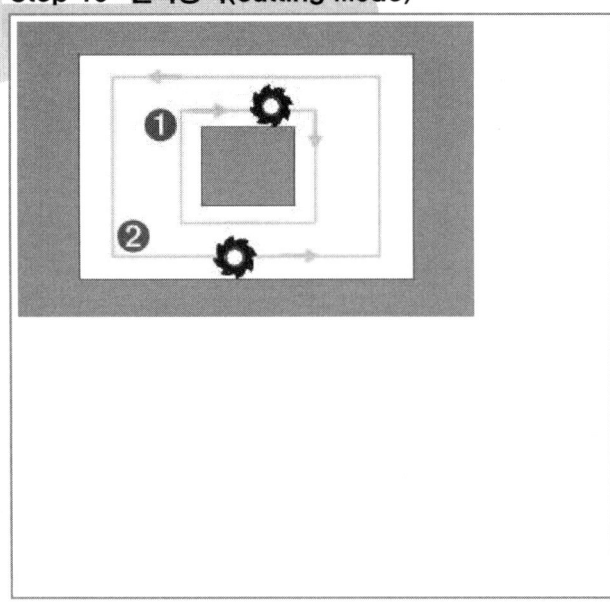

사용자의 편의에 따라 지정합니다. 여기서는 하향가공을 선택합니다.

하향가공(climb milling)은
1. 내부윤곽 시계방향
2. 외부윤곽 반 시계방향으로 가공합니다.

상향가공(conventional milling)은 하향가공과 반대방향으로 움직이며 가공합니다.

※ **양방향 절삭 대처(Full cut behavior)**
　이 옵션은 가공 중 Full cut 상황에서 이송속도(Feedrate)를 줄여서 공구의 손상을 방지하는 옵션입니다. Full cut 구간의 이송속도 감속은 공구설정에서 이송속도 (감속) 항목에 입력된 이송속도로 감속 됩니다.

(4) 가공변수

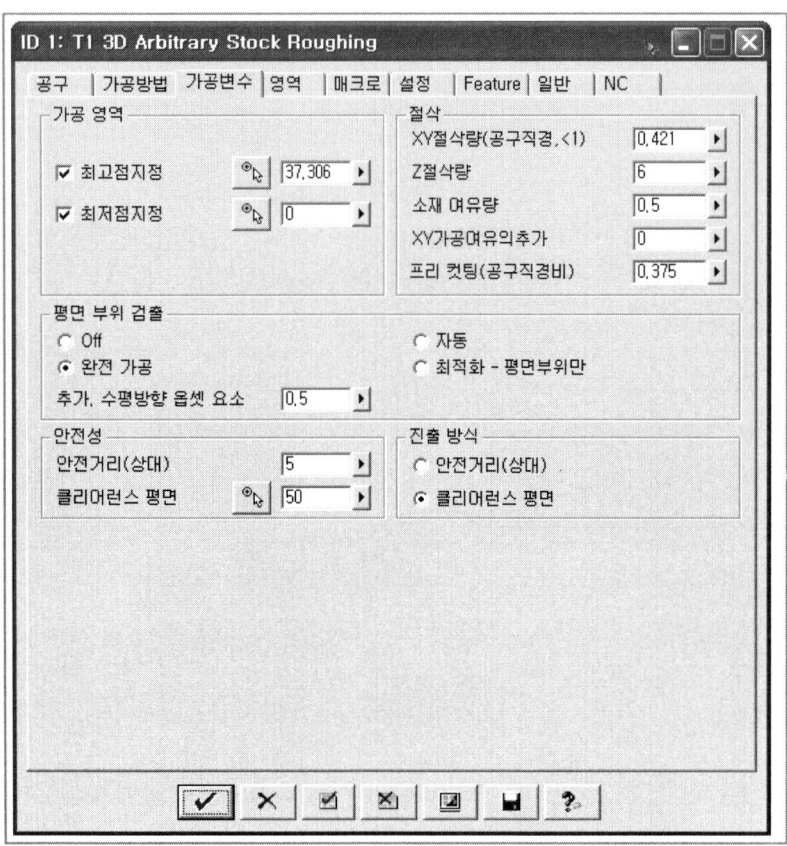

Step 11 가공영역

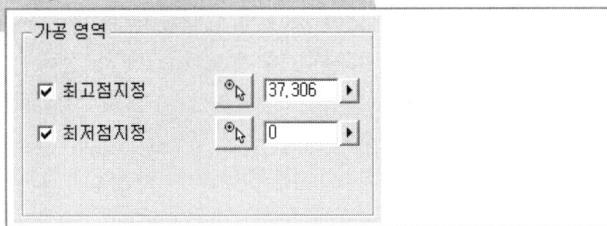

가공영역은 가공하고자 하는 최고높이와 최저값을 지정합니다.

Step 12 절삭

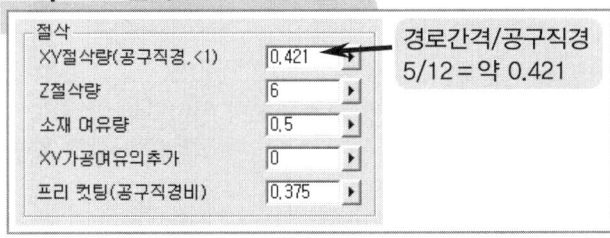

경로간격/공구직경
5/12 = 약 0.421

여기서는 공구의 수평, 수직 이송시의 절입량과 소재의 여유량 등을 입력합니다. 각 항목의 값으로 (XY 절삭량 : 0.421, Z절삭량 : 6, 소재여유량 : 0.5)를 입력하여 줍니다.

Step 13 평면부위검출(plane level detection)

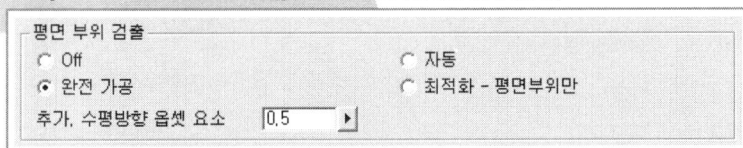

평면에만 적용되는 옵션입니다.

Off : Z 절입량만 감안하여 가공합니다. 입력한 소재여유량보다 잔량이 많이 남는 부분이 생길 수 있습니다.

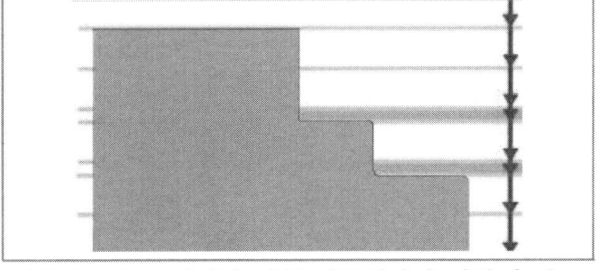

자동(Auto) : Z절입량 만큼 가공하다가 잔량이 과도하게 생기는 평면을 만나면 자동으로 감지하여 레벨을 추가하는 명령입니다.

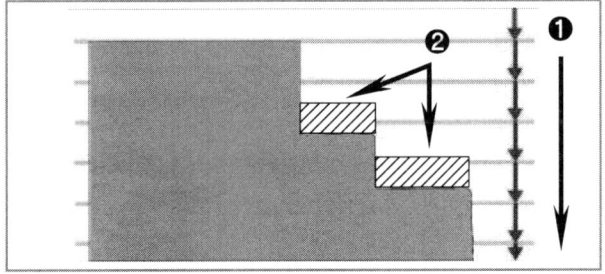

완전가공(Optimized complete)
① Z절입량만 감안하여 먼저 가공하고
② 잔량이 큰 평면부분을 추가로 가공합니다. 여기서는 이 옵션을 선택합니다.

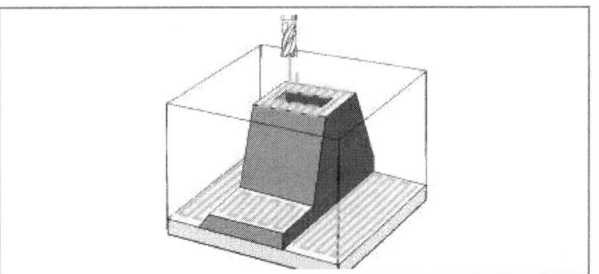

최적화-평면부위만(Optimized planes only)
가공영역 안의 평행한 평면만을 가공하는 옵션입니다.

Step 14 안전성(safety)

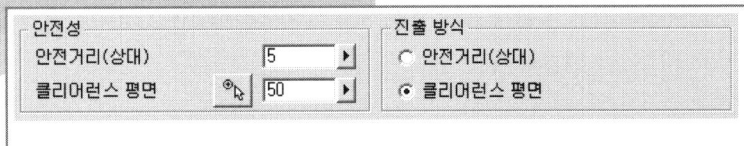

공구가 급속이동 시 정해진 높이 혹은 거리에서 안전하게 이동하도록 설정하는 옵션입니다. 지시서의 내용처럼 50으로 설정하겠습니다.

(5) 영 역

Step 15

가공하고자 하는 영역을 설정합니다. 이미 소재지정이 되어있는 공정이므로 특별히 설정을 안 하여도 무관합니다.

(6) 매크로

Step 16

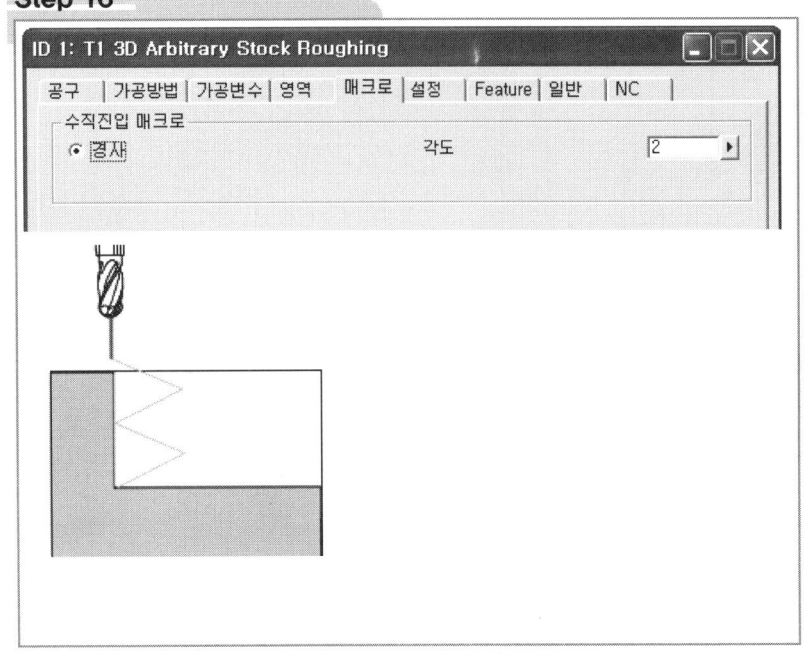

진입/진출 관련 설정입니다. 현 설정에는 램프로 진입방법만 선택 가능합니다.
램프진출은 그림과 같이 위에서 아래로 경사진 지그재그 모양으로 내려갑니다.
우측에 각도는 내려갈 때 경사각도를 말합니다.

※ 참고로 가공방법에서 윤곽에 평행(contour parallel) 을 선택했을 경우 매크로에 헬리컬이라는 옵션이 생성되는데 이 옵션은 진출입시 원형을 그리며 내려가는 옵션입니다. 헬리컬의 반지름은 공구 반지름의 80%를 설정합니다.

(7) 설 정

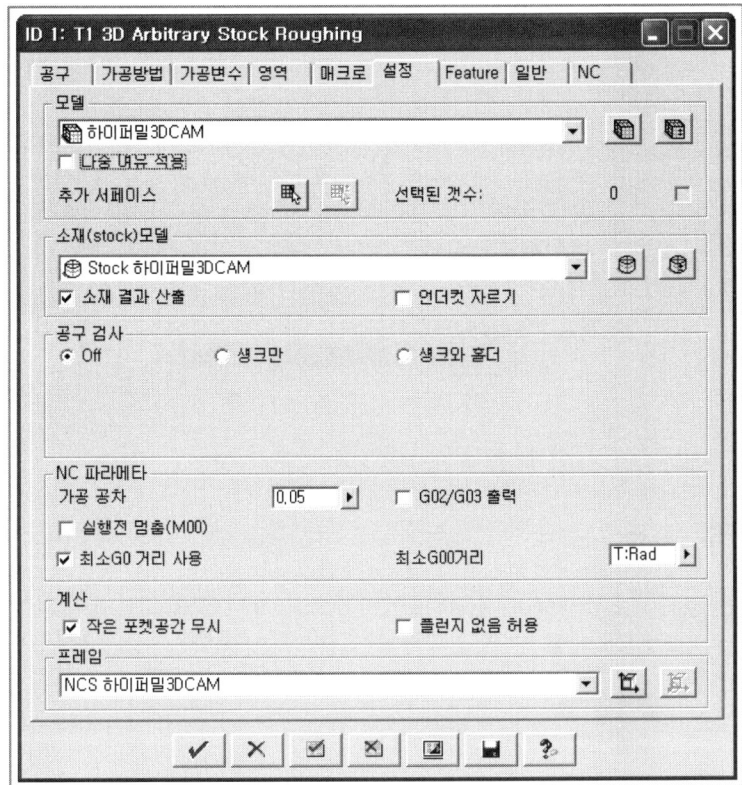

Step 17 모델/소재 모델

각각의 목록을 열어 공정리스트 정의 시 생성해 놓은 모델 (절삭 영역) 또는 소재를 선택합니다. 미리 생성해 놓지 않은 경우에는 신규생성 아이콘을 사용하여 새 모델/소재를 정의할 수 있습니다.

Step 18 소재 결과 산출(Generate resulting stock)

황삭가공에만 있는 옵션으로 황삭가공 후 남은 결과물 형상의 소재 모델링을 생성하여줍니다.

Step 19 NC 파라미터

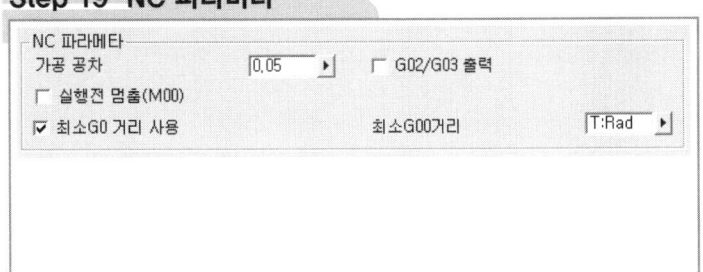

가공 공차(Machining tolerance) : 필요한 공차를 입력합니다. 값은 툴패스 생성을 위한 계산이 수행될 때 정확성을 정의합니다.

G2/G3 출력 : 레벨의 원형 호는 NC 프로그램에서 G2 또는 G3 명령으로 출력이 됩니다. 이 기능이 활성화되지 않으면 모든 움직임은 G1 명령으로 출력됩니다.

Step 20 계산

모든 설정이 끝났습니다. 계산 버튼을 클릭하여 계산을 시작합니다.

Step 21

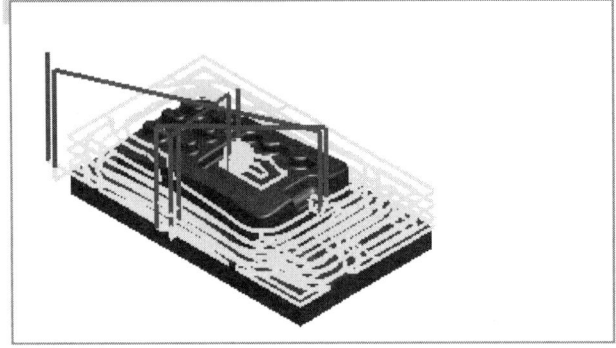

모든 설정이 오류 없이 설정되면 그림과 같이 툴패스가 형성되고 공정목록에는 아래 그림과 같은 V체크가 만들어집니다.

Step 22

Erase toolpaths 아이콘으로 화면에 표시된 툴패스를 지울 수 있습니다.

Step 23

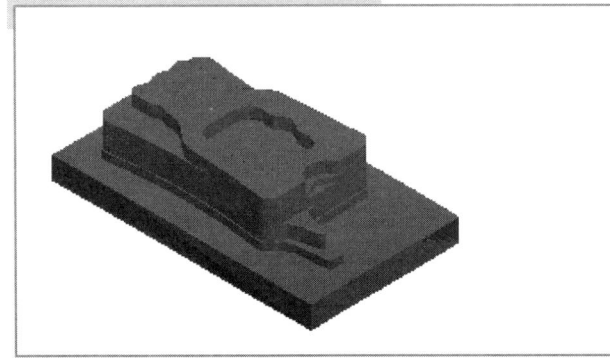

hyperMILL 브라우저 하단에서 새로 생성된 소재의 전구표시를 클릭하면 전구에 불이 들어오며 황삭가공된 소재 형상을 볼 수 있습니다.

3. 정삭 공정

(1) 3D 프로파일 가공

Step 1

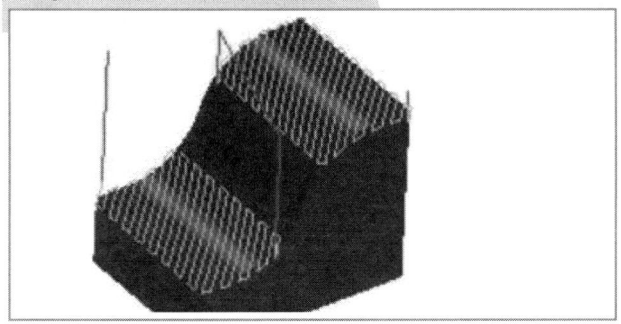

이 작업공정은 X축 평행가공 또는 Y축 평행가공 외에도 프로파일을 이용하여 다양한 방식의 일방향 가공을 할 수 있습니다. 경사면 인식가공을 허용합니다.

Step 2

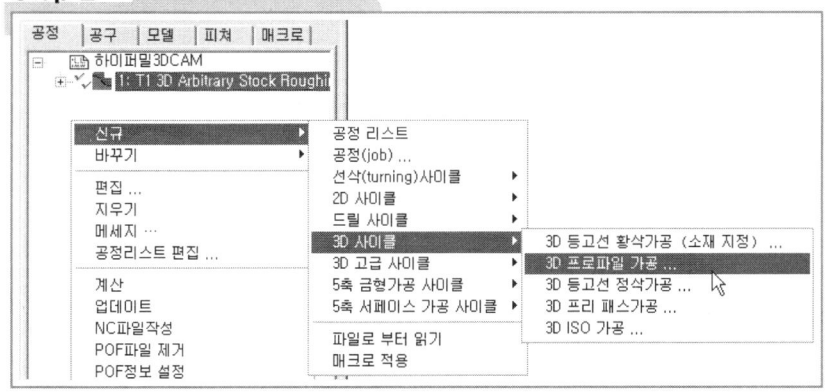

정삭작업을 위하여 3D 프로파일 가공을 열겠습니다.
브라우저 창에서 오른쪽 마우스를 클릭하여 표시된 명령어 목록에서 3D 프로파일 가공을 선택합니다.

Step 3

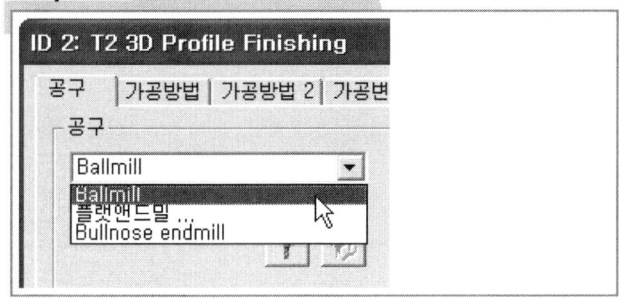

작업공정 편집 창이 열리면 먼저 공구 탭에서 공구를 지정하여 줍니다.

공구 타입을 Ballmill로 변경하고 신규공구 아이콘을 선택하여 공구설정 창을 열어줍니다.

(2) 공구설정

Step 4 공구

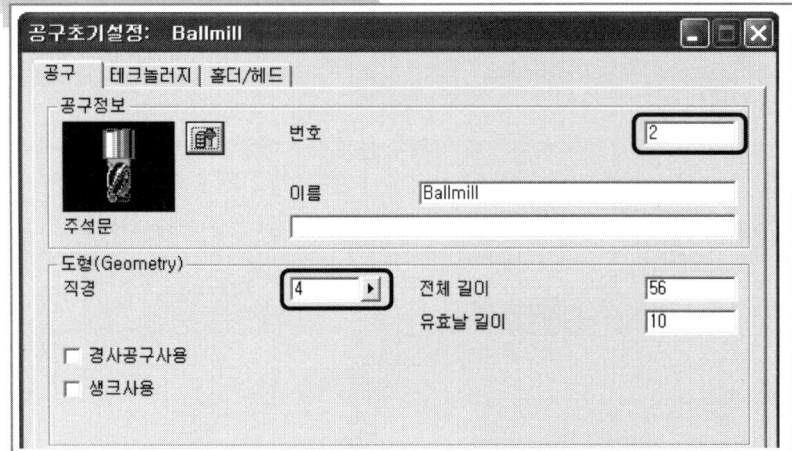

공구번호 2번 공구는 4∅ 볼 엔드밀로 설정합니다.

Step 5 테크놀러지

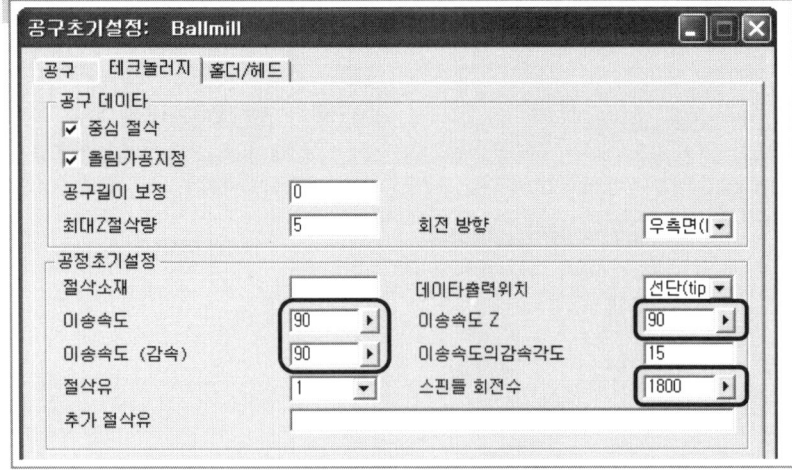

스핀들은 1800에 피드 값은 90을 입력합니다.

(3) 가공방법

Step 6

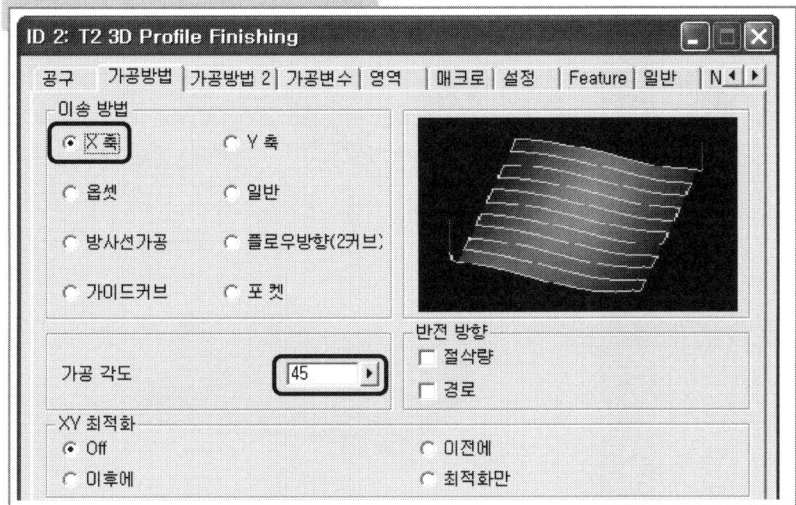

X축을 선택하고 좀 더 정확한 가공을 위해 가공각도는 45도를 입력합니다.

Step 7 이송방법(표준 프로파일 가공) : X축, Y축

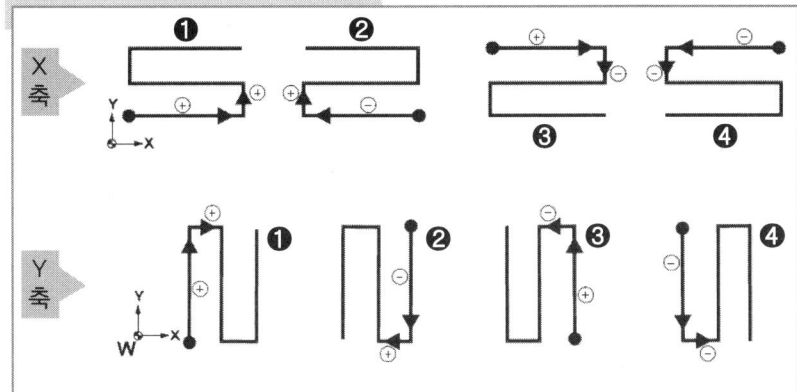

프레임의 X 또는 Y축을 프로파일로 사용합니다. 가공 영역은 바운더리로 제한되며 반전 방향을 어떻게 설정하느냐에 따라 아래와 같이 이송방향이 변경됩니다.
❶ 반전 방향을 선택하지 않음
❷ 경로 방향 반전
❸ 절삭량 방향 반전
❹ 경로 방향과 절삭량 방향을 모두 반전

Step 8 이송방법(자유프로파일 가공 방법)

옵셋, 일반, 방사선가공, 플로우가공, 가이드커브, 포켓
사용자가 다양한 방법으로 자유롭게 프로파일 정의를 할 수 있어 서피스 흐름에 매우 적합한 가공을 할 수 있습니다.

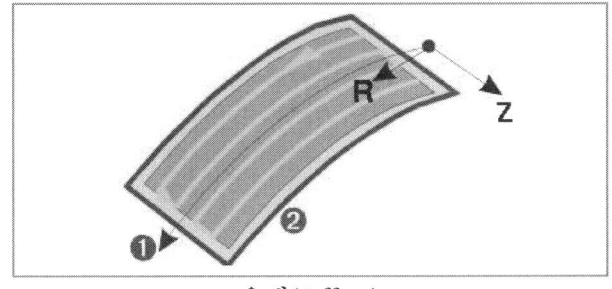

옵셋(Offset)

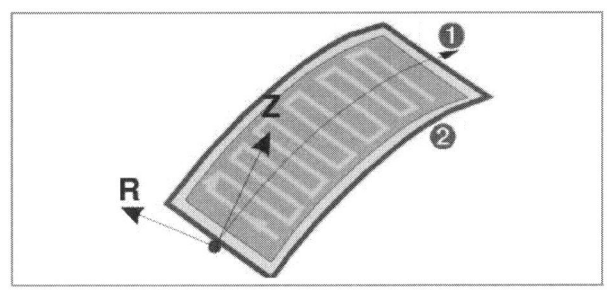

일반(Normal)

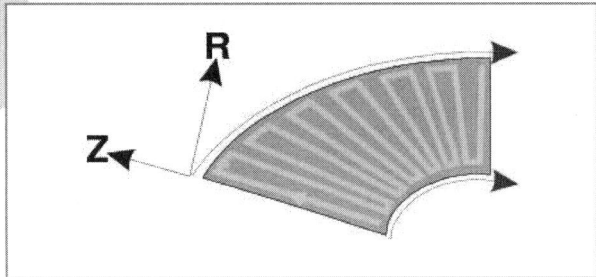
방사선 가공(Ruled)

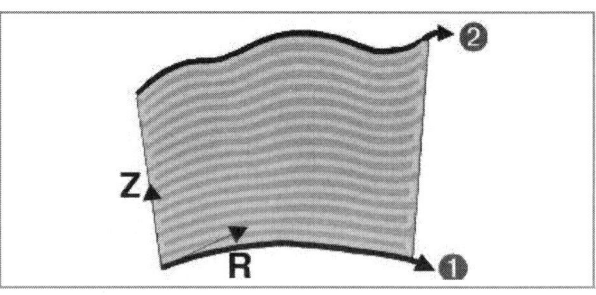
플로우 가공(Flow)

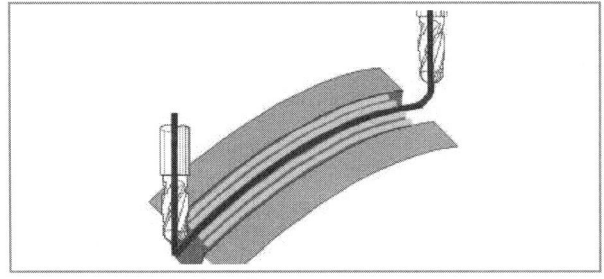
가이드커브(Guide Curve)

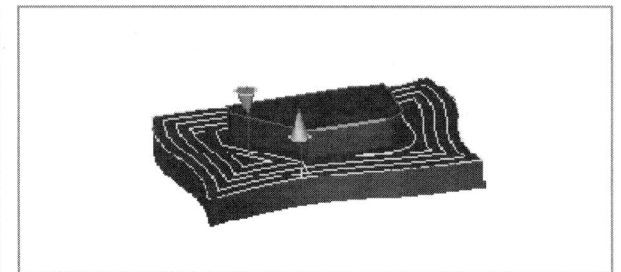
포켓(Pocket)

Step 9 XY 최적화(XY optimization)

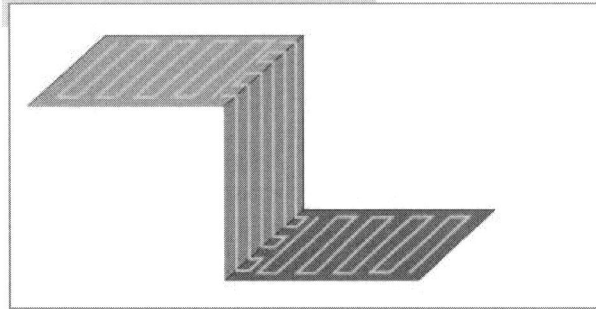

이송방법을 X축 또는 Y축을 선택했을 경우 활성화되는 옵션입니다. 선택한 프로파일 방향에서 가공할 수 없는 영역을 교차되는 방향에서 자동으로 추가 가공하여줍니다.

이 작업은 표준 프로파일로 가공하기 전 또는 후에 실행될 수 있지만 독립적으로 사용될 수도 있습니다.

(4) 가공방법 2

Step 10

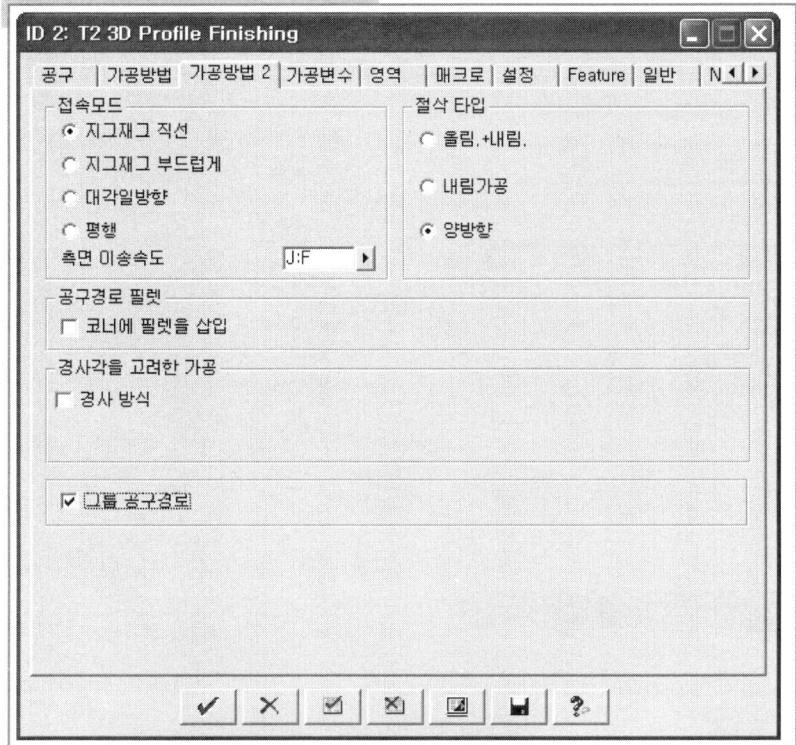

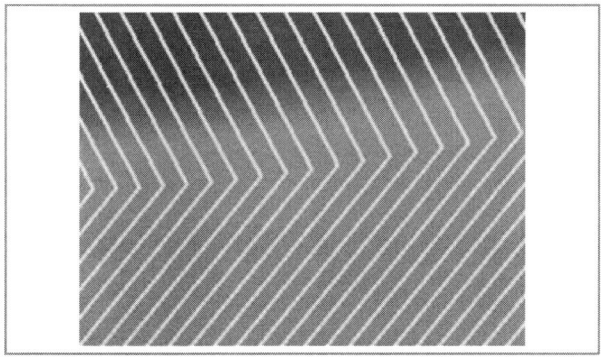

공구경로 필렛
일반적인 상태의 툴패스입니다. 코너 부분이 각져있습니다.

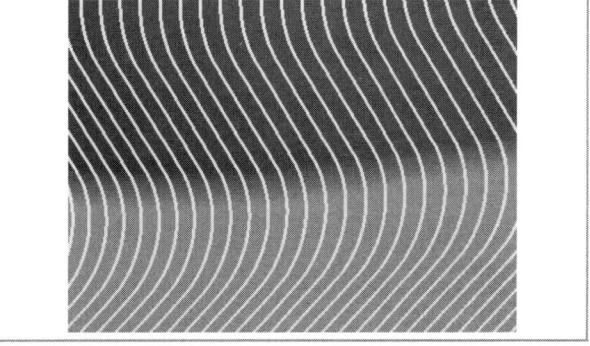

코너에 필렛을 삽입 옵션(Fillet interior corners)을 활성화 할 경우 위 그림처럼 코너 부분에 필렛이 들어갑니다.

Step 11

그룹 공구경로 (Grouping toolpaths)
비슷한 경로의 툴패스를 그룹화 함으로써 이송시간을 줄여 가공시간을 줄입니다.

(5) 가공변수

Step 12

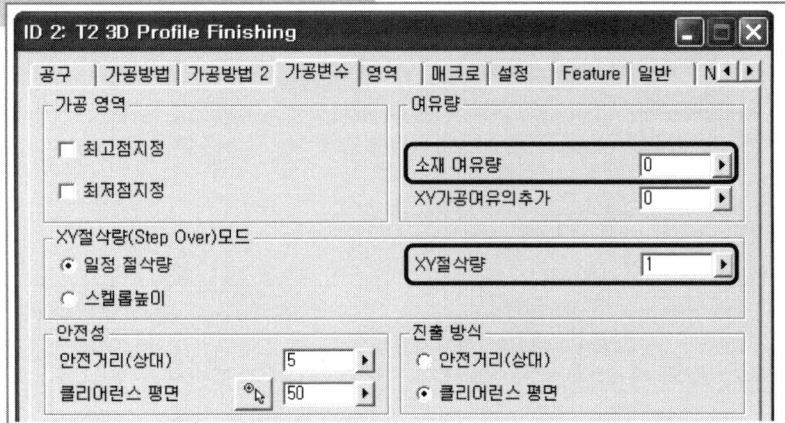

가공영역은 따로 지정하지 않으면 바운더리내의 모든 영역을 가공합니다.

절삭 지시서에 따라 여유량은 0을 XY 절입량은 1을 입력합니다.

(6) 영 역

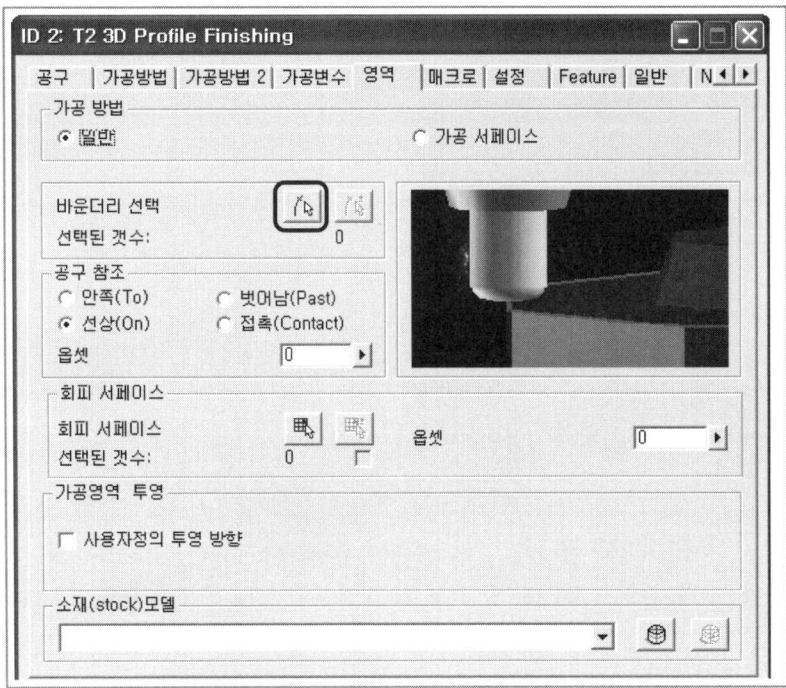

Step 13

신규선택 아이콘을 클릭하여 바운더리 선택 명령을 활성화합니다. 좌측 그림과 같이 네개의 커브를 바운더리로 선택하고 OK버튼을 클릭합니다.

작업창에서 바운더리가 선택된 것을 확인할 수 있습니다.

(7) 매크로

Step 14

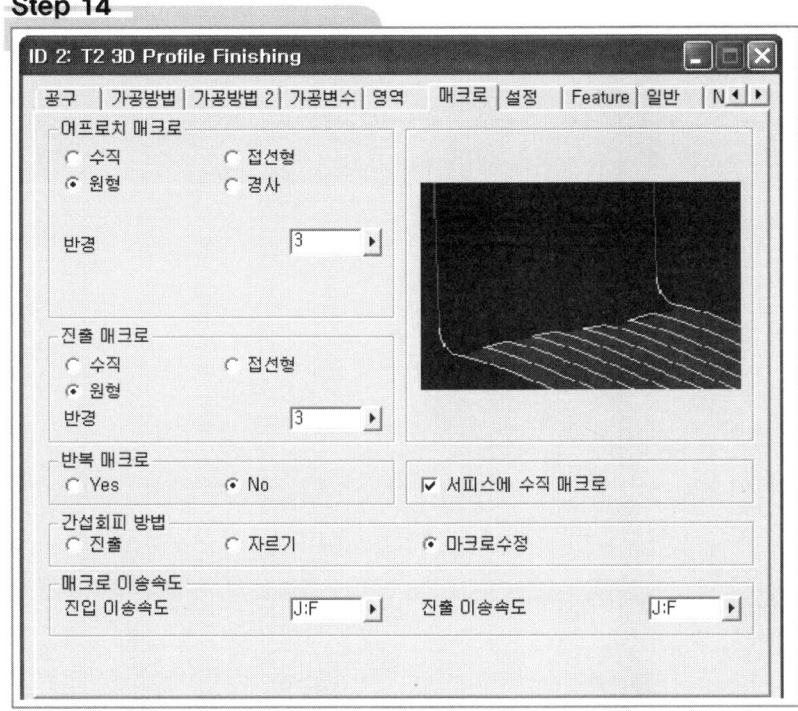

그림과 같은 값으로 설정합니다.

Step 15

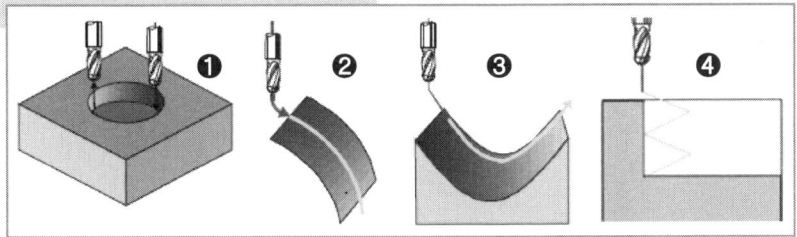

진입/진출 매크로
(Approach/Retract Macros)
공구의 진입/진출 시 움직임의 방식을 지정하여 줍니다.
❶ 수직   ❷ 원형
❸ 접선형   ❹ 경사

(8) 설 정

Step 16

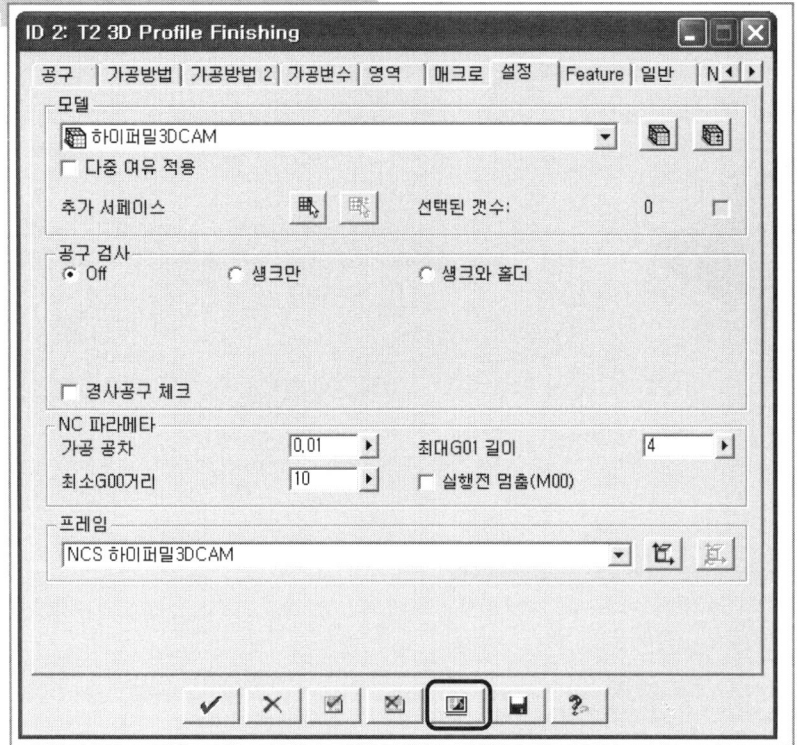

모델에서는 황삭에서와 같이 미리 지정한 파트를 선택하고 가공공차에 0.01을 입력합니다. 설정이 끝나면 계산버튼을 누릅니다.

Step 17

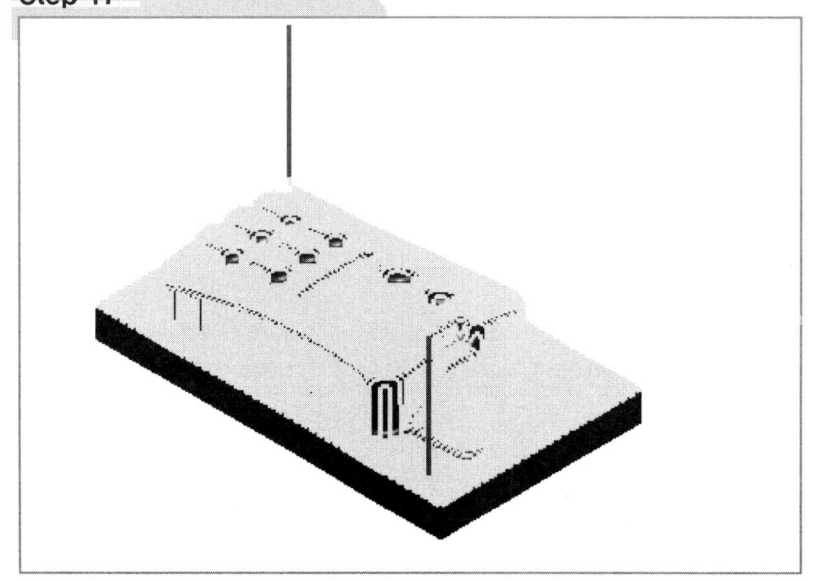

계산이 완료되면 위과 같은 툴패스를 볼 수 있습니다.

이상으로 정삭과정을 마치겠습니다.

4. 잔삭 공정

(1) 3D 펜슬가공

Step 1

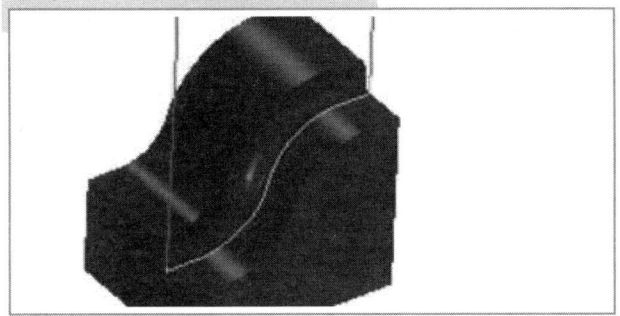

이 작업공정은 자동으로 모델의 모서리를 인식하고 모서리 윤곽에 평행한 툴패스를 생성합니다.

고속 가공에서의 절삭부하를 최소화하기 위한 공정입니다.

Step 2

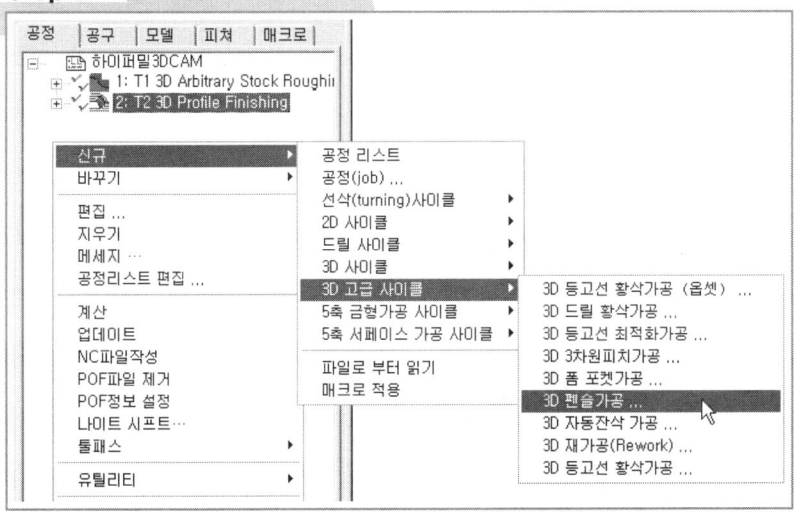

잔삭작업을 위하여 3D 펜슬가공 (3D Pencil Milling)을 선택합니다.

(2) 공구

Step 3

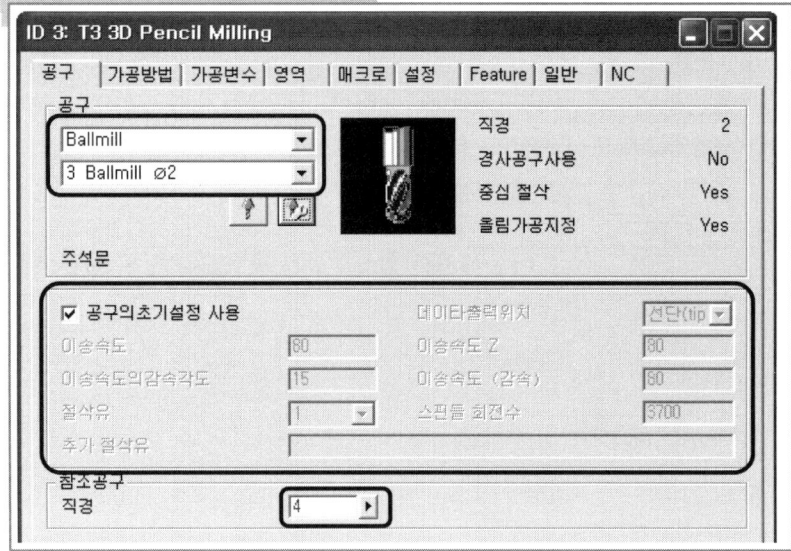

공구타입을 Ballmill(볼엔드밀)로 선택하고 2∅ 공구를 생성합니다. 작업지시서에 따라 이송량은 80, 회전수는 3700을 입력합니다. 참조공구에서는 이전 작업에서 사용하였던 공구의 직경값을 입력해야하므로 4를 입력합니다. 이때 참조공구 직경 값과 사용공구의 직경 값의 차이가 크기 때문에 경고가 표시되는데, 이 작업에서는 경고를 무시하셔도 좋습니다.

(3) 가공방법

Step 4

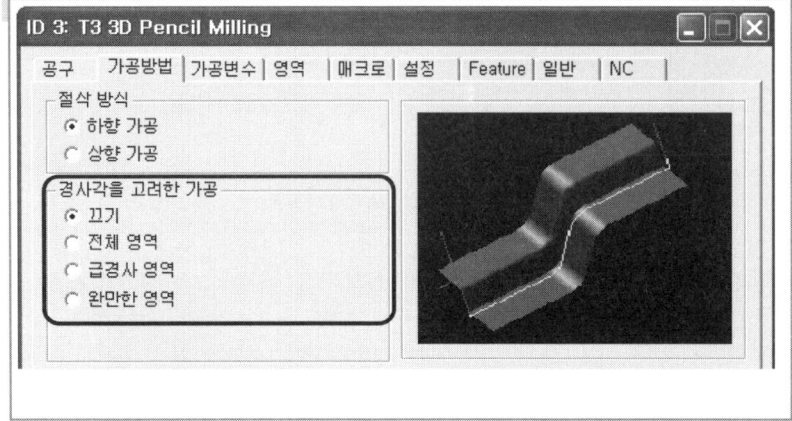

그림과 같이 설정합니다.

경사각을 고려한 가공
- 끄기 : 모든 영역에서 한 번에 가공합니다.
- 전체영역 : 완면한 영역과 급경사 영역을 별도로 가공됩니다.
- 급경사 영역 : 급경사 영역만 가공합니다.
- 완만한 영역 : 완만한 영역만 가공합니다.

(4) 가공변수

Step 5

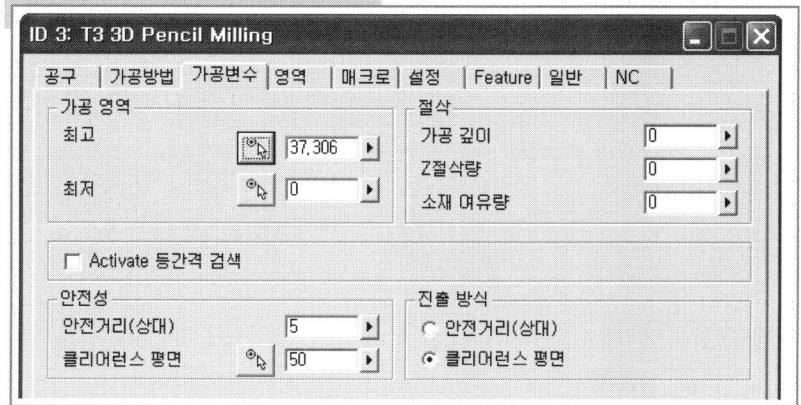

그림과 같이 정해진 값으로 입력하고 계산합니다. 펜슬 가공에서는 영역 지정이 필요하지 않으므로 설정하지 않고 넘어갑니다.

(5) 매크로

Step 6

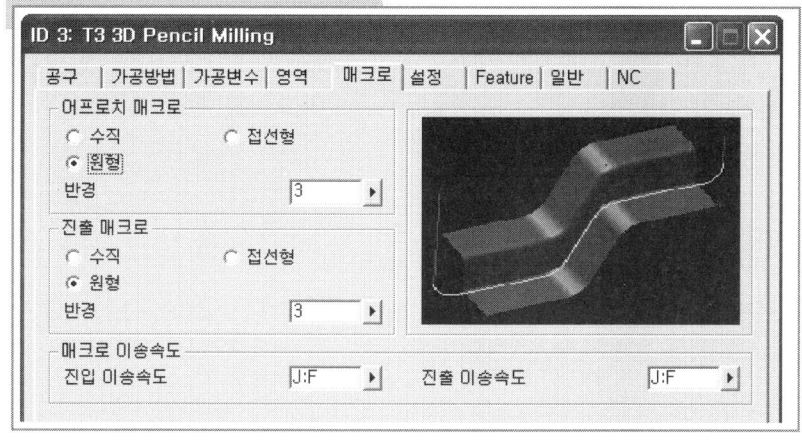

그림과 같이 정해진 값으로 입력하고 계산합니다. 펜슬 가공에서는 영역 지정이 필요하지 않으므로 설정하지 않고 넘어갑니다.

(6) 설 정

Step 7

그림과 같이 정해진 값으로 입력하고 계산합니다. 펜슬 가공에서는 영역 지정이 필요하지 않으므로 설정하지 않고 넘어갑니다.

Step 8

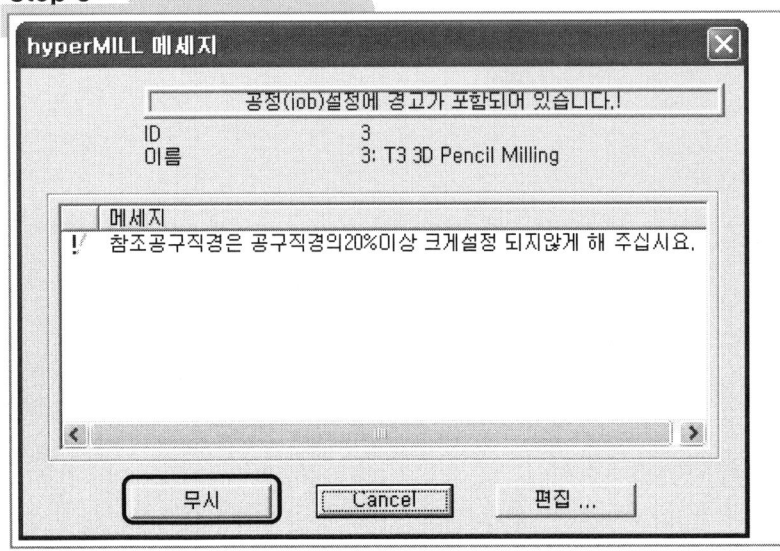

계산을 실행하면 경고메시지 창이 뜹니다.
툴패스 생성에는 영향을 미치지 않으므로 무시를 선택하고 계산을 계속합니다.

Step 9

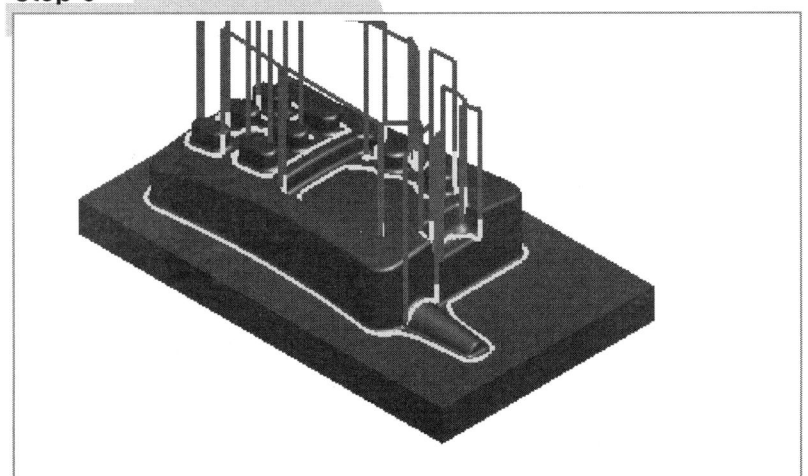

그림과 같은 툴패스를 볼 수 있습니다.

잔삭가공까지 모든 공정을 마쳤습니다.

5. NC DATA 추출하기

Step by Step

Step 1

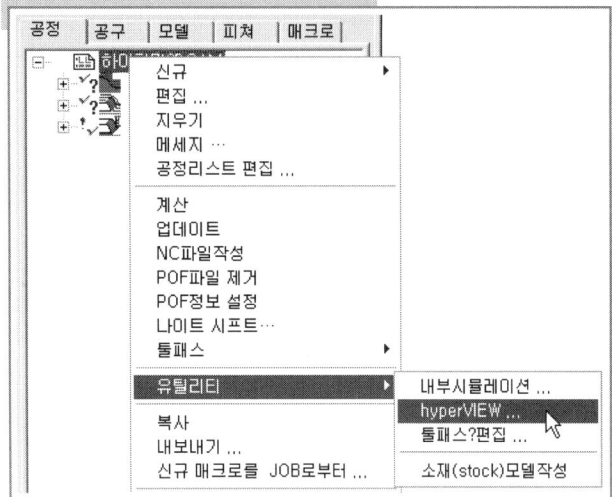

NC DATA를 생성하기 위하여 hyperVIEW 프로그램 창을 열겠습니다.

hyperMILL 브라우저창의 공정리스트 항목 위에서 오른쪽 마우스 버튼을 클릭합니다. 선택 목록이 표시되면 **유틸리티** → hyperVIEW 항목을 선택합니다.
hyperMILL 프로그램 창과는 별도의 hyperVIEW 프로그램 창이 열립니다.

Step 2

hyperVIEW 프로그램의 화면구성
❶ 메뉴 표시줄
❷ 아이콘 툴바
❸ 브라우저 창: 작업 공정, 할당된 기계, 소재, 모델, 결과 및 툴패스를 표시하는 디렉토리 트리
❹ 그래픽 창: 툴패스, 기계 모델 등의 그래픽 표시
❺ 상태 표시줄: Vx, Vy, 현재값

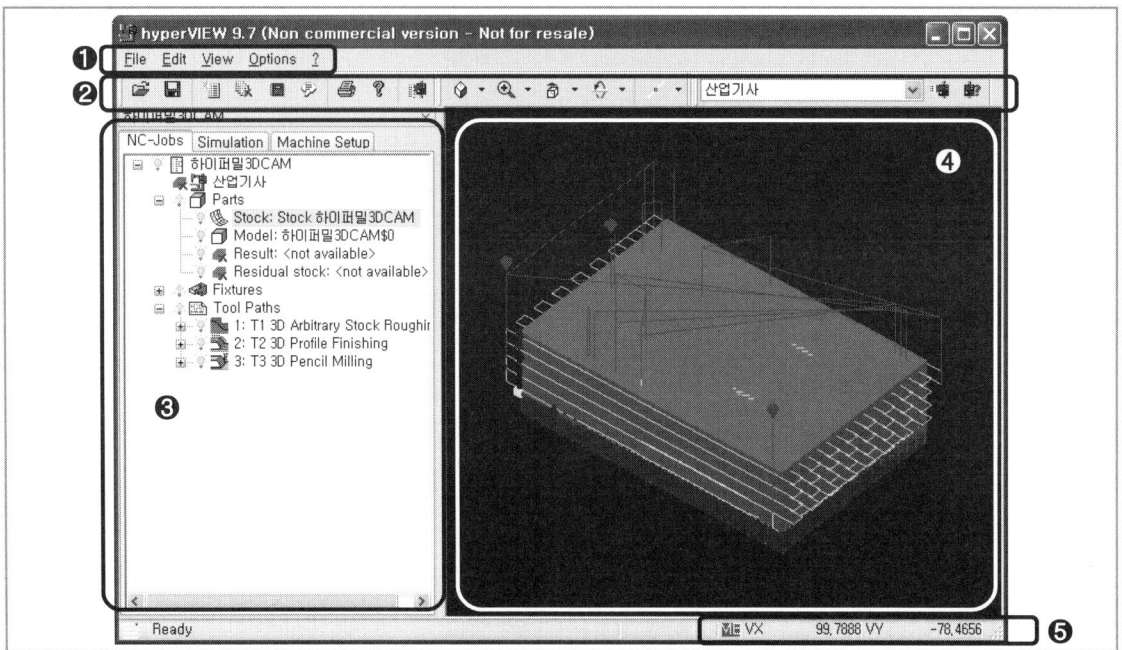

Step 3

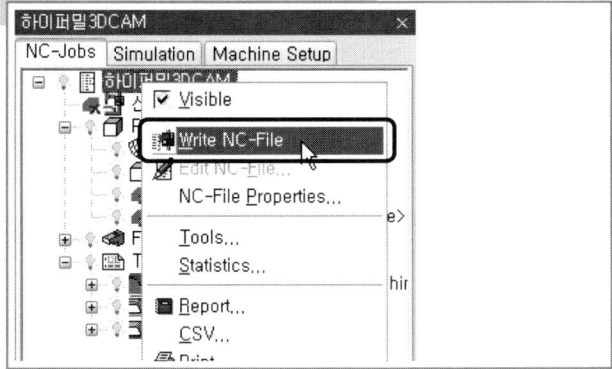

브라우저의 첫번째 항목(공정리스트 : 하이퍼밀3D CAM) 위에서 오른쪽 마우스 버튼을 클릭합니다. 선택 목록이 표시되면 Write NC-File 항목을 선택합니다.

Step 4

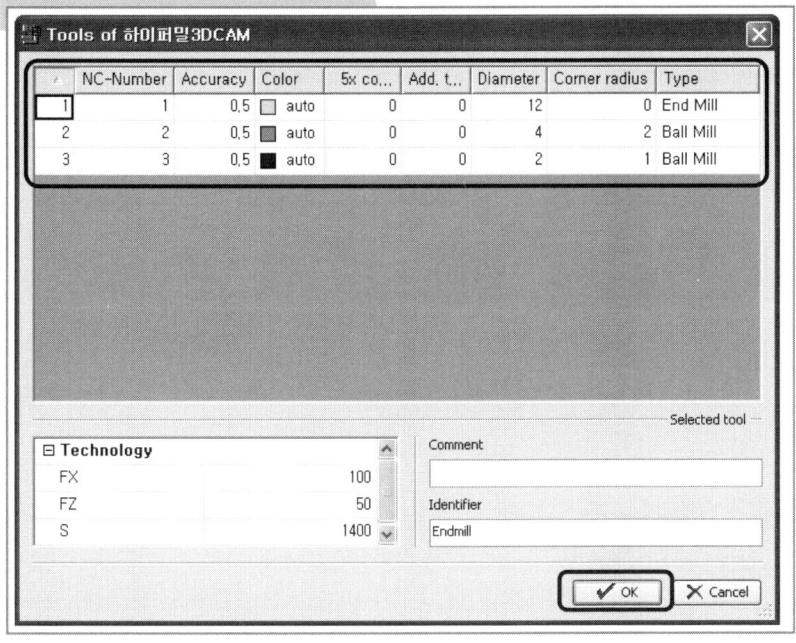

다음과 같이 최종적으로 툴 및 피드 값 스핀들을 조정할 수 있는 창이 열 립니다.

OK 버튼을 클릭하면 Postprocessor 창이 열리고 계산이 시작됩니다.

Step 5

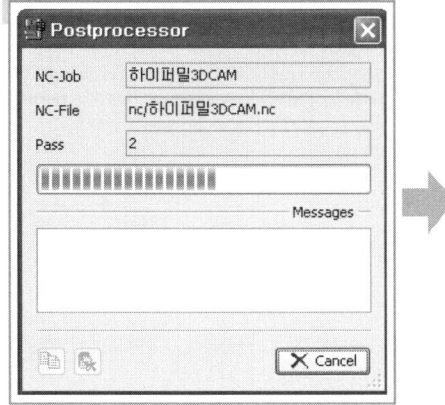 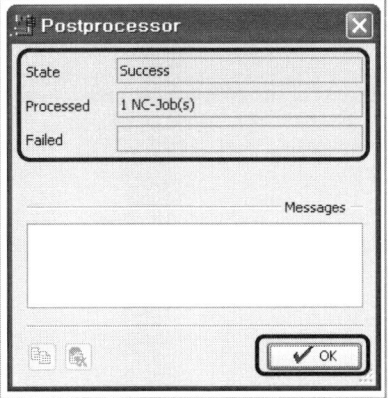

NC-Data로의 변환작업이 완료 되면 오른쪽 그림과 같이 상태가 Success로 바뀌고 OK 버튼이 활성화됩니다. OK 버튼을 클릭 하면 변환된 NC-Data 파일이 자 동으로 열립니다.

Step 6

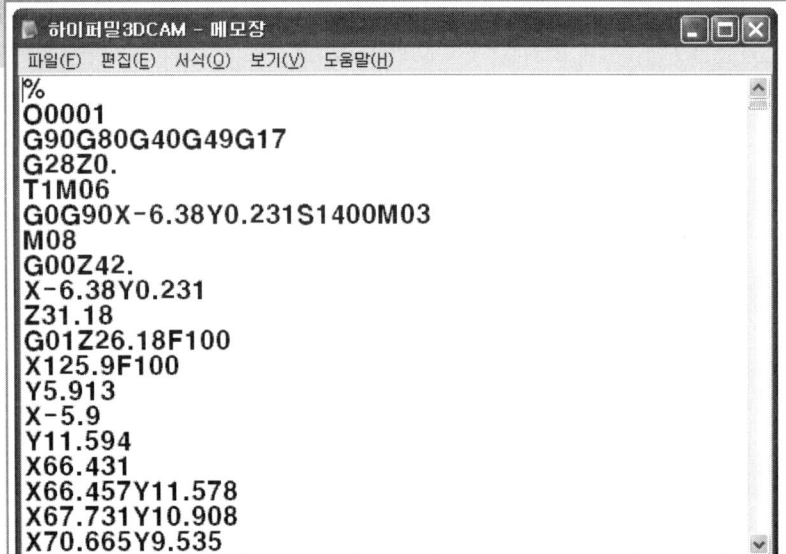

지정한 경로에 생성된 NC-FILE 을 볼 수 있습니다.

이상으로 CAM과 NC-FILE 추출과정을 마치겠습니다.

3 HyperMill CAM을 이용한 가공 2

두 번째 따라하기 형상입니다. 앞선 과정에서의 소소한 설명은 생략하고 필요 과정만을 중심으로 진행하겠습니다. 다음과 같이 절삭지시서에 따라 가공합니다.

따라하기 1

공구번호	작업내용	파일명 (비번호가 2번일경우)	공구조건 종류	공구조건 직경	경로간격 (mm)	절삭조건 회전수 (rpm)	절삭조건 이송 (m/m)	절삭조건 절입량 (mm)	절삭조건 잔량 (mm)	비고
1	황삭	02황삭.nc	평E/M	Ø12	5	1400	100	6	0.5	
2	정삭	02정삭.nc	볼E/M	Ø4	1	1800	90			
3	잔삭	02잔삭.nc	볼E/M	Ø2		3700	80			Pencil

1. 공정 리스트 설정

Step 1

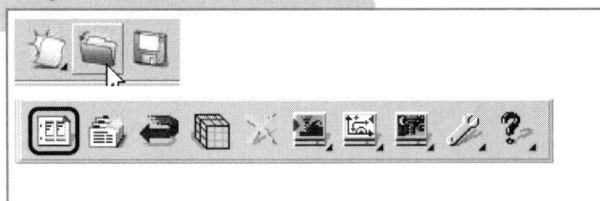

'산업기사_따라하기2.e3' 파일을 열고, 하이퍼 밀 브라우저를 열겠습니다.

앞선 과정에서 처럼 소재지정과 파트지정을 합니다. 형상의 **최고점**과 **최저점**을 편하게 찾기 위한 간단한 설정을 하겠습니다.

Step 2

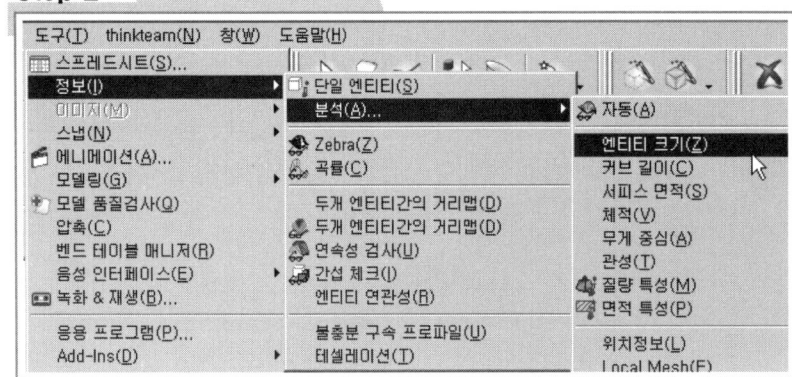

hyperCAD 메뉴표시줄의 **도구 / 정보 / 분석 / 엔티티 크기** 명령을 실행합니다.

Step 3

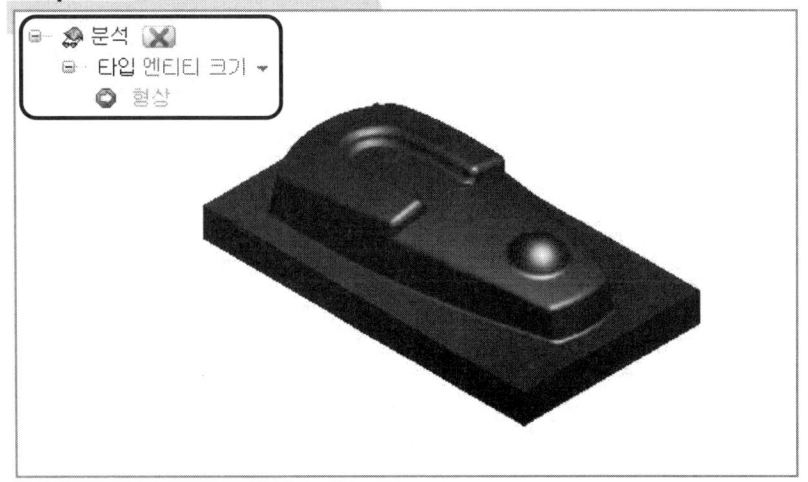

다음과 같은 창이 열리게 됩니다. 전체선택(단축키A)를 합니다.

Step 4

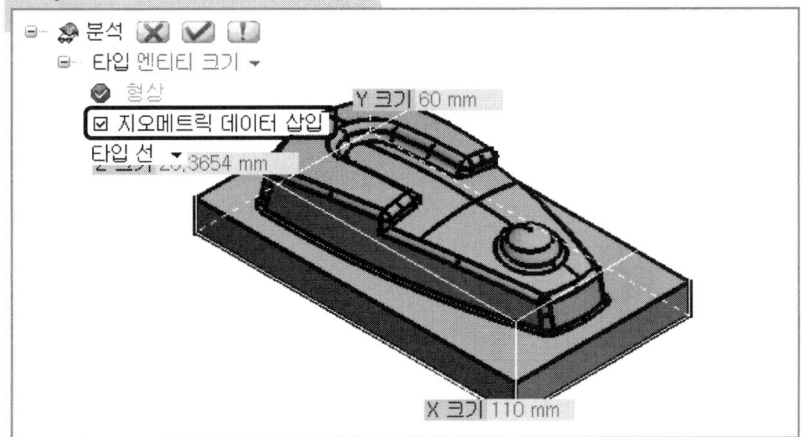

전체선택이 되면 '지오메트릭 데이터 삽입'이라는 옵션이 뜨게 되는데 여기에 V체크를 하고 확인을 클릭합니다.

Step 5

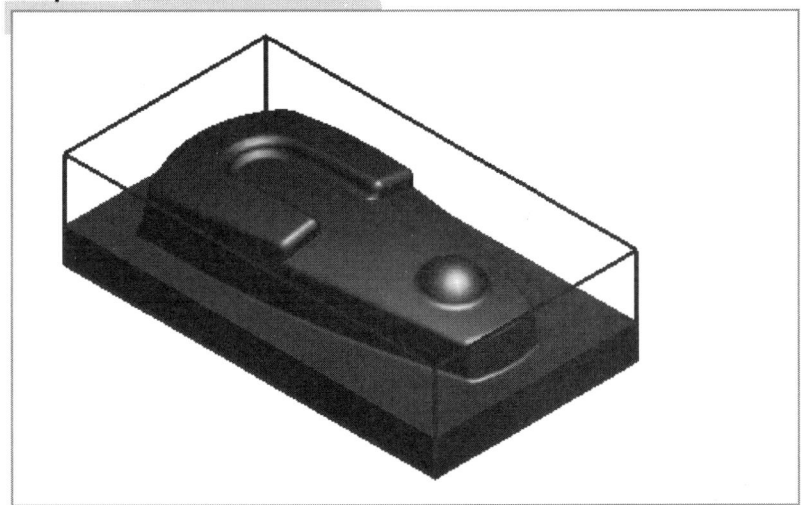

그림과 같은 지오메트릭(Line)이 형성됩니다.

Step 6

공구번호	작업내용	파일명 (비번호가 2번일경우)	공구조건 종류	공구조건 직경	경로 간격 (mm)	절삭조건 회전수 (rpm)	절삭조건 이송 (m/m)	절삭조건 절입량 (mm)	절삭조건 잔량 (mm)	비고
1	황삭	02황삭.nc	평E/M	Ø12	5	1400	100	6	0.5	
2	정삭	02정삭.nc	볼E/M	Ø4	1	1800	90			
3	잔삭	02잔삭.nc	볼E/M	Ø2		3700	80			Pencil

다음과 같은 지시사항으로 조건을 넣겠습니다.
각각의 공정 진행과정에서 공구 부분에서 공구를 지정하여도 되지만, 공구란에서 일괄적으로 공구지정을 해 보겠습니다.

Step 7

좌측 그림과 같이 공구란을 열겠습니다.

Step 8

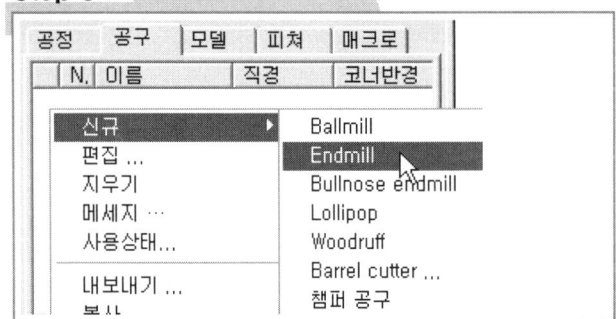

마우스 오른쪽 클릭합니다. 지시서와 같이 1번 공구를 위한 평앤드밀을 선택합니다.

Step 9

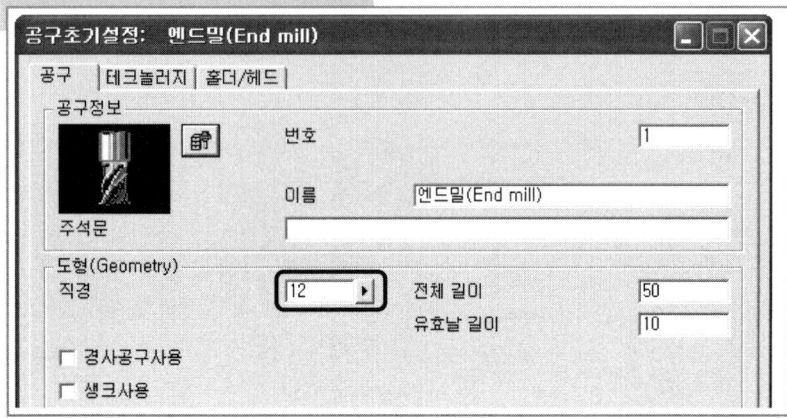

Step 10

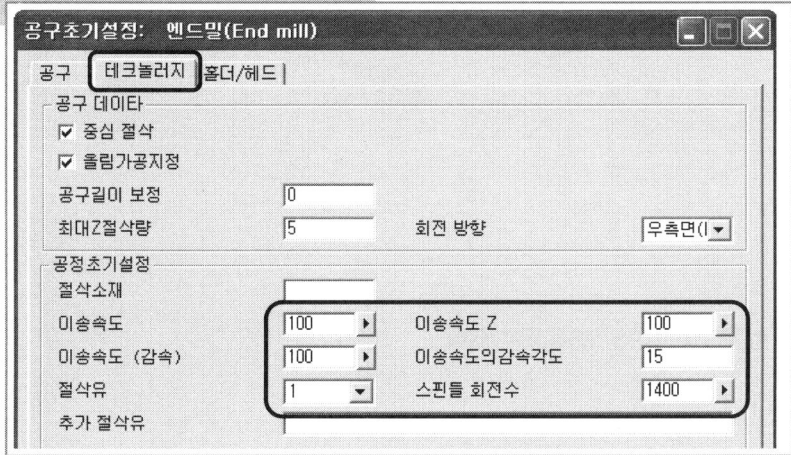

Step 11

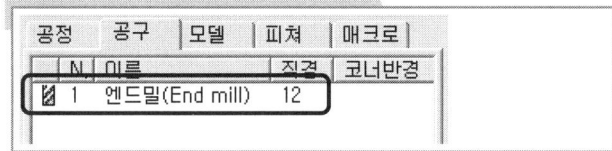

그림과 같이 직경값에 12 를, 회선수에 1400, 이송값에 100을 입력하고 직경 12 앤드밀을 생성합니다.

Step 12

같은 방법으로 4∅, 2∅ 볼앤드밀 공구를 추가로 생성합니다.

2. 황삭 공정

Step 1

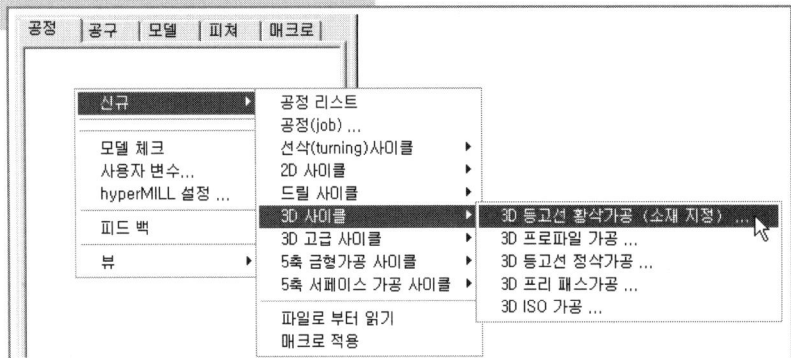

황삭 공정을 열겠습니다.

Step 2

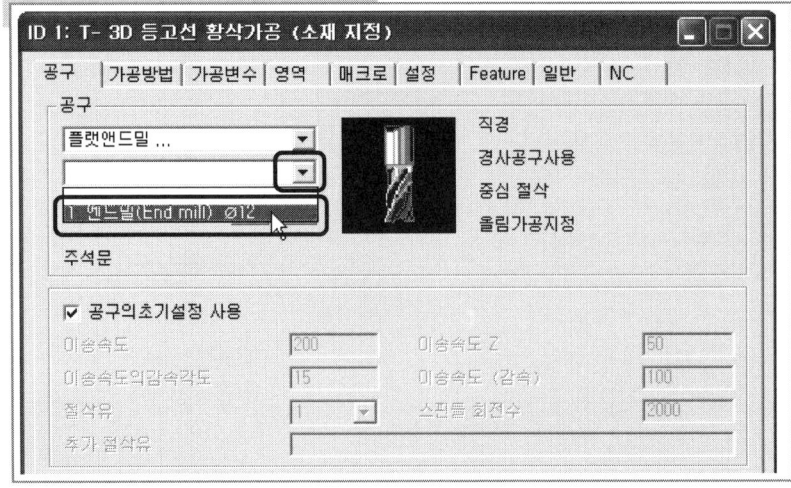

공구 설정창에서 아래로 화살표를 클릭하면 이미 만들어 놓은 다음과 같은 평앤드밀 12ø **공구**를 선택할 수 있습니다.

Step 3

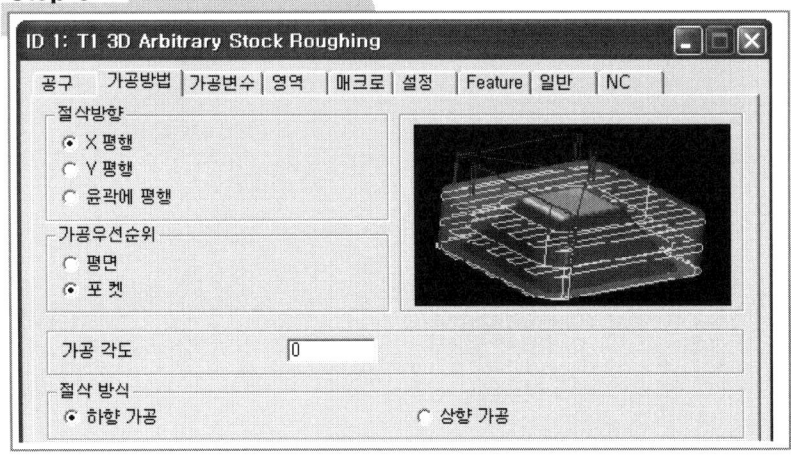

가공방법은 정해진 값으로 합니다. 세부 옵션의 설명은 생략하겠습니다.

Step 4

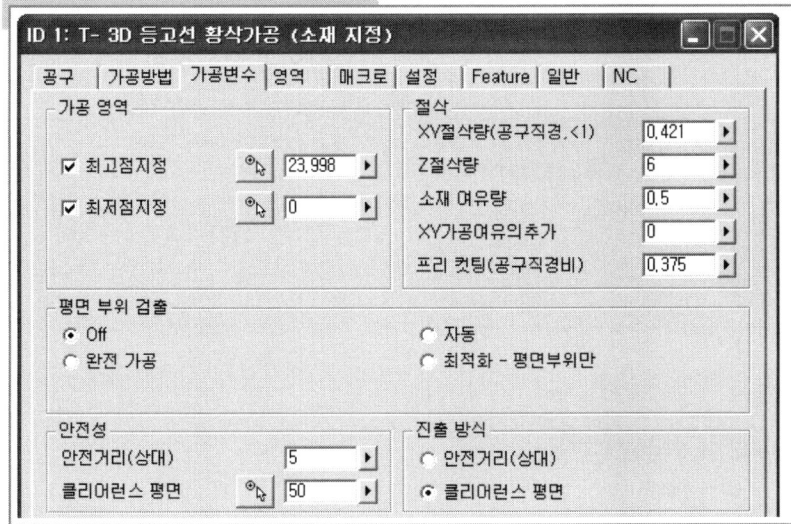

가공변수는 절삭지시서에 따라 변경해줍니다. XY절삭량의 경우 경로간격을 공구직경으로 나눈값(5/12)으로 합니다. 0.421 정도가 가장 근접한 값이므로 넣어줍니다. Z절삭량과 소재여유량도 지시서에 따라 변경하겠습니다.

Step 5

가공영역 지정을 해보겠습니다.
앞서 만든 엔티티크기 지정에서 최고점을 클릭합니다.
최고점 지정을 위해서 최고점지정 항목의 오른쪽의 아이콘을 클릭합니다.

Step 6

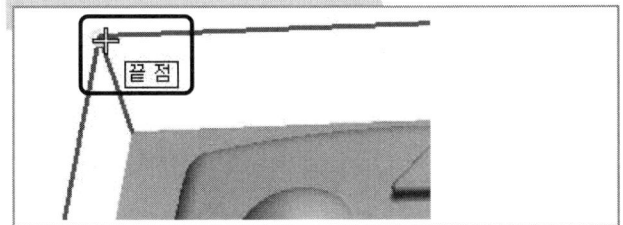

그림처럼 끝점을 지정합니다.

Step 7

끝점 지정 후 '수험자 주의사항'에서 "황삭가공에서 Z방향의 시작높이는 공작물상면으로부터 10mm 높은 곳으로 정한다"는 요건처럼 +10을 더합니다.

Step 8

나머지 가공변수값도 정해진 값으로 입력합니다.

Step 9

소재지정 황삭이므로 이미 소재를 인식한 가공이기 때문에 바운더리를 따로 잡을 필요는 없습니다.

Step 10

매크로 역시 정해진 값으로 합니다.

Step 11

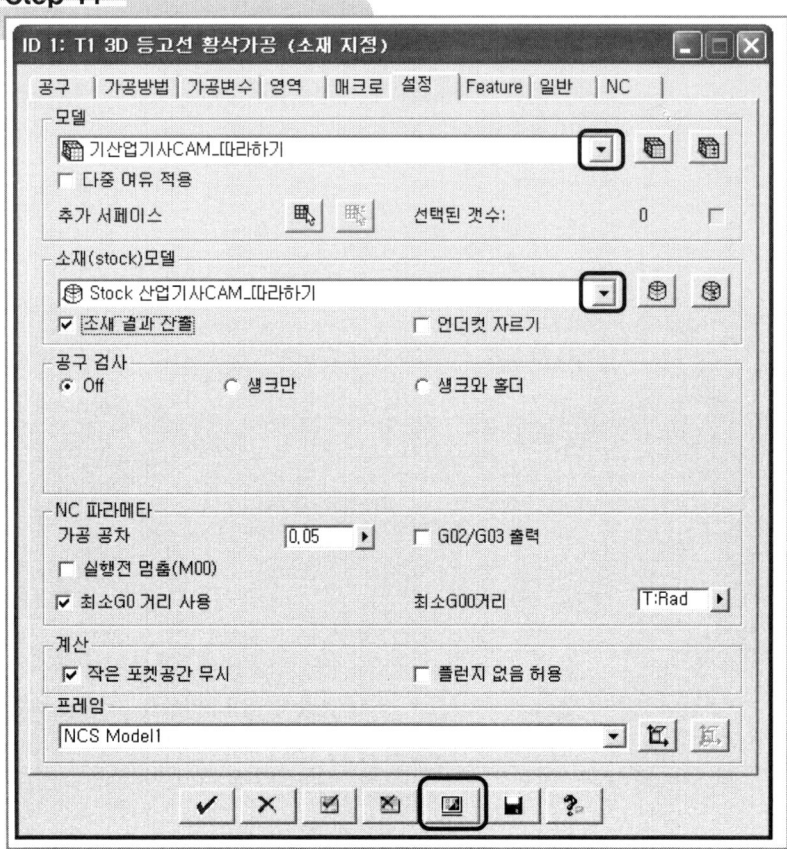

설정에 공정리스트에서 정의한 소재와 파트를 넣어주고 계산을 합니다. 아래로 화살표를 클릭하면 이미 정의한 모델을 설정할 수 있습니다.

Step 12

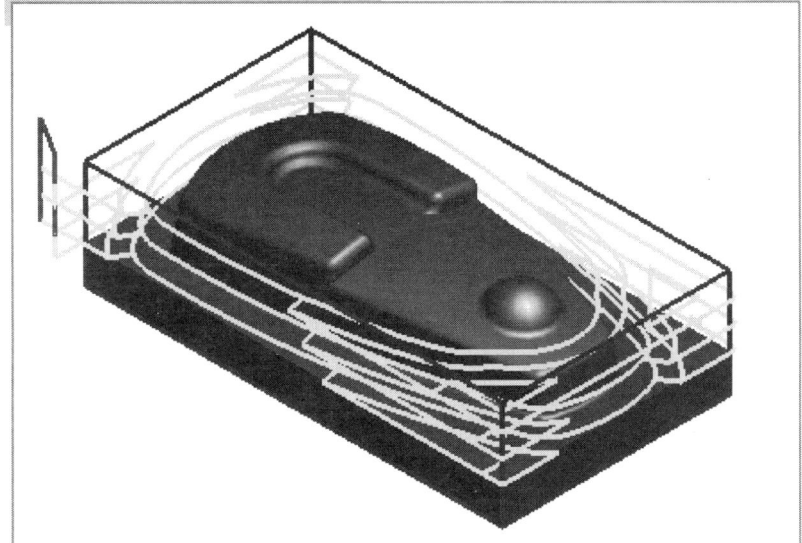

위와 같은 툴패스를 볼 수 있습니다

Step 13

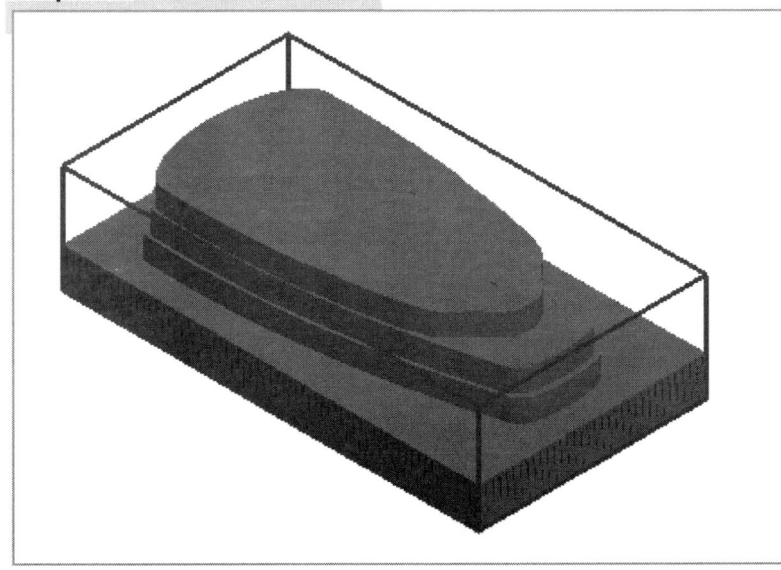

황삭 가공 후 모습입니다.

3. 정삭 공정

Step 1

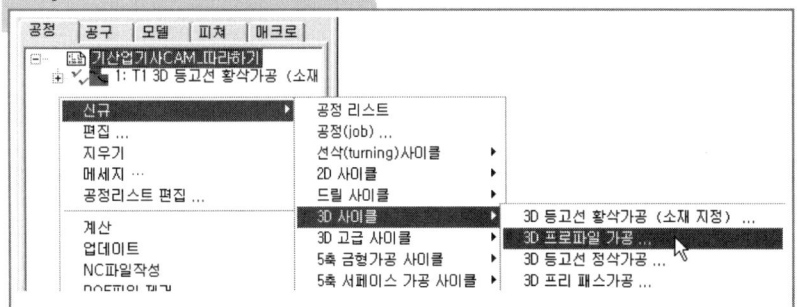

정삭공정을 열겠습니다.

Step 2

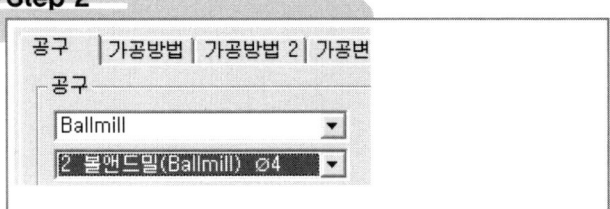

4Ø 볼앤드밀 공구를 불러옵니다.

Step 3

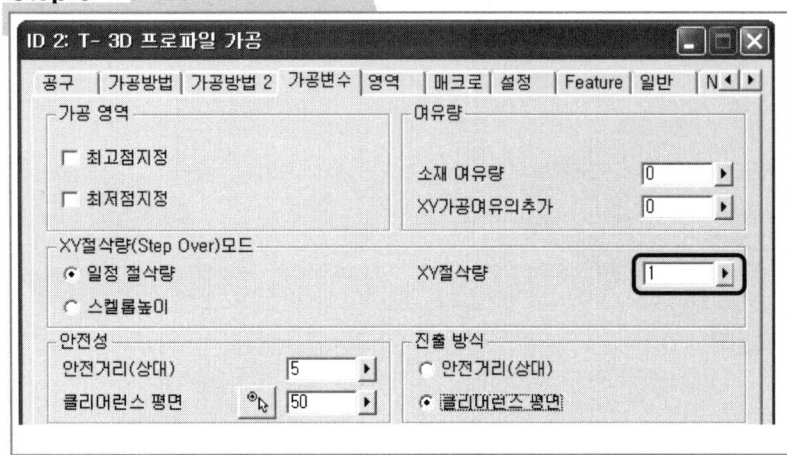

가공변수에서 경로간격을 1만큼 넣어줍니다.
가공방법 / 영역 / 매크로 부분은 앞선 설명에서 처럼 정해진 값으로 합니다.

Step 4

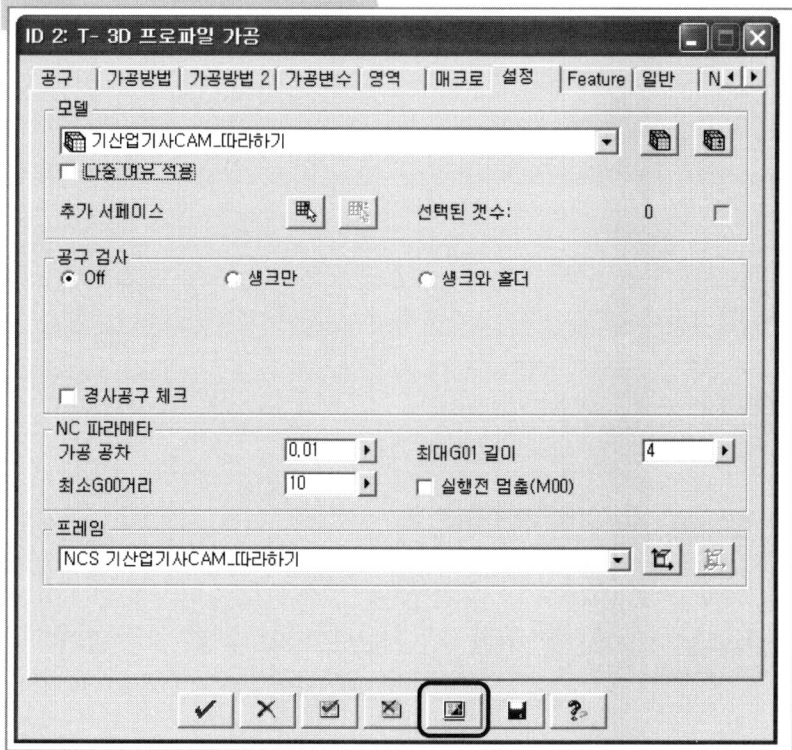

설정이 끝나면 계산 버튼을 클릭하여 계산합니다.

Step 5

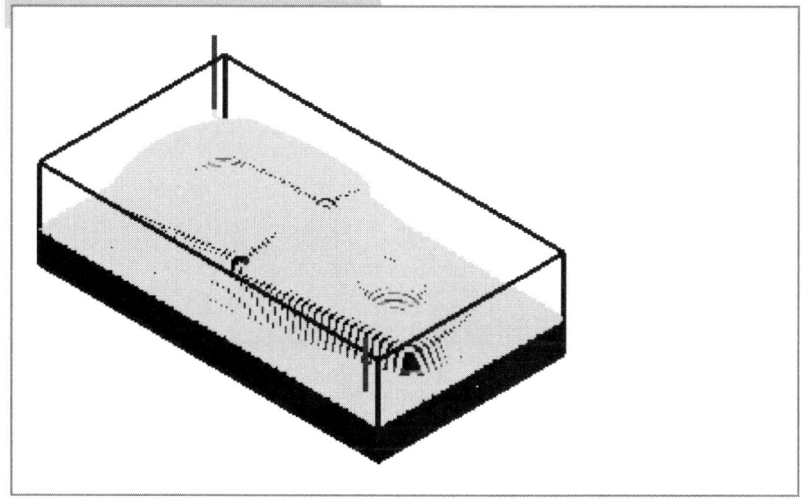

왼쪽의 그림과 같은 툴패스를 볼 수 있습니다.

4. 잔삭 공정

Step 1

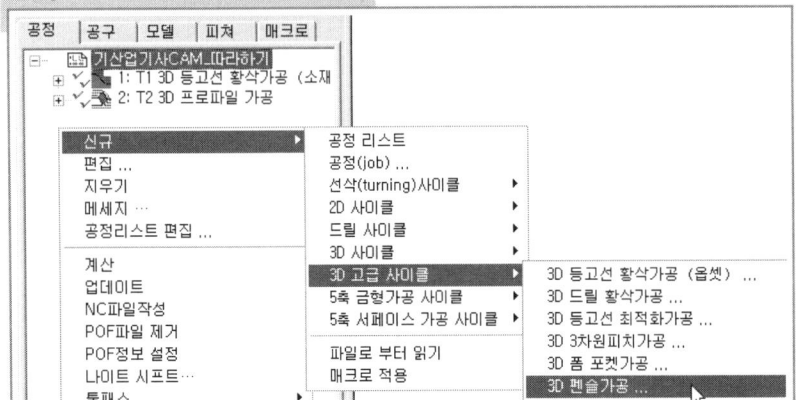

잔삭공정을 열겠습니다.

Step 2

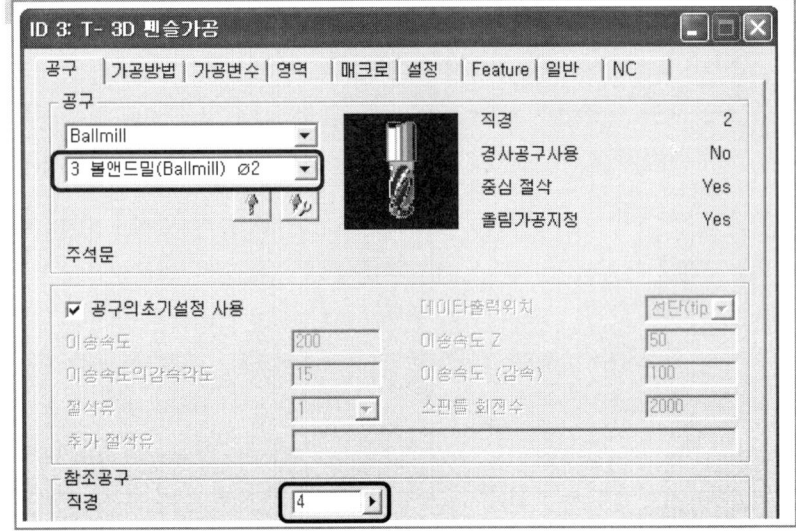

지정했던 2Ø 볼앤드밀을 불러옵니다. 참고공구 값에 4Ø를 넣어줍니다.

가공방법 / 가공변수 / 영역 / 매크로 / 설정 부분은 앞선 설명에서처럼 정해진 값으로 합니다.

Step 3

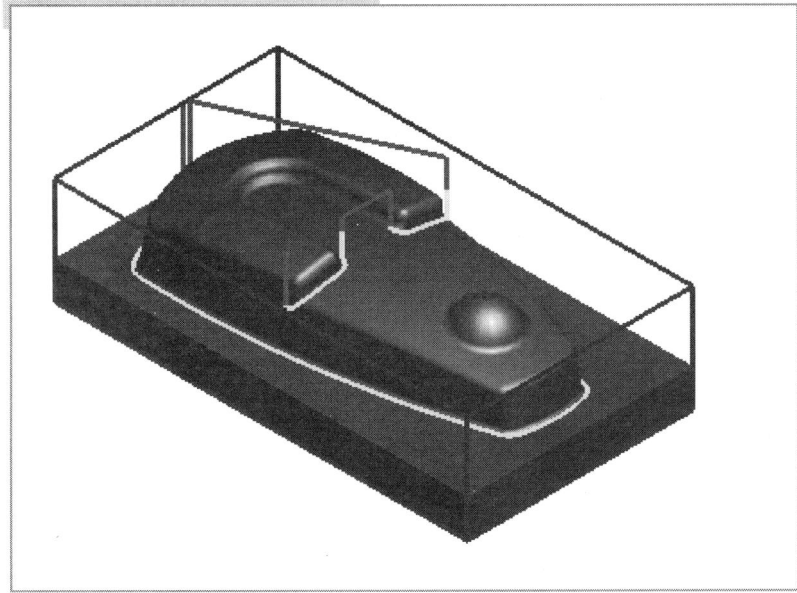

다음과 같은 툴패스를 볼 수 있습니다.

5. NC-FILE 추출

Step 1

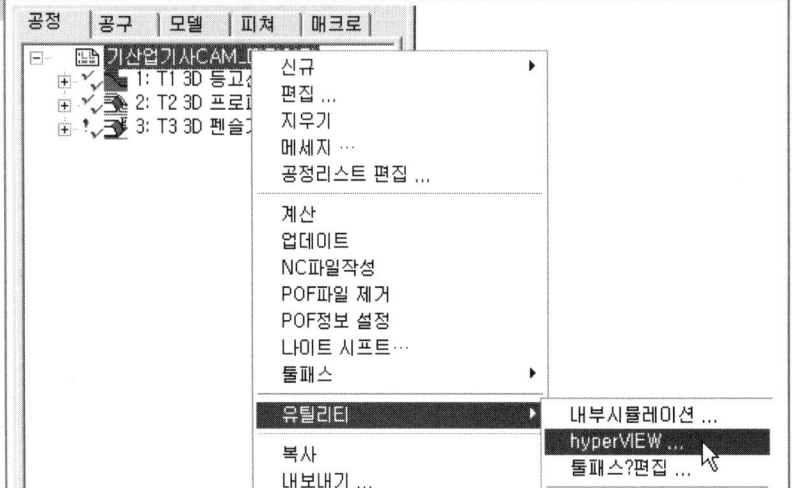

hyperVIEW 프로그램을 열겠습니다.

Step 2

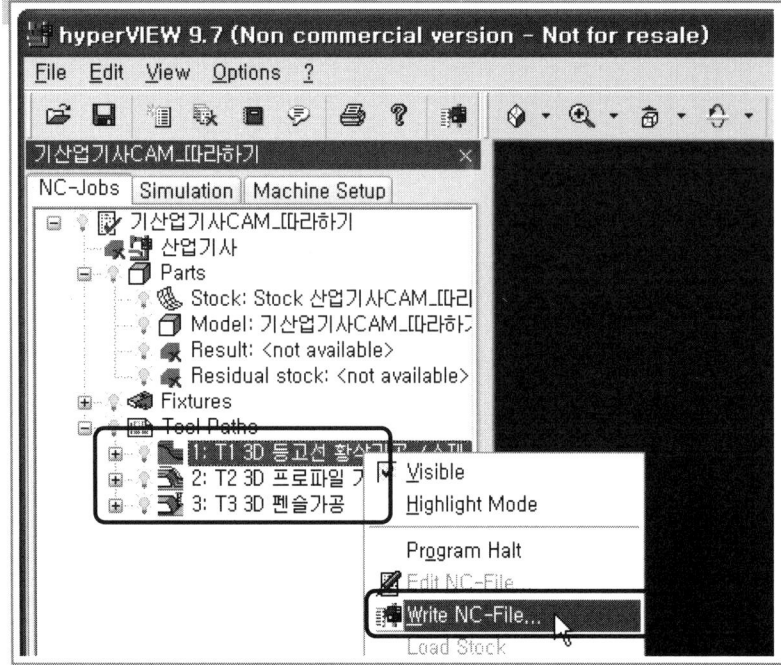

NC-Jobs 탭 목록 Tool Paths의 세 작업공정에서 각각 오른쪽 마우스를 클릭하여 Wirte NC-File 명령을 선택하고 작업공정 별로 NC-Data를 생성합니다.

Step 3

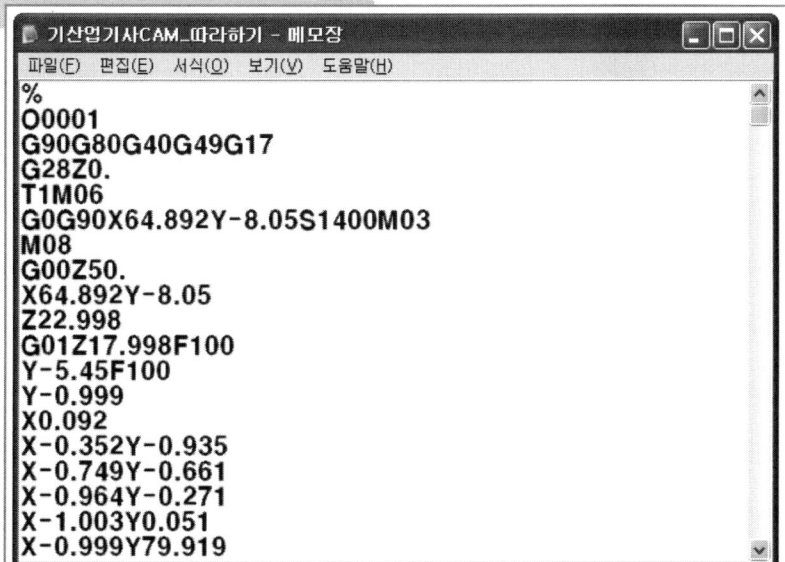

생성된 NC-FILES 을 볼 수 있습니다.

지시서의 요구사항으로 생성되는 각각의 파일들의 이름을 "02황삭.nc / 02정삭.nc / 02잔삭.nc"로 바꿔줍니다.

이상으로 산업기사 준비용 CAM 따라하기를 마치겠습니다.

4 HyperMill CAM을 이용한 가공 3

HyperMILL Cam을 이용하여 다음과 같은 절삭지시서에 따라 가공해 봅니다.

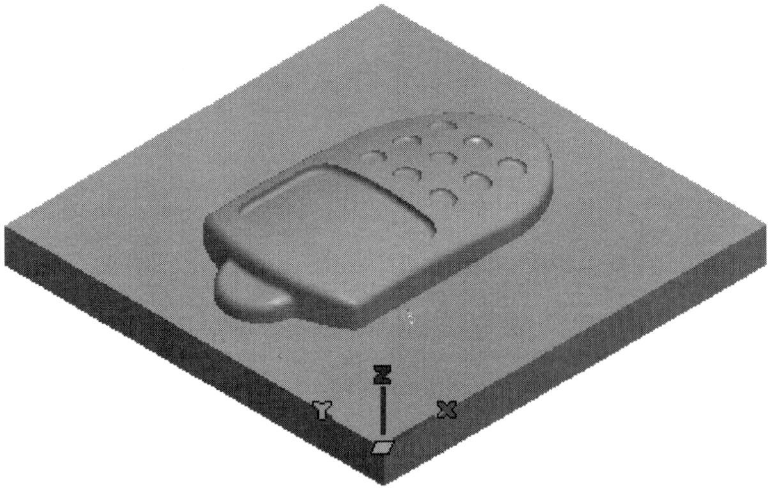

공구번호	작업내용	파일명 (비번호가 2번일경우)	공구조건			경로간격 (mm)	절삭조건					비고
			종류	직경		회전수 (rpm)	이송 (m/m)	절입량 (mm)	잔량 (mm)	
1	황삭	02황삭.nc	평E/M	Ø12	5	1400	100	6	0.5	
2	정삭	02정삭.nc	볼E/M	Ø4	1	1800	90			
3	잔삭	02잔삭.nc	볼E/M	Ø2		3700	80			Pencil

Part 3 *HyperMILL*

1. 공정 리스트 설정

Step by Step

Step 1

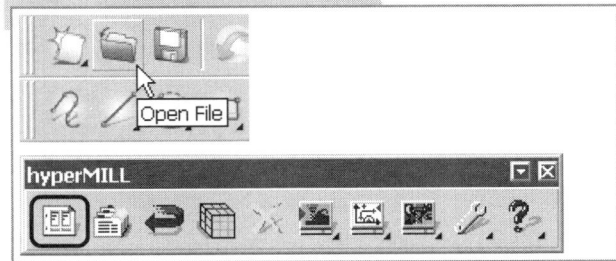

hyperCAD의 Open 명령어를 사용하여 '**산업기사_따라하기1.e3**' 파일을 열고, 그림과 같이 hyperMILL 아이콘 툴바의 첫 번째 아이콘을 클릭합니다.

Step 2

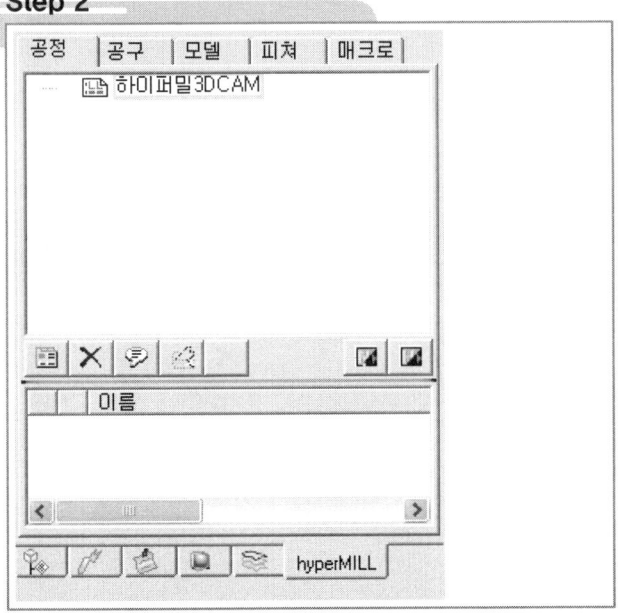

hyperCAD의 히스토리 트리 창에 hyperMILL 브라우저가 추가됩니다.

Step 3

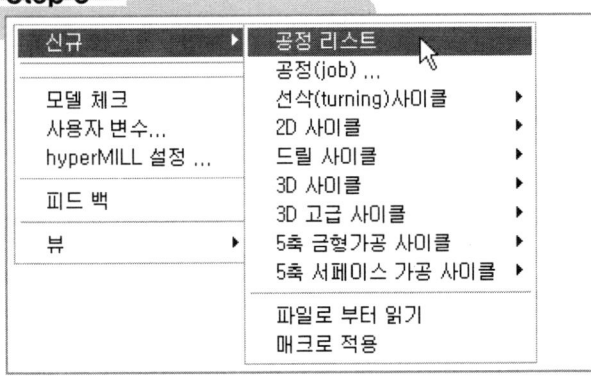

hyperMILL 브라우저 창에서 마우스 오른쪽 버튼을 클릭하면 명령어 목록이 표시됩니다. 여기서 [**신규 → 공정리스트**] 항목을 선택하여 새로운 공정리스트를 만들어줍니다.

Step 4

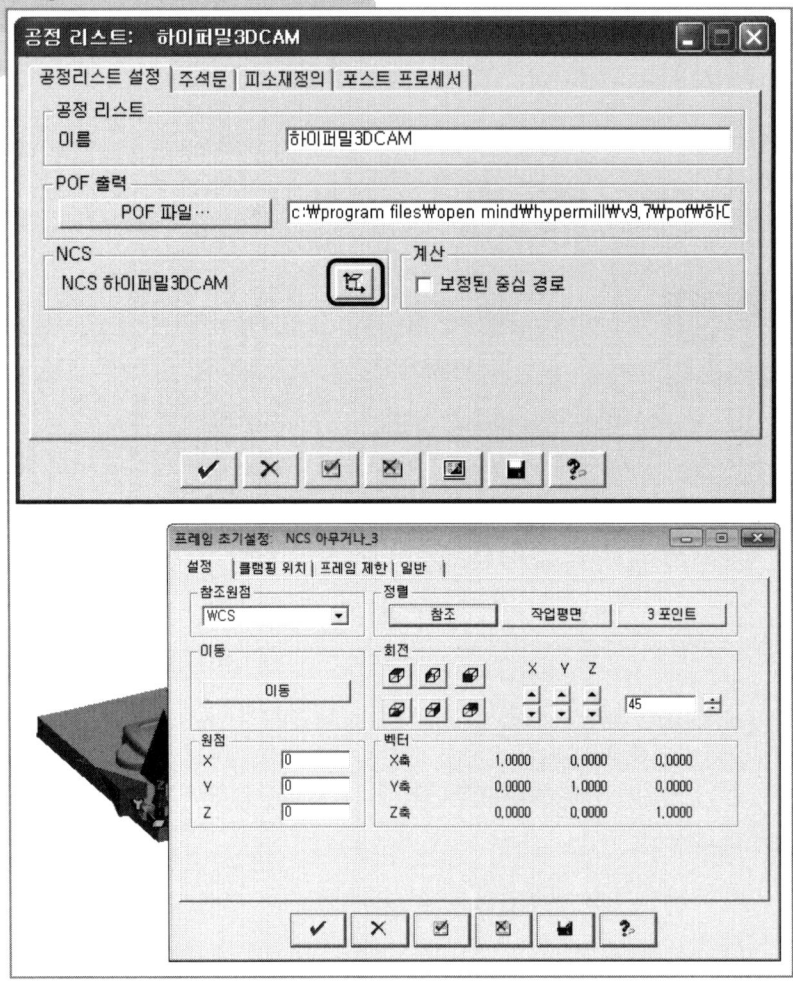

공정리스트 설정창이 열립니다. 공정리스트 설정 탭에서 공정리스트의 이름과 POF파일 저장 경로, NCS(공작물 원점) 등을 설정합니다.

NCS는 공정리스트를 생성할 때 CAD의 좌표계와 동일하게 자동생성 되는데, NCS 항목에서 원점계 편집 아이콘을 선택하면 왼쪽 그림과 같이 원점위치 또는 축 방향을 편집할 수 있습니다. 이 작업에서는 NCS와 동일한 CAD 좌표계를 가지고 있으므로 편집작업은 생략하도록 합니다.

Step 5

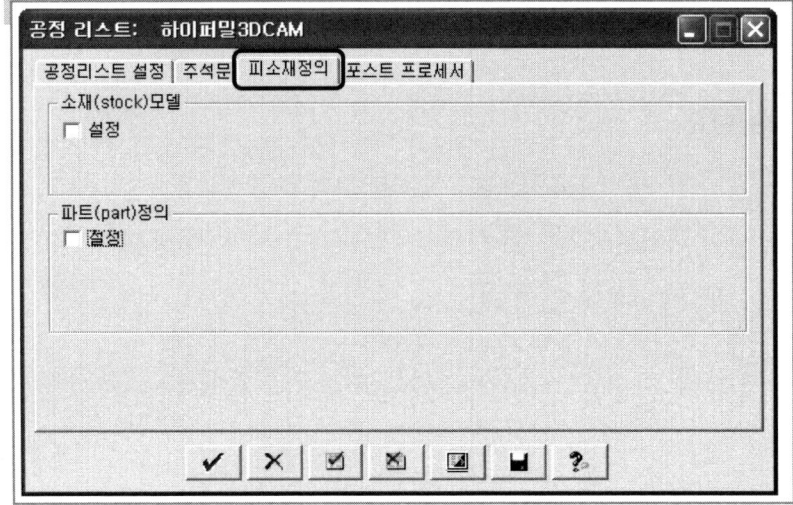

다음은 피소재정의(PART DATA) 탭을 선택하여 다음과 같이 소재모델(가공소재)과 파트(가공모델)를 정의합니다.

Step 6

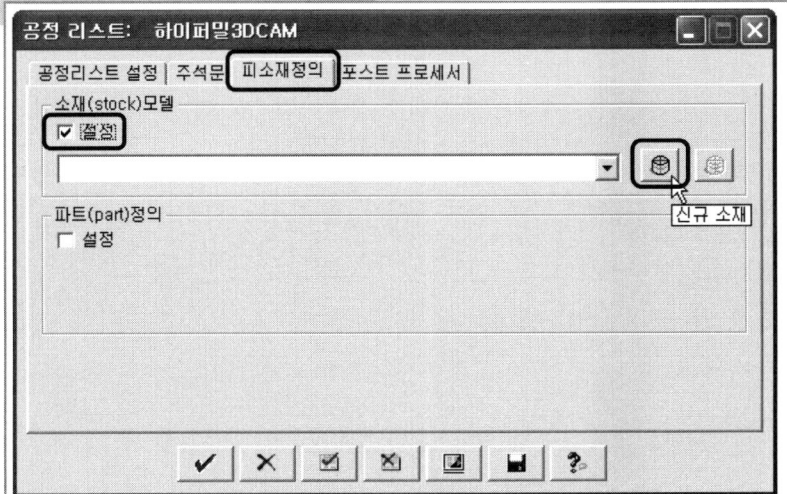

설정 항목을 체크하고 우측에 표시되는 신규 소재 아이콘을 선택합니다.

Step 7

소재모델 정의 창이 열리면 모드에서 자동계산(bounding geometry)을 선택한 후 계산버튼을 클릭합니다.

Step 8

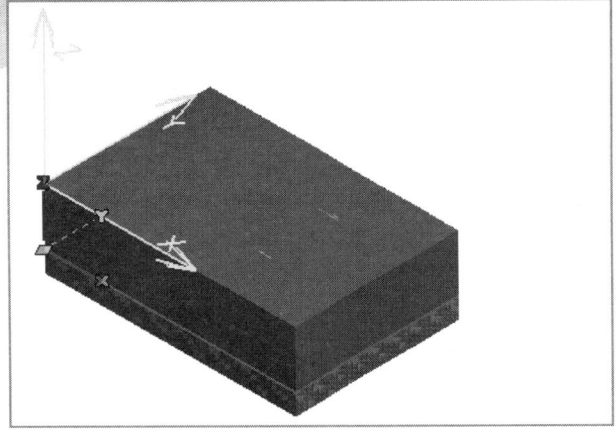

다음과 같이 박스형상의 육면체소재가 화면에 표시됩니다.
소재가 원하는대로 정의되면 OK ✔ 버튼을 클릭하여 소재모델정의를 완료합니다.

Step 9

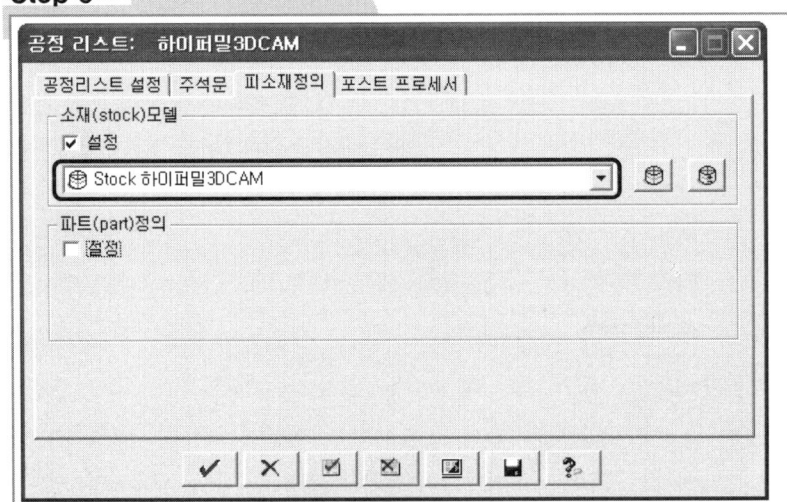

생성한 소재가 공정리스트의 소재모델 항목에 설정된 것을 볼 수 있습니다.

Step 10

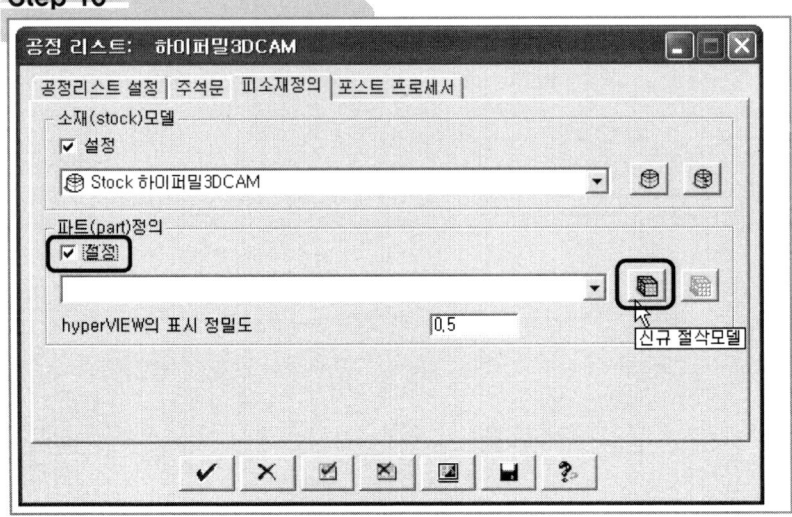

다음으로 파트정의를 하겠습니다.
소재모델정의와 같이 설정항목을 체크하고 신규 절삭모델 아이콘을 선택합니다.

Step 11

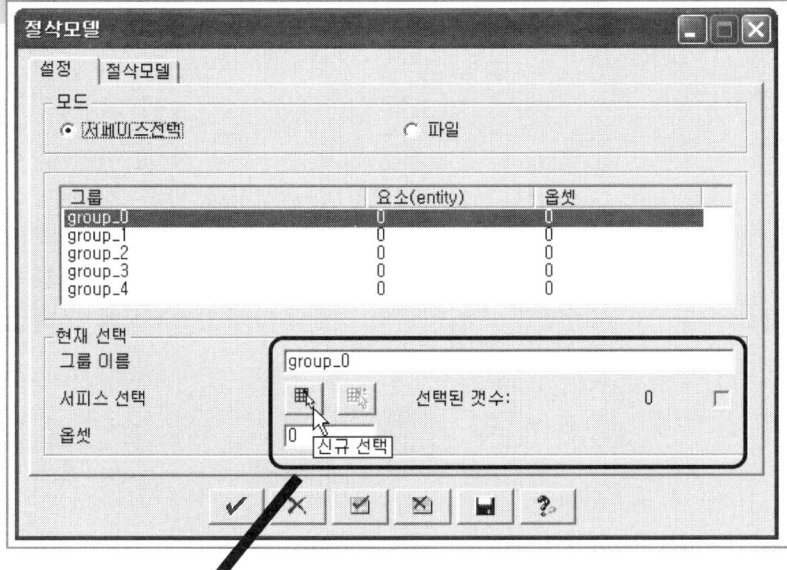

절삭모델 정의 창이 열리면 현재선택 항목의 신규선택 아이콘을 선택합니다.

Step 12

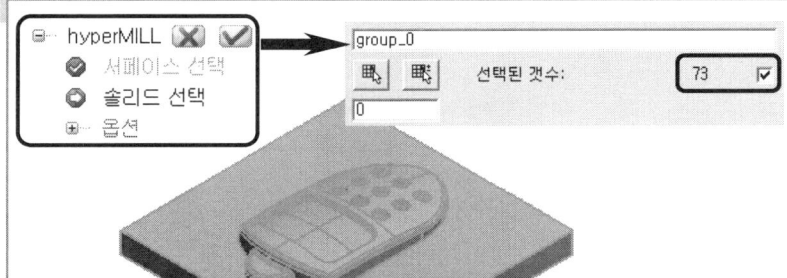

가공하고자 하는 모델을 전체 선택(단축키 A)하고 OK버튼을 우측 그림과 같이 선택된 서피스의 개수가 표시됩니다. 이제 OK버튼으로 절삭모델창을 완료하고, 공정리스트창을 완료하면 기본적인 공정리스트 정의가 끝납니다.

2. 황삭 공정

(1) 3D 등고선 황삭가공(소재지정)

Step 1

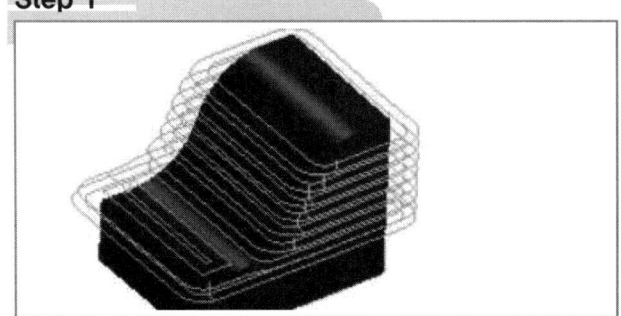

이 황삭가공 공정은 미리 생성해 놓은 가공 소재 (STOCK)를 지정하여 평면 단위로 소재를 제거하는 툴패스를 생성해주는 작업공정입니다. 이 작업공정에서는 가공물에 대한 모델링 파일과는 별도로 소재가 정의된 파일이 필요합니다.

Step 2

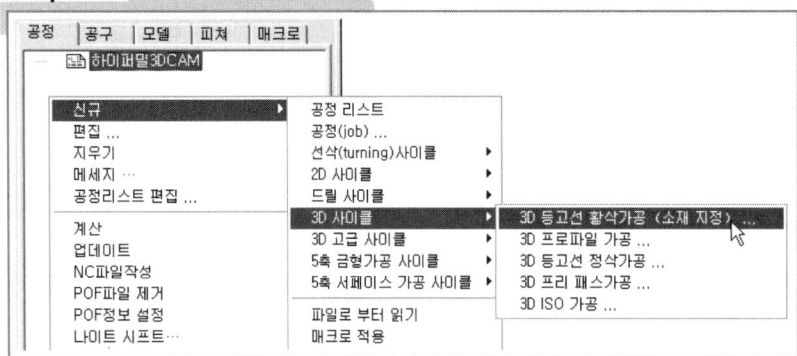

작업공정을 추가하기 위해 브라우저 창 내에서 오른쪽 마우스버튼을 클릭합니다. 그림과 같이 선택목록이 표시되면 [3D 등고선 황삭가공(소재 지정)] 항목을 선택하여 작업공정 편집 창을 열어줍니다.

※ hyperMILL 아이콘 툴바에서 두 번째 아이콘을 선택하여 신규오퍼레이션 창에서 작업공정을 추가할 수도 있습니다.

(2) 공 구

Step 3

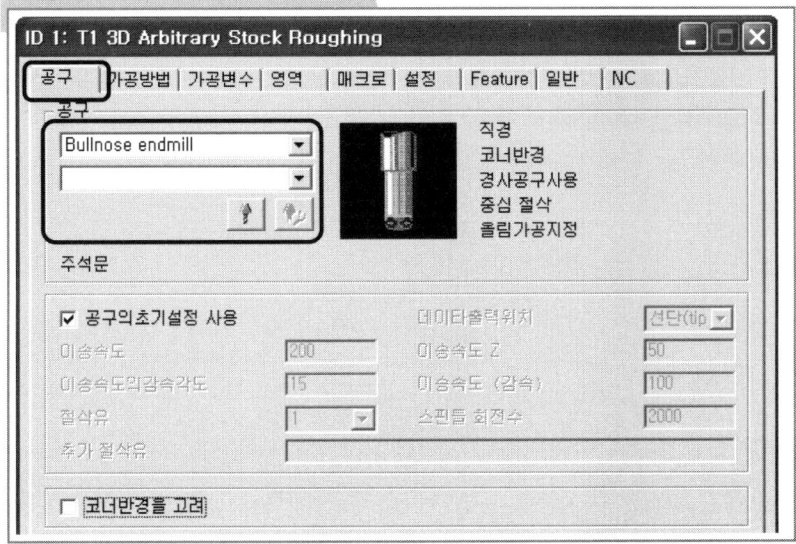

작업공정 정의창이 열리면 첫 번째 탭인 공구가 표시됩니다.

Step 4

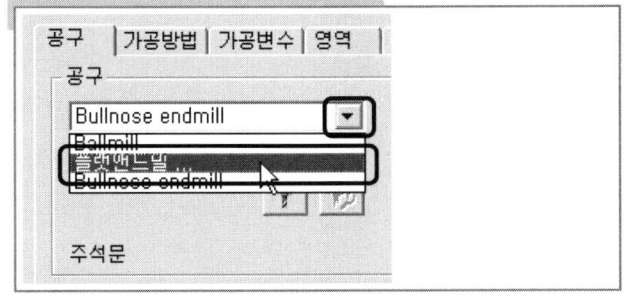

공구 항목의 첫 번째 항목에서 오른쪽 끝의 화살표버튼을 클릭하면 공구타입을 선택할 수 있습니다. 목록에서 플랫앤드밀을 선택합니다.

Step 5

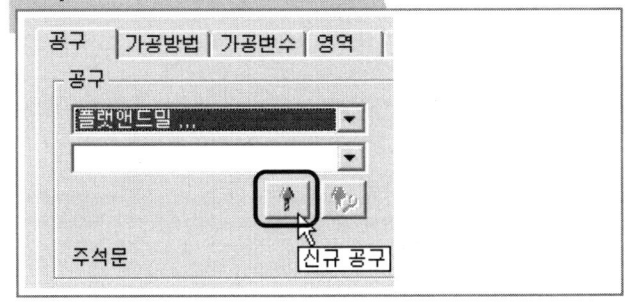

공구타입 선택이 끝나면 신규공구 아이콘을 클릭하여 공구정의 창을 열어줍니다.
공구정의 창에서는 공구직경, 공구길이 및 피드, 스핀들 값, 홀더 정의 등을 할 수 있습니다.

Step 6

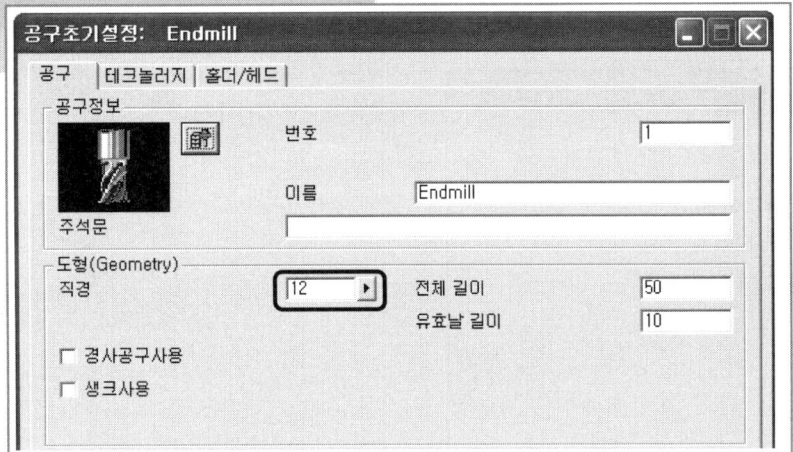

공구 탭의 직경항목에 12를 입력하여 12 공구를 만듭니다.

Step 7

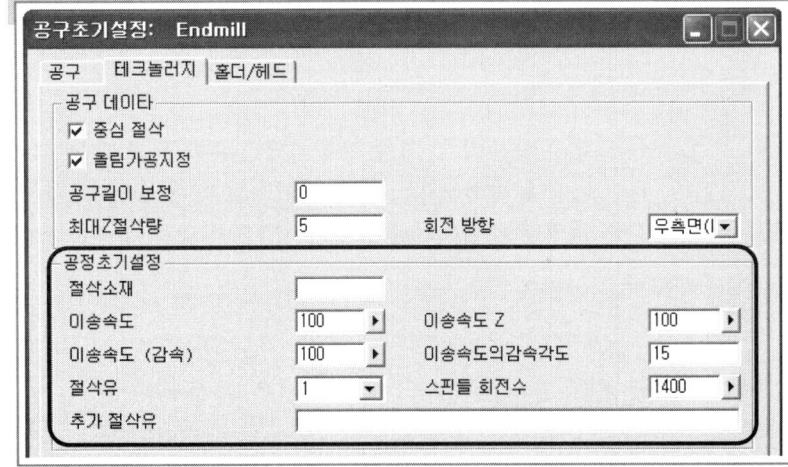

공구직경을 정의하면 테크놀러지 탭으로 넘어가서 절삭 지시서의 내용처럼 이송(FEEDRATE) 100 / 회전 수 (SPINDLE) 1400을 지정합니다.

(3) 가공방법

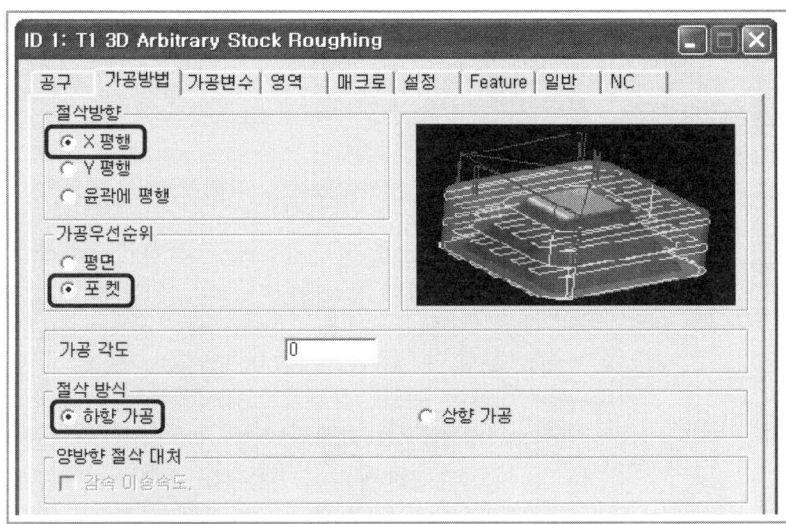

가공하고자 하는 형상에 따라 가공방향을 지정해 주는 옵션으로 X 축 평행, Y 축 평행, 윤곽에 평행의 3가지 옵션이 있습니다. 여기서는 X축 평행을 선택합니다.

Step 8 절삭방향

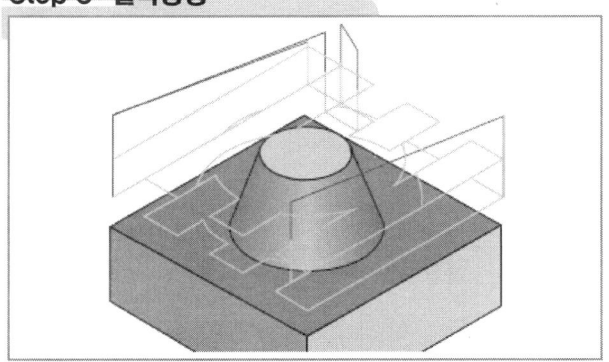

X 평행 : 공구의 진행은 X축, 절입은 Y축 방향으로 가공할 경우 사용합니다.
Y 평행 : 공구의 진행은 Y축, 절입은 X축 방향으로 가공할 경우 사용합니다.

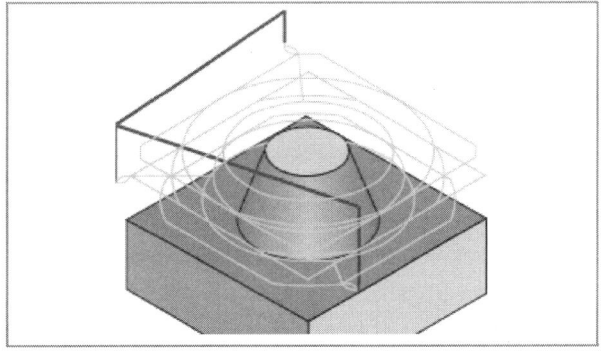

윤곽에 평행(Contour Parallel) : 형상의 윤곽과 평행하게 가공할 경우 사용합니다. (형상의 옵셋)

Step 9 가공우선순위(Machining priority)를 지정합니다.

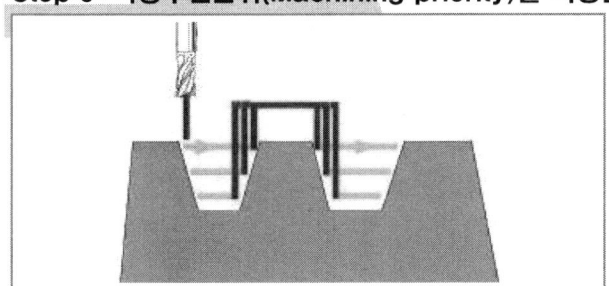

평면 우선(plane)
하나의 레벨에 모든 포켓을 똑같이 순차적으로 가공합니다.

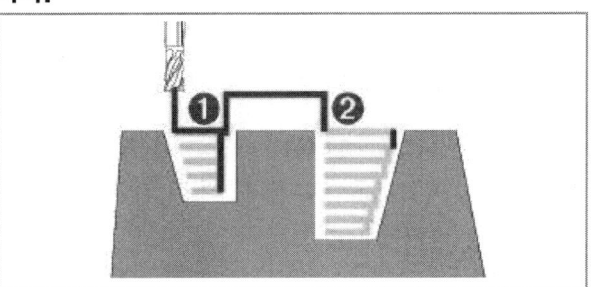

포켓 우선(pocket)
하나의 포켓을 다 가공한 후 다른 포켓으로 이동하여 가공합니다.

Step 10 절삭방식(cutting mode)

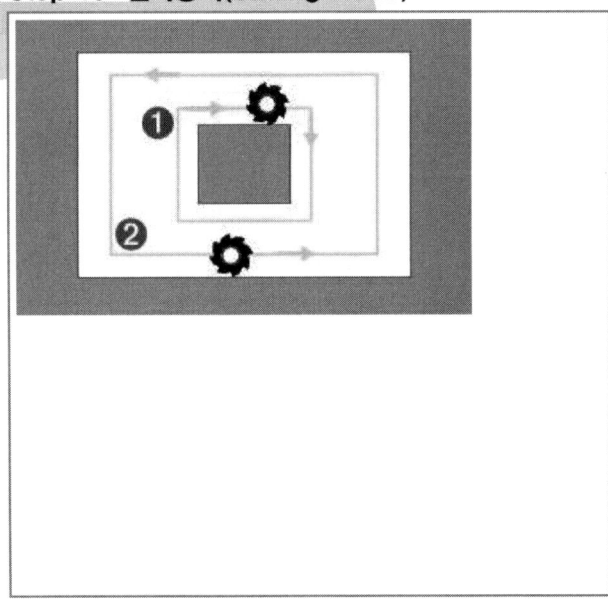

사용자의 편의에 따라 지정합니다. 여기서는 하향가공을 선택합니다.

하향가공(climb milling)은
1. 내부윤곽 시계방향
2. 외부윤곽 반 시계방향으로 가공합니다.

상향가공(conventional milling)은 하향가공과 반대 방향으로 움직이며 가공합니다.

※ **양방향 절삭 대처(Full cut behavior)**
이 옵션은 가공 중 Full cut 상황에서 이송속도(Feedrate)를 줄여서 공구의 손상을 방지하는 옵션입니다. Full cut 구간의 이송속도 감속은 공구설정에서 이송속도 (감속) 항목에 입력된 이송속도로 감속 됩니다.

(4) 가공변수

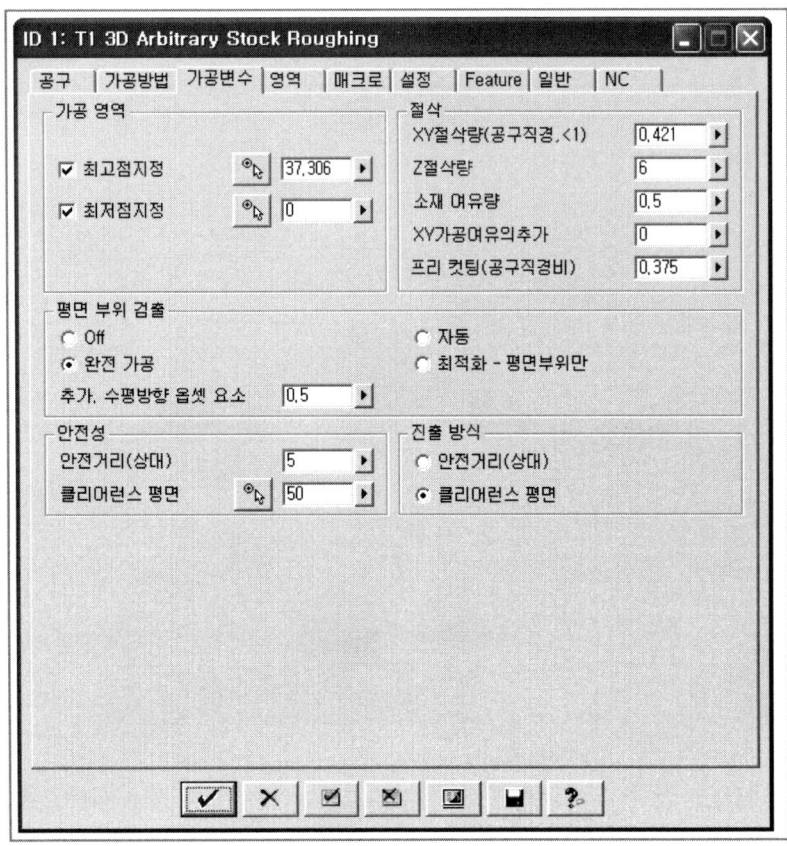

Step 11 가공영역

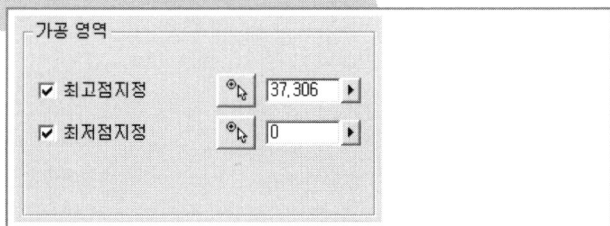

가공영역은 가공하고자 하는 최고높이와 최저 값을 지정합니다.

Step 12 절삭

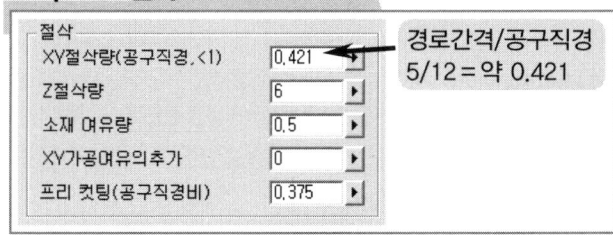

여기서는 공구의 수평, 수직 이송시의 절입량과 소재의 여유량 등을 입력합니다. 각 항목의 값으로 (XY 절삭량 : 0.421, Z절삭량 : 6, 소재여유량 : 0.5)를 입력하여 줍니다.

Step 13 평면부위검출(plane level detection)

평면에만 적용되는 옵션입니다.

Off : Z 절입량만 감안하여 가공합니다. 입력한 소재 여유량보다 잔량이 많이 남는 부분이 생길 수 있습니다.

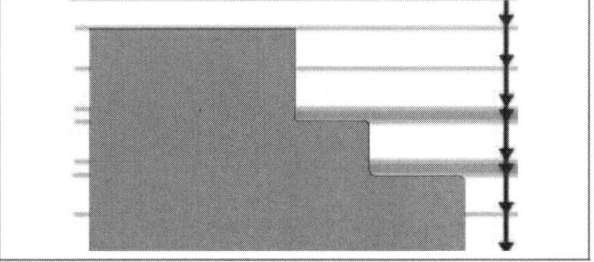

자동(Auto) : Z절입량 만큼 가공하다가 잔량이 과도하게 생기는 평면을 만나면 자동으로 감지하여 레벨을 추가하는 명령입니다.

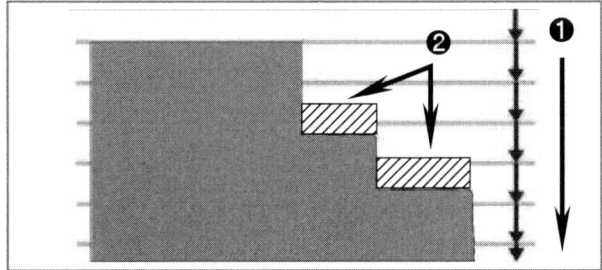

완전가공(Optimized complete)
① Z절입량만 감안하여 먼저 가공하고
② 잔량이 큰 평면부분을 추가로 가공합니다. 여기서는 이 옵션을 선택합니다.

최적화-평면부위만(Optimized planes only)
가공영역 안의 평행한 평면만을 가공하는 옵션입니다.

Step 14 안전성(safety)

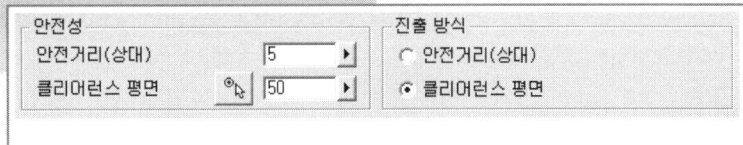

공구가 급속이동 시 정해진 높이 혹은 거리에서 안전하게 이동하도록 설정하는 옵션입니다. 지시서의 내용처럼 50으로 설정하겠습니다.

(5) 영 역

Step 15

가공하고자 하는 영역을 설정합니다. 이미 소재지정이 되어있는 공정이므로 특별히 설정을 안 하여도 무관합니다.

(6) 매크로

Step 16

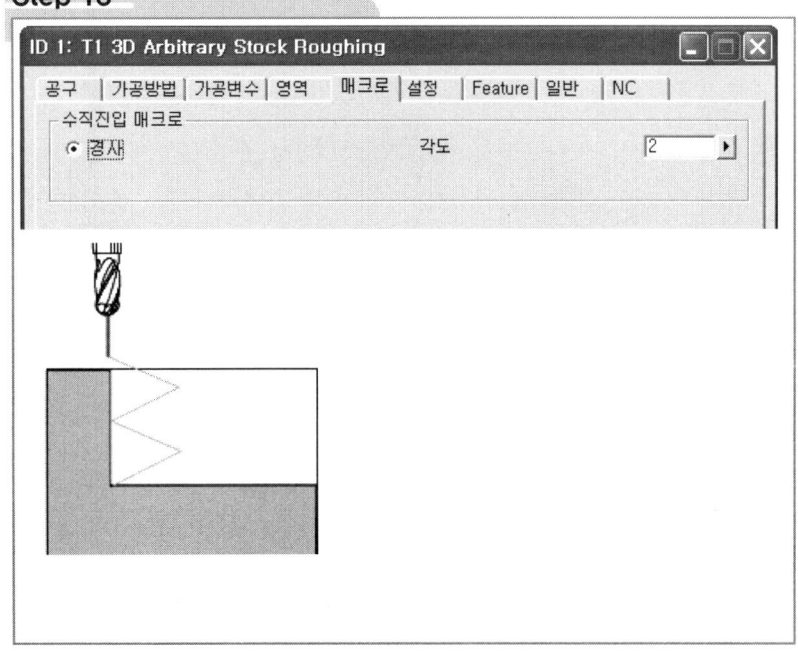

진입/진출 관련 설정입니다. 현 설정에는 램프로 진입방법만 선택 가능합니다.
램프진출은 그림과 같이 위에서 아래로 경사진 지그재그 모양으로 내려갑니다.
우측에 각도는 내려갈 때 경사각도를 말합니다.

※ 참고로 가공방법에서 윤곽에 평행(contour parallel)을 선택했을 경우 매크로에 헬리컬이라는 옵션이 생성되는데 이 옵션은 진출입시 원형을 그리며 내려가는 옵션입니다. 헬리컬의 반지름은 공구 반지름의 80%를 설정합니다.

(7) 설 정

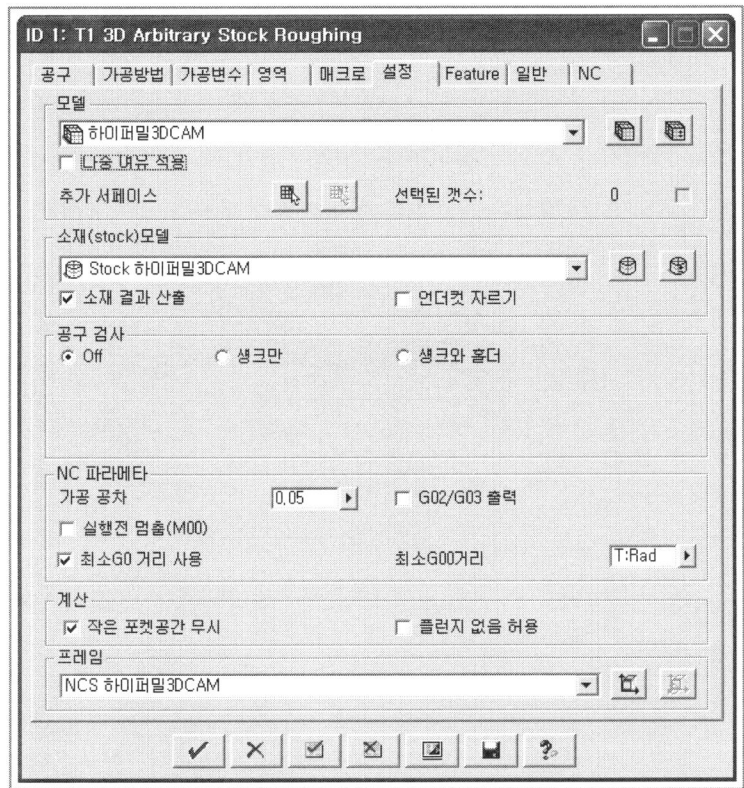

Step 17 모델/소재 모델

각각의 목록을 열어 공정리스트 정의 시 생성해 놓은 모델 (절삭 영역) 또는 소재를 선택합니다. 미리 생성해 놓지 않은 경우에는 신규생성 아이콘을 사용하여 새 모델/소재를 정의할 수 있습니다.

Step 18 소재 결과 산출(Generate resulting stock)

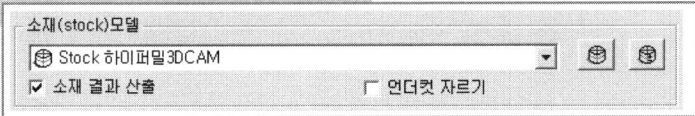

황삭가공에만 있는 옵션으로 황삭가공 후 남은 결과물 형상의 소재 모델링을 생성하여줍니다.

Step 19 NC 파라미터

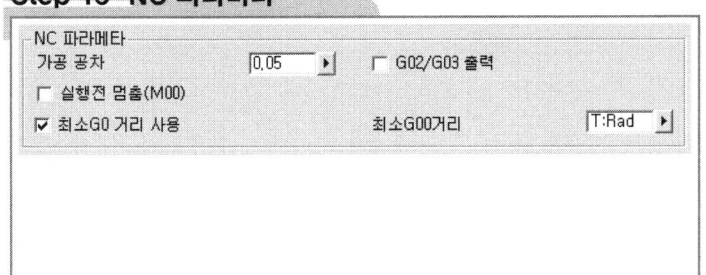

가공 공차(Machining tolerance) : 필요한 공차를 입력합니다. 값은 툴패스 생성을 위한 계산이 수행될 때 정확성을 정의합니다.

G2/G3 출력 : 레벨의 원형 호는 NC 프로그램에서 G2 또는 G3 명령으로 출력이 됩니다. 이 기능이 활성화되지 않으면 모든 움직임은 G1 명령으로 출력됩니다.

Step 20 계산

모든 설정이 끝났습니다. 계산 버튼을 클릭하여 계산을 시작합니다.

Step 21

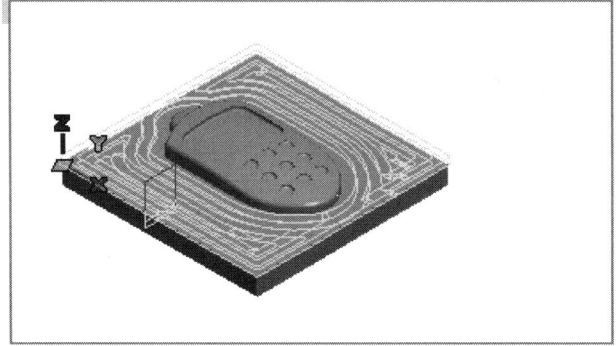

모든 설정이 오류 없이 설정되면 그림과 같이 툴패스가 형성되고 공정목록에는 아래 그림과 같은 V체크가 만들어집니다.

Step 22

Erase toolpaths 아이콘으로 화면에 표시된 툴패스를 지울 수 있습니다.

Step 23

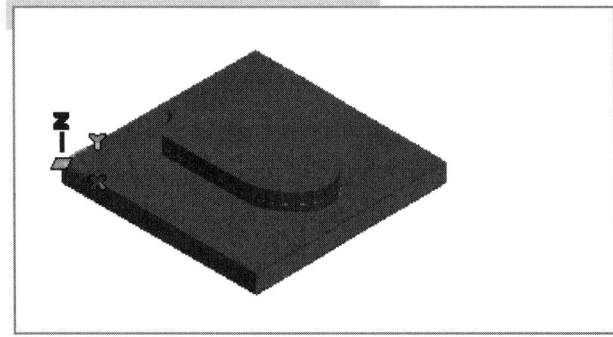

hyperMILL 브라우저 하단에서 새로 생성된 소재의 전구표시를 클릭하면 전구에 불이 들어오며 황삭가공된 소재 형상을 볼 수 있습니다.

3. 정삭 공정

(1) 3D 프로파일 가공

Step 1

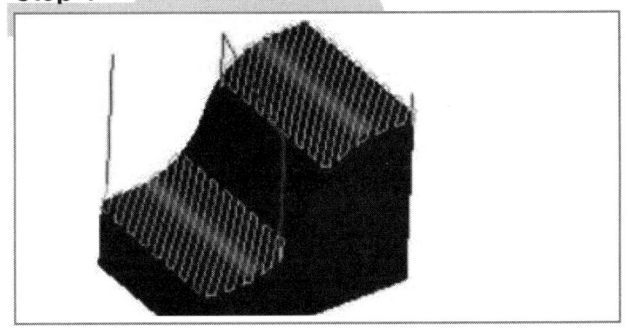

이 작업공정은 X축 평행가공 또는 Y축 평행가공 외에도 프로파일을 이용하여 다양한 방식의 일방향 가공을 할 수 있습니다. 경사면 인식가공을 허용합니다.

Step 2

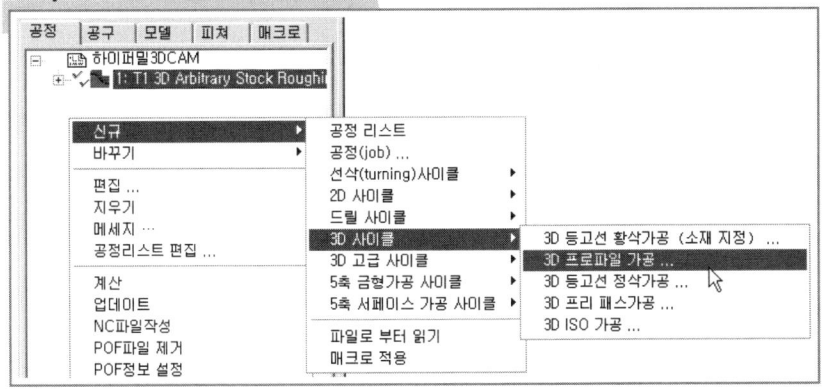

정삭작업을 위하여 3D 프로파일 가공을 열겠습니다.
브라우저 창에서 오른쪽 마우스를 클릭하여 표시된 명령어 목록에서 3D 프로파일 가공을 선택합니다.

Step 3

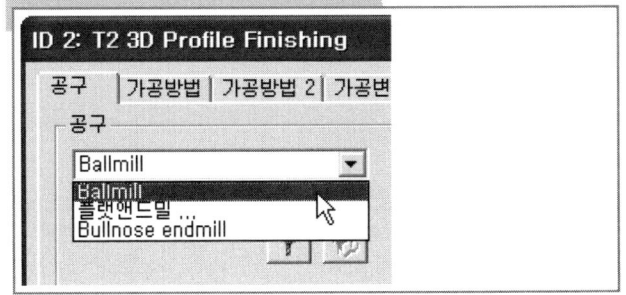

작업공정 편집 창이 열리면 먼저 공구 탭에서 공구를 지정하여 줍니다.

공구 타입을 Ballmill로 변경하고 신규공구 아이콘을 선택하여 공구설정 창을 열어줍니다.

(2) 공구설정

Step 4 공구

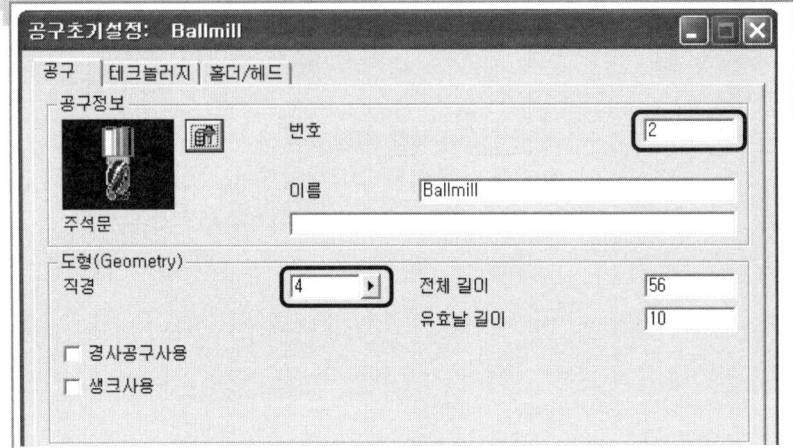

공구번호 2번 공구는 4 볼 엔드밀로 설정합니다.

Step 5 테크놀러지

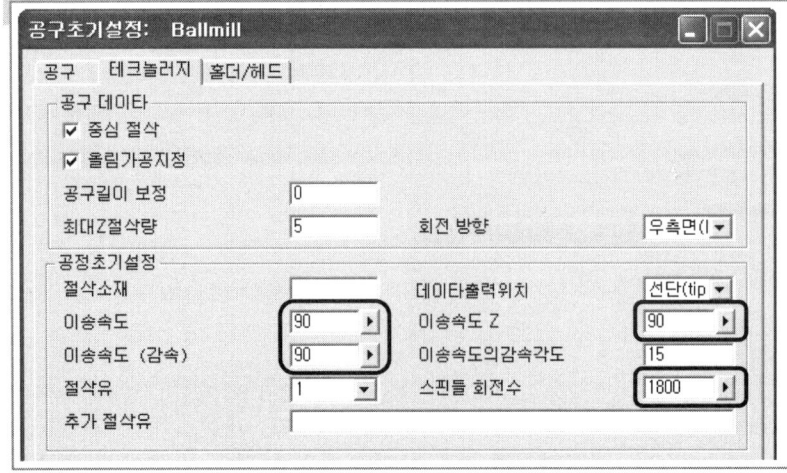

스핀들은 1800에 피드 값은 90을 입력합니다.

(3) 가공방법

Step 6

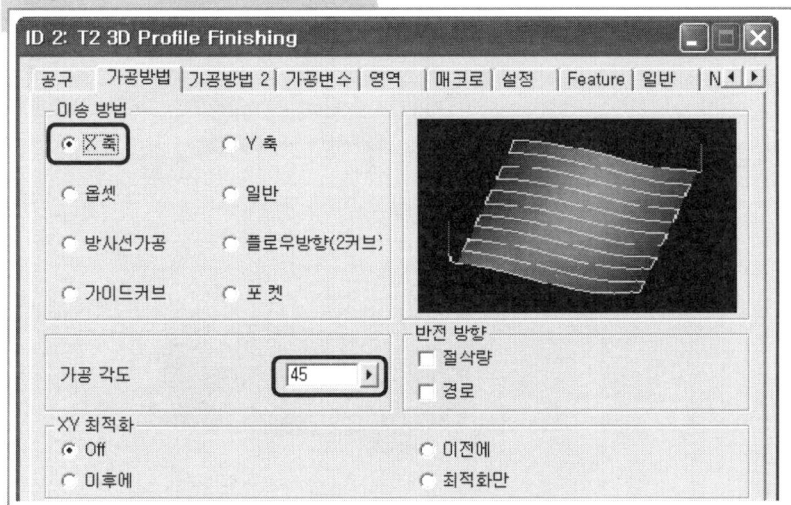

X 축을 선택하고 좀 더 정확한 가공을 위해 가공각도는 45도를 입력합니다.

Step 7 이송방법(표준 프로파일 가공) : X축, Y축

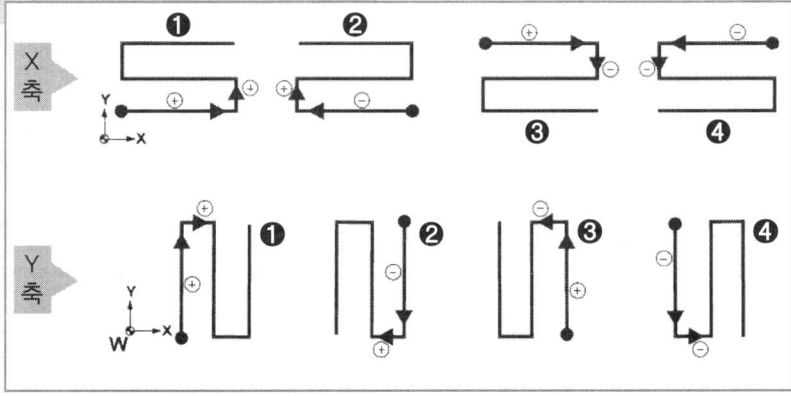

프레임의 X 또는 Y축을 프로파일로 사용합니다. 가공 영역은 바운더리로 제한되며 반전 방향을 어떻게 설정하느냐에 따라 아래와 같이 이송방향이 변경됩니다.
❶ 반전 방향을 선택하지 않음
❷ 경로 방향 반전
❸ 절삭량 방향 반전
❹ 경로 방향과 절삭량 방향을 모두 반전

Step 8 이송방법(자유프로파일 가공 방법)

옵셋, 일반, 방사선가공, 플로우가공, 가이드커브, 포켓
사용자가 다양한 방법으로 자유롭게 프로파일 정의를 할 수 있어 서피스 흐름에 매우 적합한 가공을 할 수 있습니다.

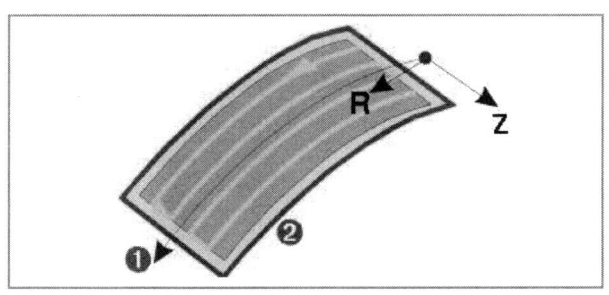

옵셋(Offset)

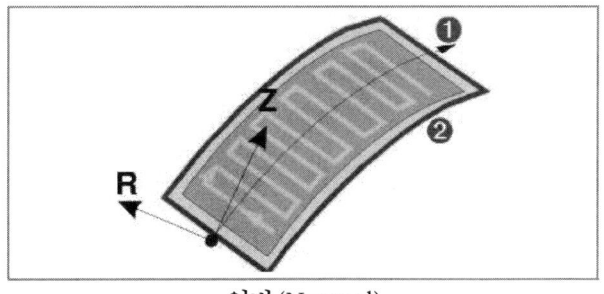

일반(Normal)

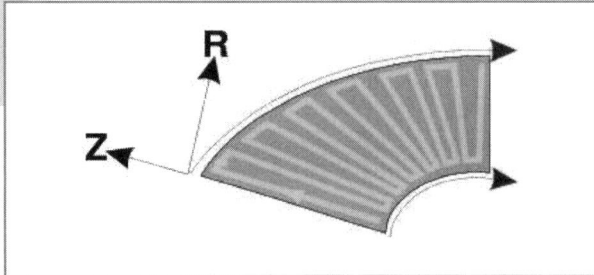
방사선 가공(Ruled)

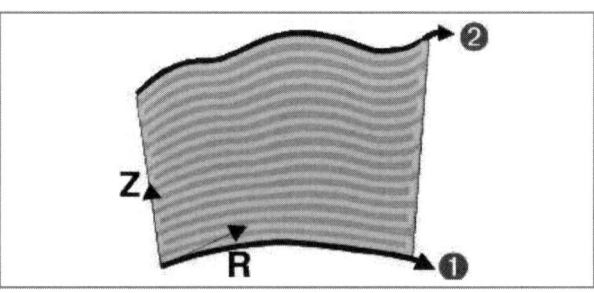
플로우 가공(Flow)

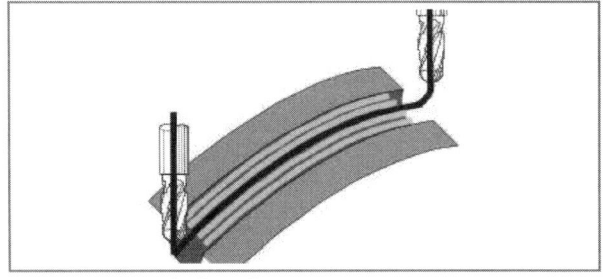
가이드커브(Guide Curve)

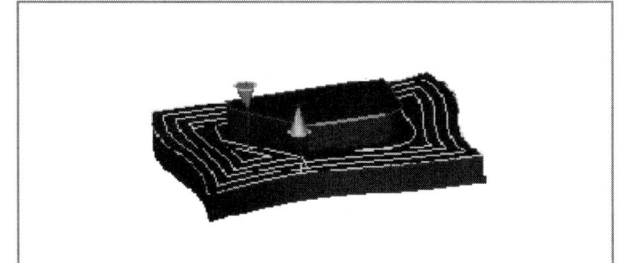
포켓(Pocket)

Step 9 XY 최적화(XY optimization)

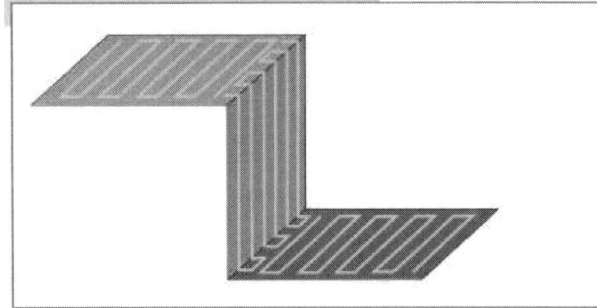

이송방법을 X축 또는 Y축을 선택했을 경우 활성화되는 옵션입니다. 선택한 프로파일 방향에서 가공할 수 없는 영역을 교차되는 방향에서 자동으로 추가 가공하여줍니다.

이 작업은 표준 프로파일로 가공하기 전 또는 후에 실행될 수 있지만 독립적으로 사용될 수도 있습니다.

(4) 가공방법 2

Step 10

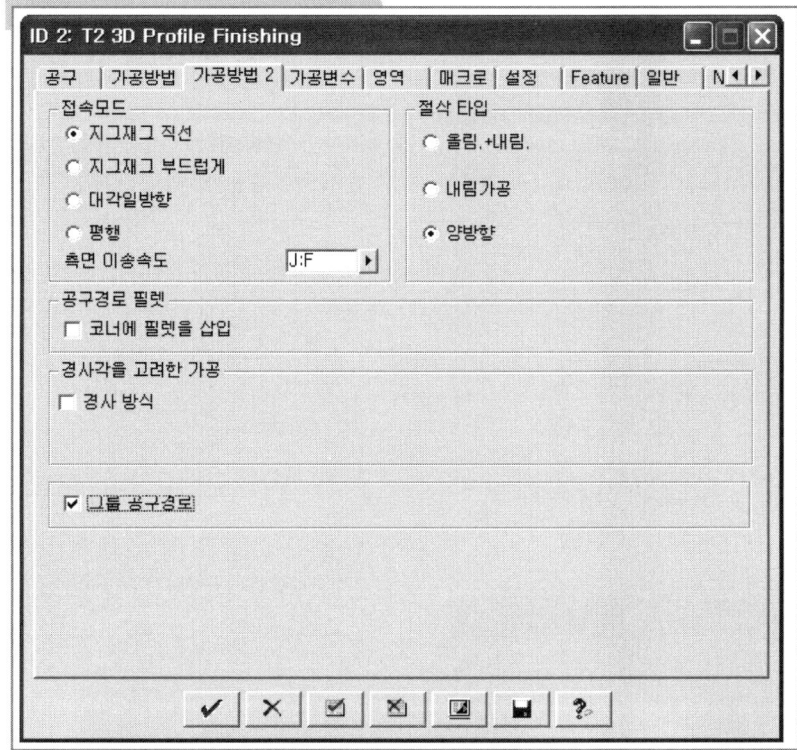

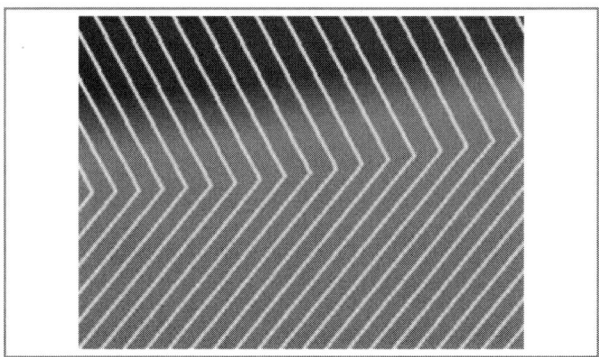

공구경로 필렛
일반적인 상태의 툴패스입니다. 코너 부분이 각져있 습니다.

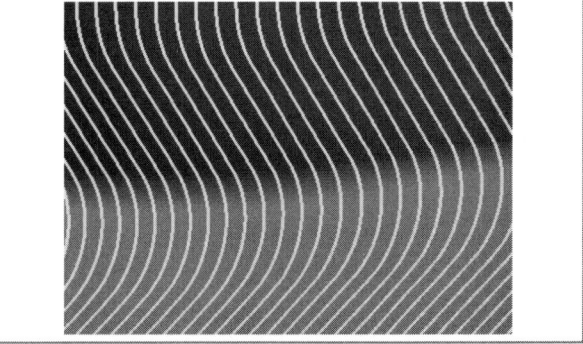

코너에 필렛을 삽입 옵션(Fillet interior corners)을 활성화 할 경우 윗 그림처럼 코너 부분에 필렛이 들어 갑니다.

Step 11

그룹 공구경로 (Grouping toolpaths)
비슷한 경로의 툴패스를 그룹화 함으로써 이송시간을 줄여 가공시간을 줄입니다.

(5) 가공변수

Step 12

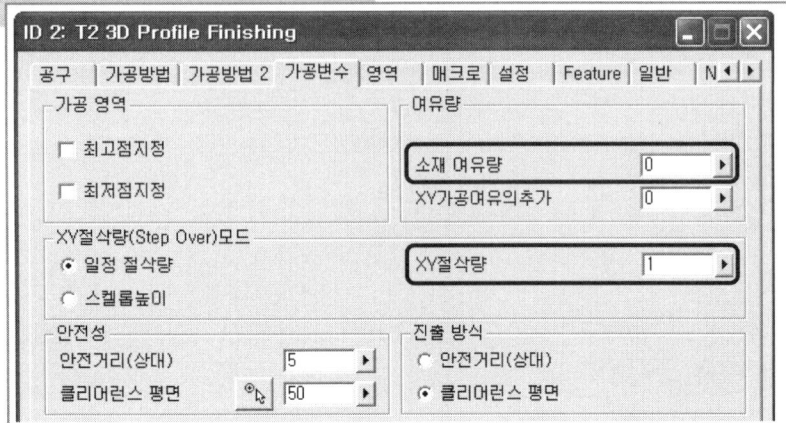

가공영역은 따로 지정하지 않으면 바운더리내의 모든 영역을 가공합니다.

절삭 지시서에 따라 여유량은 0를 XY 절입량은 1을 입력합니다.

(6) 영 역

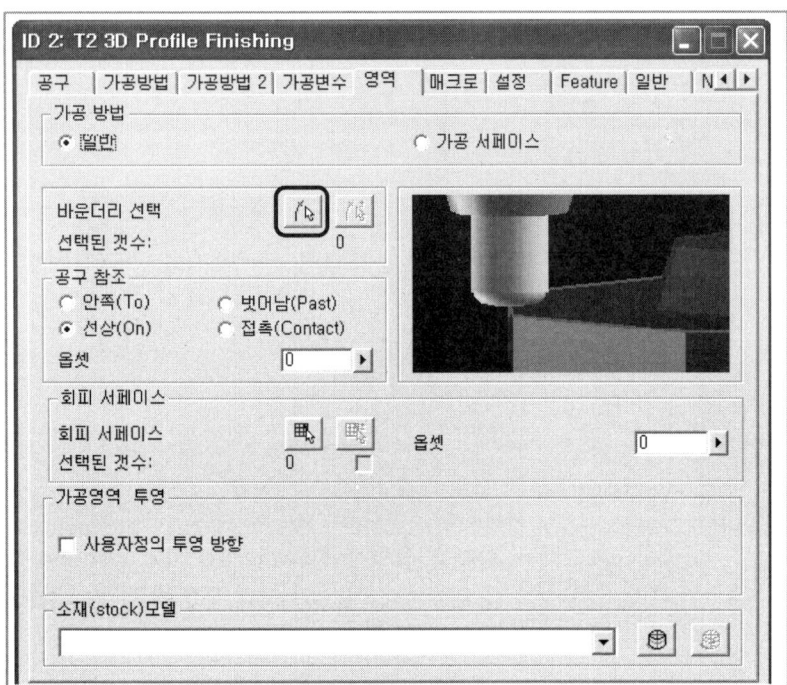

Step 13

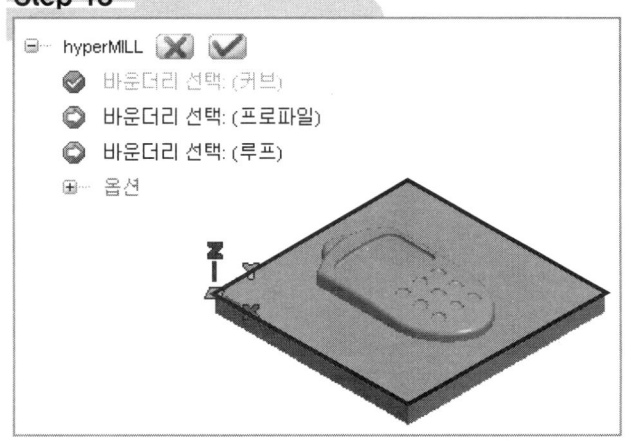

신규선택 아이콘을 클릭하여 바운더리 선택 명령을 활성화합니다. 좌측 그림과 같이 네개의 커브를 바운더리로 선택하고 OK버튼을 클릭합니다.

작업창에서 바운더리가 선택된 것을 확인할 수 있습니다.

(7) 매크로

Step 14

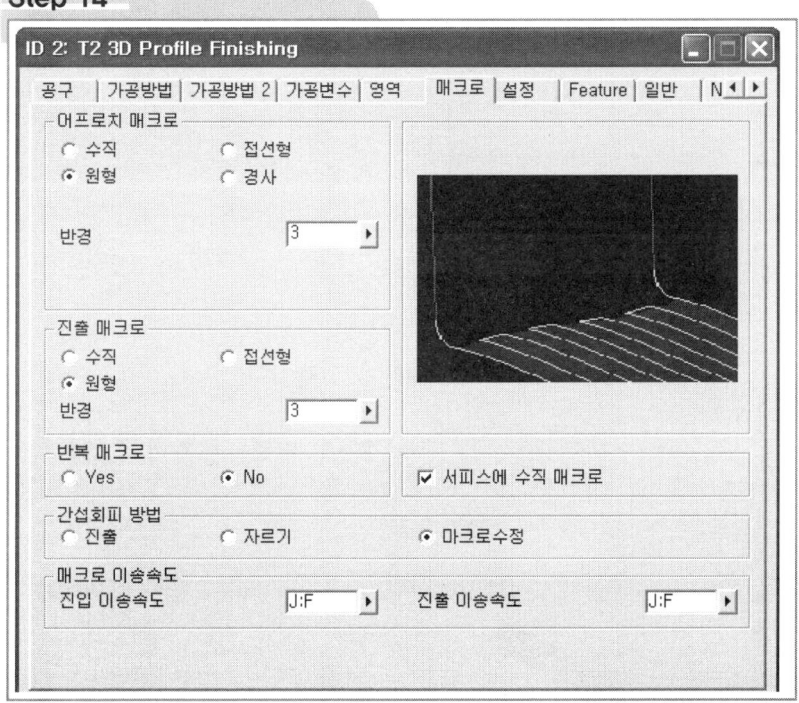

그림과 같은 값으로 설정합니다.

Step 15

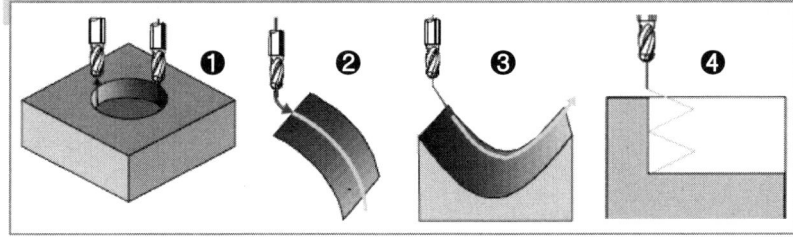

진입/진출 매크로
(Approach/Retract Macros)
공구의 진입/진출 시 움직임의 방식을 지정하여 줍니다.
❶ 수직   ❷ 원형
❸ 접선형   ❹ 경사

(8) 설 정

Step 16

모델에서는 황삭에서와 같이 미리 지정한 파트를 선택하고 가공공차에 0.01을 입력합니다. 설정이 끝나면 계산버튼을 누릅니다.

Step 17

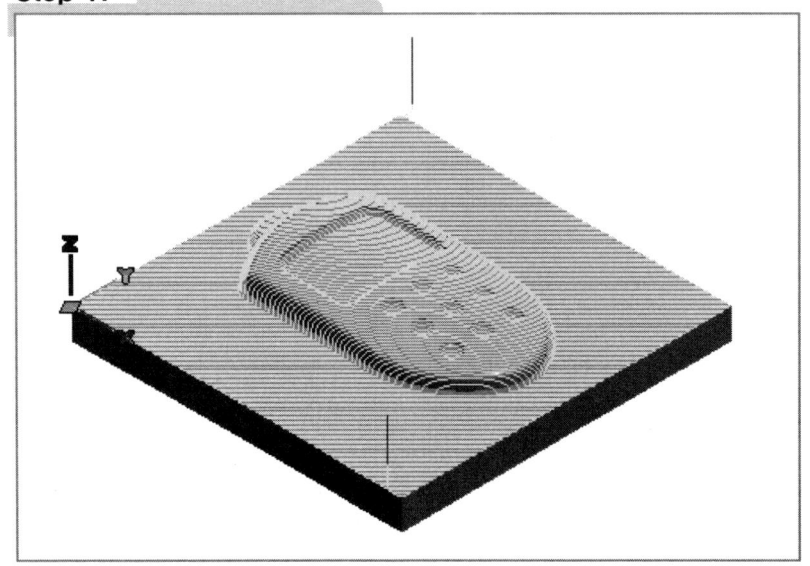

계산이 완료되면 위와 같은 툴패스를 볼 수 있습니다.

이상으로 정삭과정을 마치겠습니다.

4. 잔삭 공정

(1) 3D 펜슬가공

Step 1

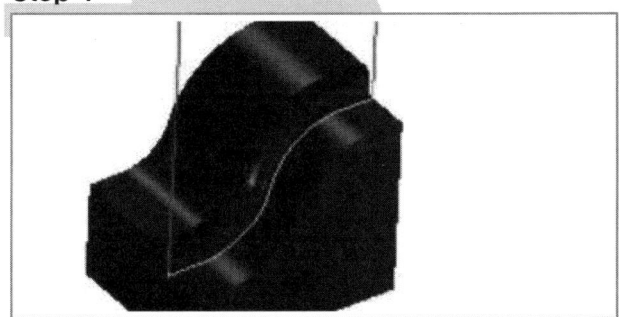

이 작업공정은 자동으로 모델의 모서리를 인식하고 모서리 윤곽에 평행한 툴패스를 생성합니다.

고속 가공에서의 절삭부하를 최소화하기 위한 공정입니다.

Step 2

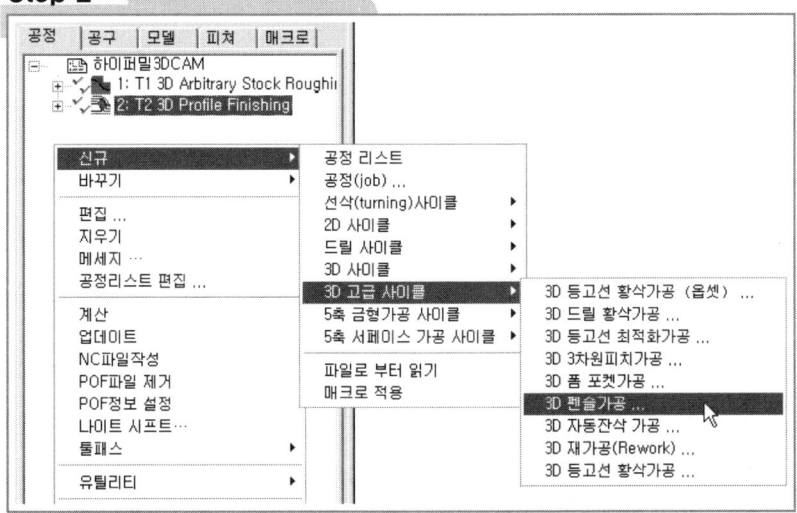

잔삭작업을 위하여 3D 펜슬가공 (3D Pencil Milling)을 선택합니다.

(2) 공 구

Step 3

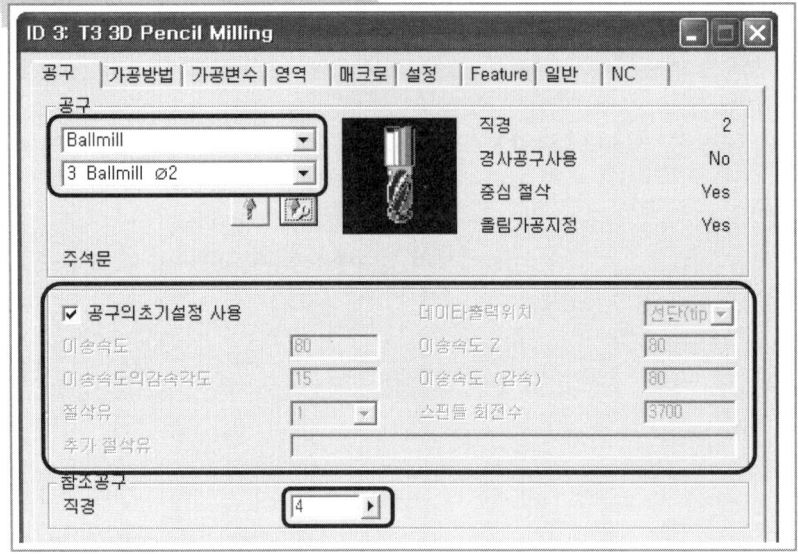

공구타입을 Ballmill (볼엔드밀)로 선택하고 2 공구를 생성합니다. 작업지시서에 따라 이송량은 80, 회전수는 3700을 입력합니다. 참조공구에서는 이전 작업에서 사용하였던 공구의 직경값을 입력해야하므로 4를 입력합니다. 이때 참조공구 직경 값과 사용공구의 직경 값의 차이가 크기 때문에 경고가 표시되는데, 이 작업에서는 경고를 무시하셔도 좋습니다.

(3) 가공방법

Step 4

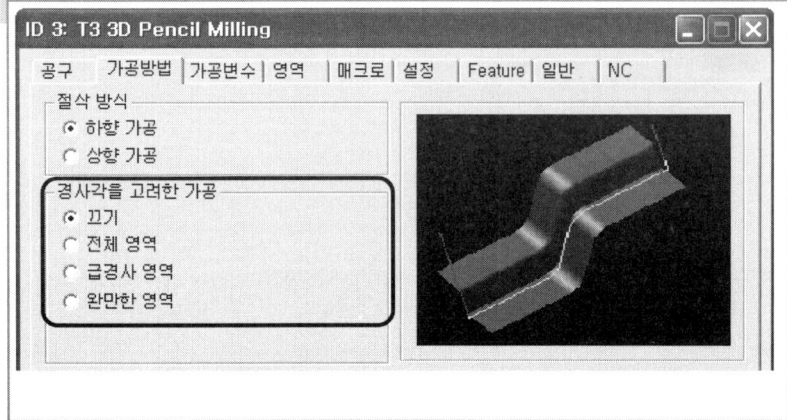

그림과 같이 설정합니다.

경사각을 고려한 가공
- **끄기** : 모든 영역에서 한 번에 가공합니다.
- **전체영역** : 완면한 영역과 급경사 영역을 별도로 가공됩니다.
- **급경사 영역** : 급경사 영역만 가공합니다.
- **완만한 영역** : 완만한 영역만 가공합니다.

(4) 가공변수

Step 5

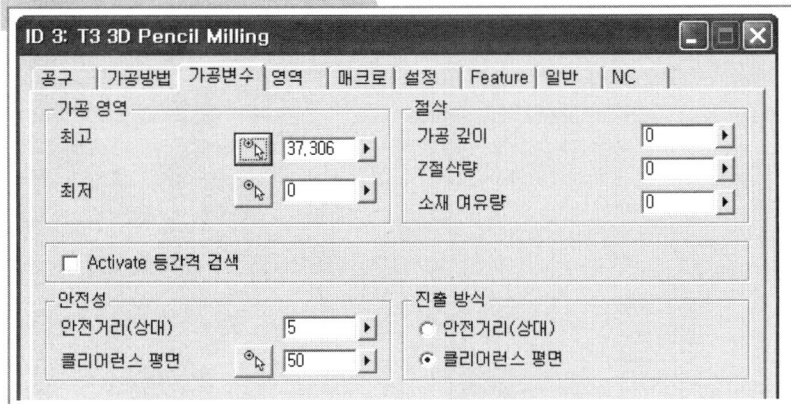

그림과 같이 정해진 값으로 입력하고 계산합니다. 펜슬 가공에서는 영역 지정이 필요하지 않으므로 설정하지 않고 넘어갑니다.

(5) 매크로

Step 6

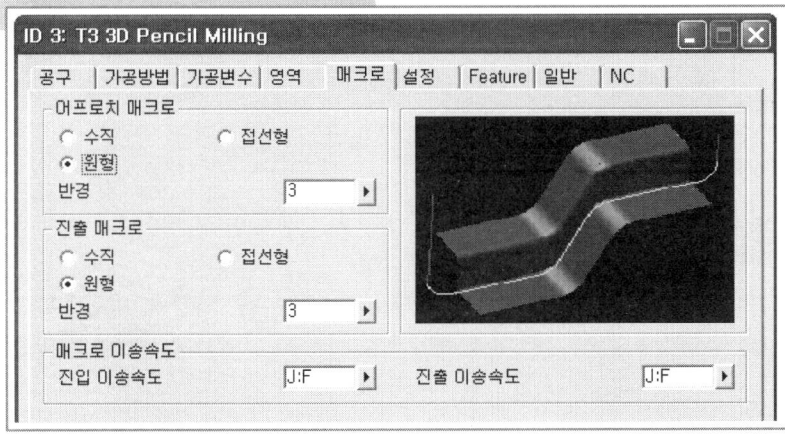

그림과 같이 정해진 값으로 입력하고 계산합니다. 펜슬 가공에서는 영역 지정이 필요하지 않으므로 설정하지 않고 넘어갑니다.

(6) 설 정

Step 7

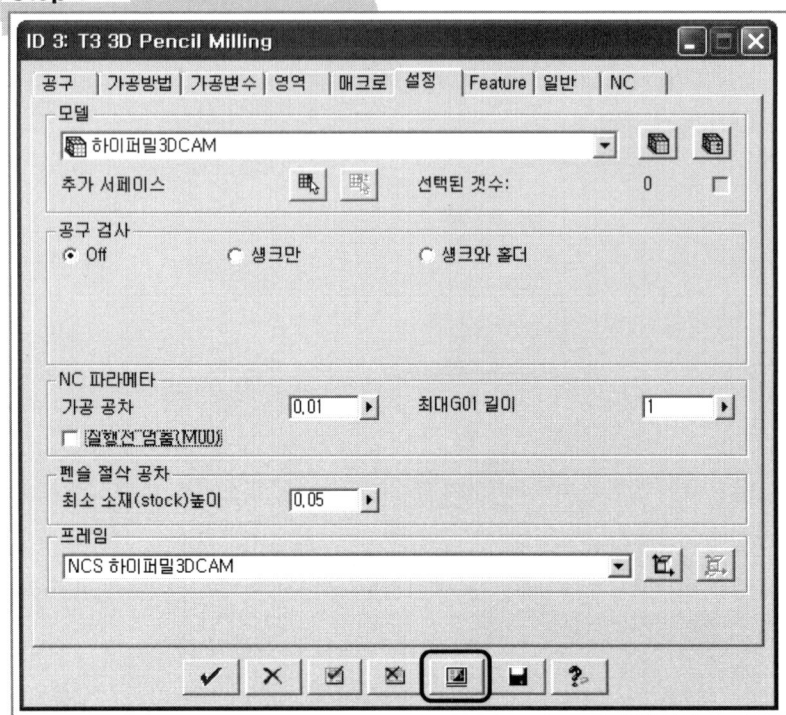

그림과 같이 정해진 값으로 입력하고 계산합니다. 펜슬 가공에서는 영역 지정이 필요하지 않으므로 설정하지 않고 넘어갑니다.

Step 8

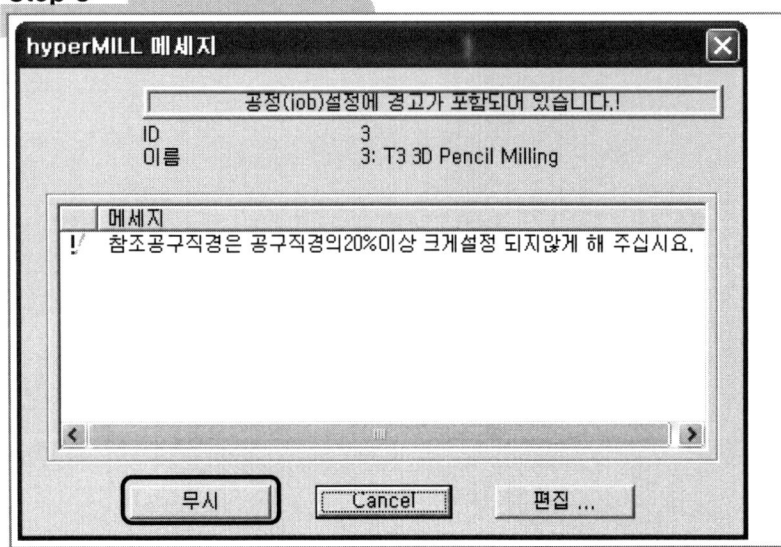

계산을 실행하면 경고메시지 창이 뜹니다.
툴패스 생성에는 영향을 미치지 않으므로 무시를 선택하고 계산을 계속합니다.

Step 9

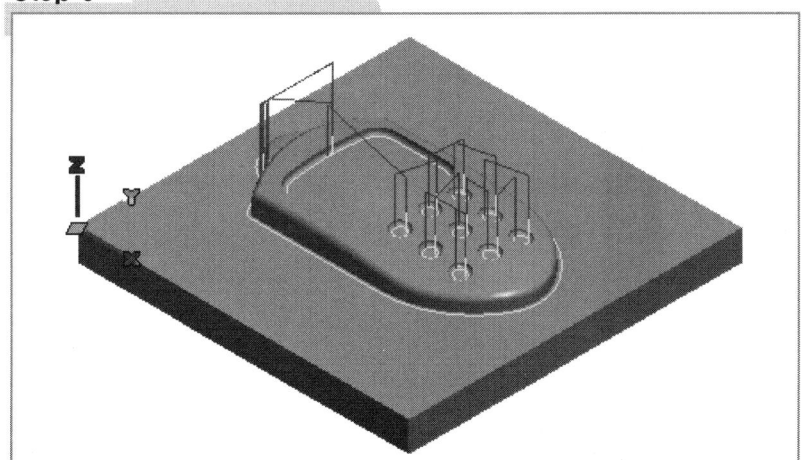

그림과 같은 툴패스를 볼 수 있습니다.

잔삭가공까지 모든 공정을 마쳤습니다.

5. NC DATA 추출하기

Step 1

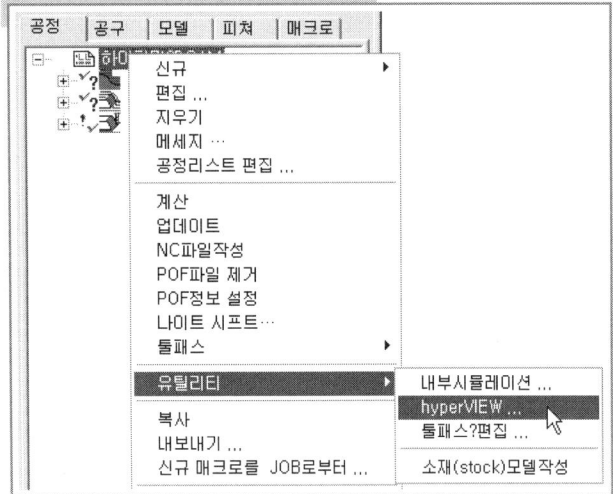

NC DATA를 생성하기 위하여 hyperVIEW 프로그램 창을 열겠습니다.

hyperMILL 브라우저창의 공정리스트 항목 위에서 오른쪽 마우스 버튼을 클릭합니다. 선택 목록이 표시되면 **유틸리티 → hyperVIEW** 항목을 선택합니다.
hyperMILL 프로그램 창과는 별도의 hyperVIEW 프로그램 창이 열립니다.

Step 2

hyperVIEW 프로그램의 화면구성
❶ 메뉴 표시줄
❷ 아이콘 툴바
❸ 브라우저 창: 작업 공정, 할당된 기계, 소재, 모델, 결과 및 툴패스를 표시하는 디렉토리 트리
❹ 그래픽 창: 툴패스, 기계 모델 등의 그래픽 표시
❺ 상태 표시줄: Vx, Vy, 현재값

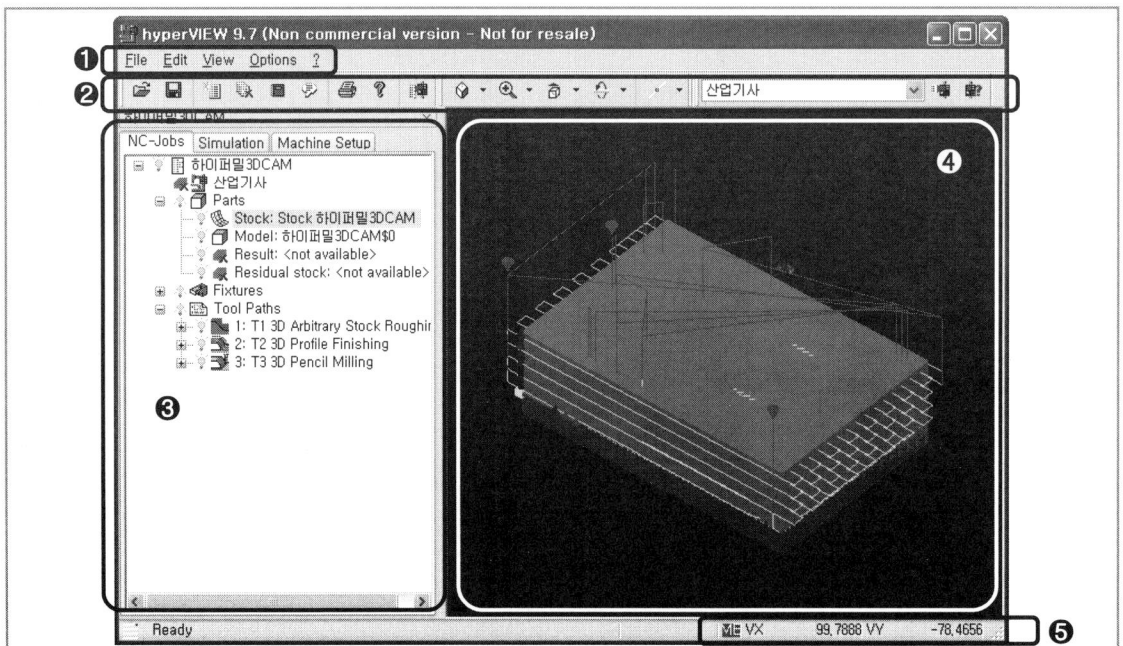

Step 3

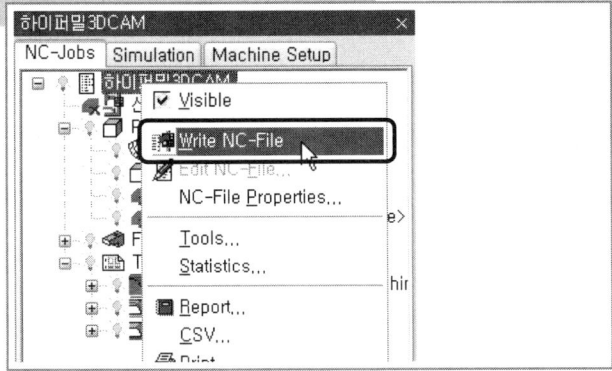

브라우저의 첫번째 항목(공정리스트 : 하이퍼밀3D CAM) 위에서 오른쪽 마우스 버튼을 클릭합니다. 선택 목록이 표시되면 Write NC-File 항목을 선택합니다.

Step 4

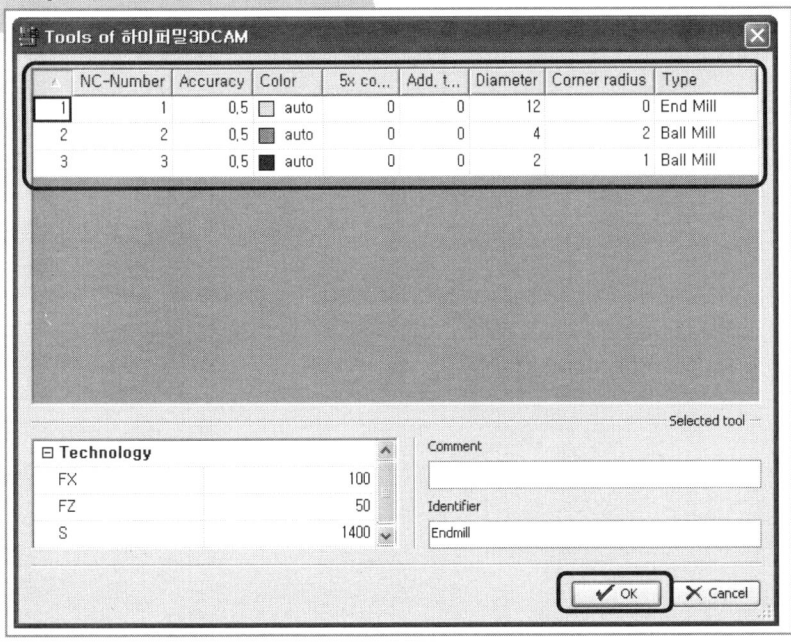

다음과 같이 최종적으로 툴 및 피드 값 스핀들을 조정할 수 있는 창이 열립니다.

OK 버튼을 클릭하면 Postprocessor 창이 열리고 계산이 시작됩니다.

Step 5

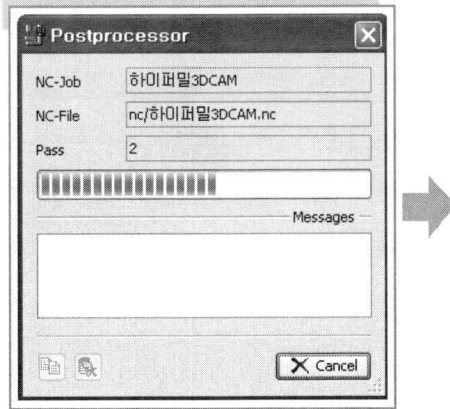 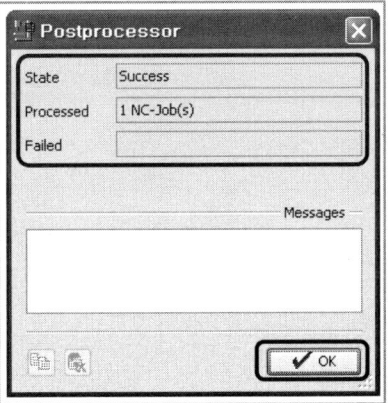

NC-Data로의 변환작업이 완료되면 오른쪽 그림과 같이 상태가 Success로 바뀌고 OK 버튼이 활성화됩니다. OK 버튼을 클릭하면 변환된 NC-Data 파일이 자동으로 열립니다.

Step 6

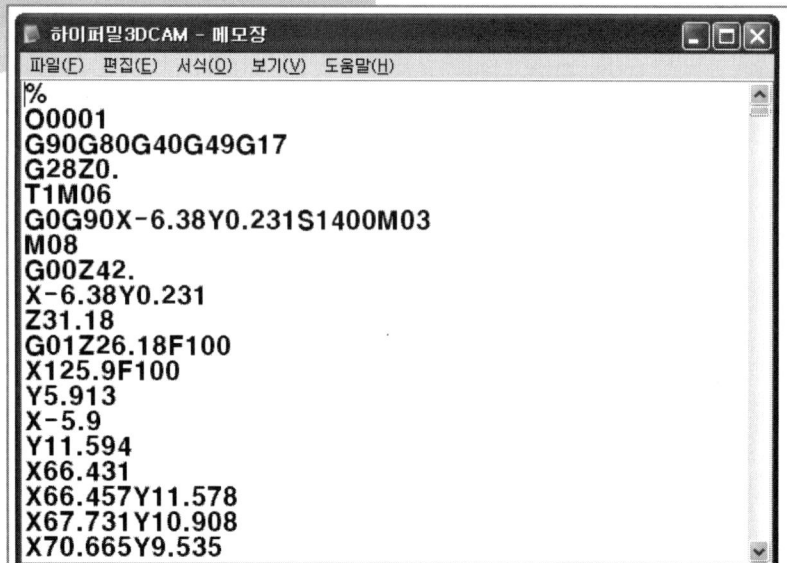

지정한 경로에 생성된 NC-FILE 을 볼 수 있습니다.

이상으로 CAM과 NC-FILE 추출과정을 마치겠습니다.

5 HyperMill CAM을 이용한 가공 4

두 번째 따라하기 형상입니다. 앞선 과정에서의 소소한 설명은 생략하고 필요 과정만을 중심으로 진행하겠습니다. 다음과 같이 절삭지시서에 따라 가공합니다.

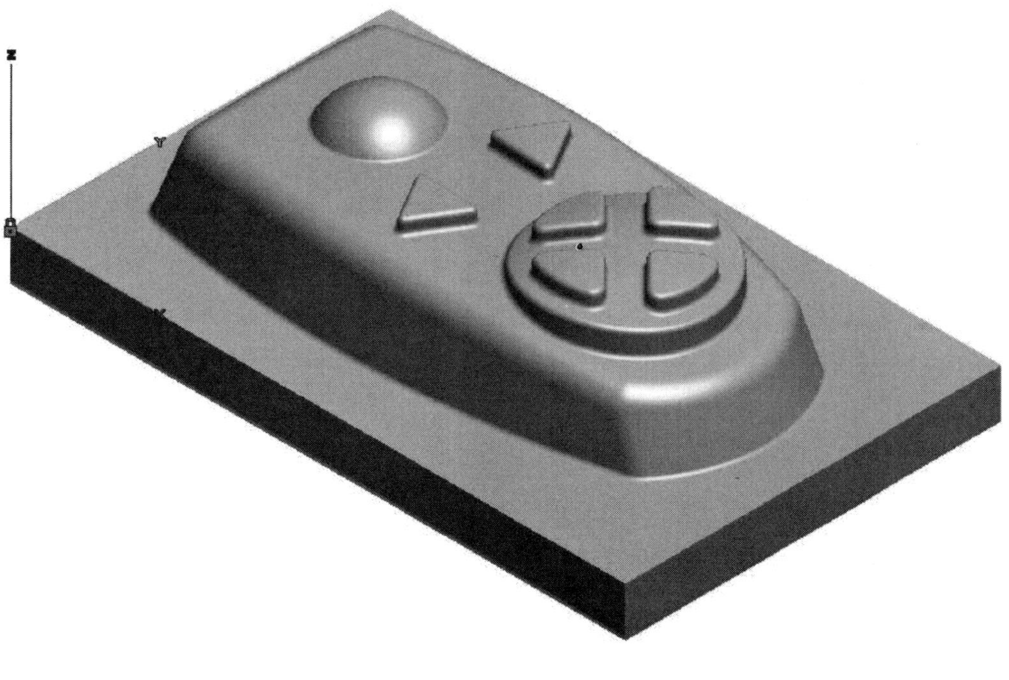

공구번호	작업내용	파일명 (비번호가 2번일경우)	공구조건 종류	공구조건 직경	경로간격 (mm)	절삭조건 회전수 (rpm)	절삭조건 이송 (m/m)	절삭조건 절입량 (mm)	절삭조건 잔량 (mm)	비고
1	황삭	02황삭.nc	평E/M	Ø12	5	1400	100	6	0.5	
2	정삭	02정삭.nc	볼E/M	Ø4	1	1800	90			
3	잔삭	02잔삭.nc	볼E/M	Ø2		3700	80			Pencil

1. 공정 리스트 설정

Step 1

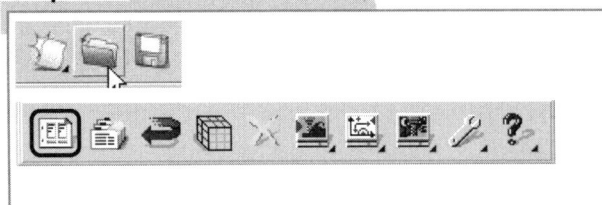

'산업기사_따라하기2.e3' 파일을 열고, 하이퍼 밀 브라우저를 열겠습니다.

앞선 과정에서 처럼 소재지정과 파트지정을 합니다. 형상의 **최고점**과 **최저점**을 편하게 찾기 위한 간단한 설정을 하겠습니다.

Step 2

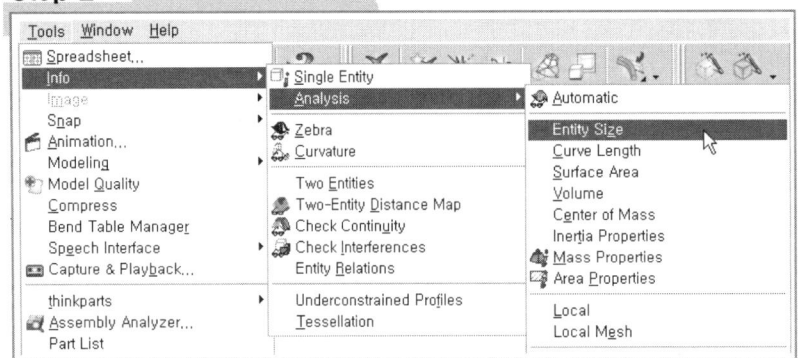

hyperCAD 메뉴표시줄의 Tool / Info / Analtsis / Entity Size 명령을 실행합니다.

Step 3

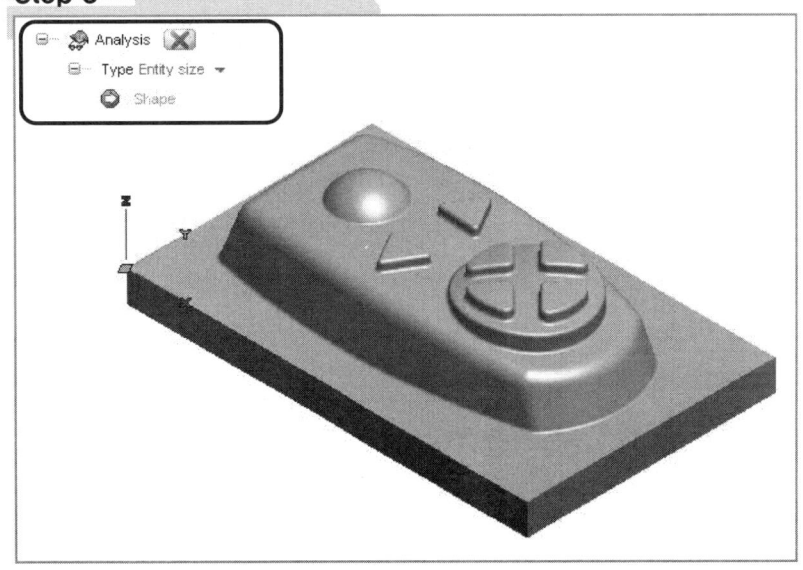

다음과 같은 창이 열리게 됩니다. 전체선택(단축키A)를 합니다.

Step 4

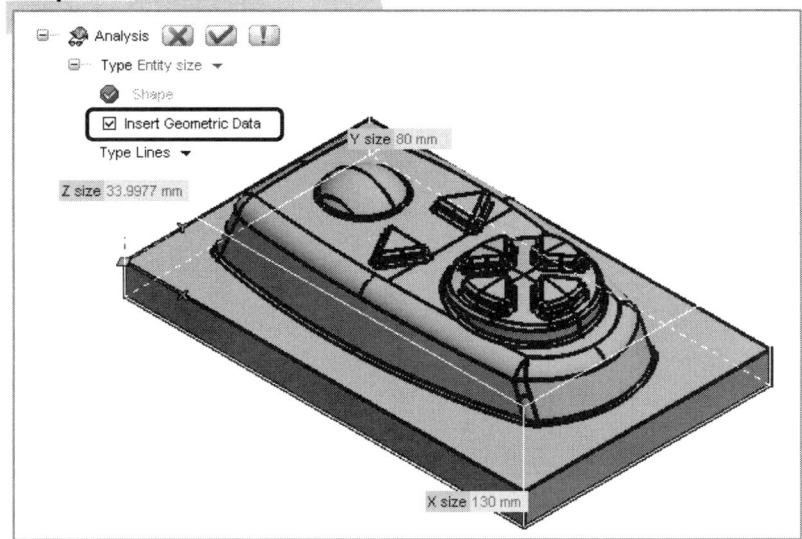

전체선택이 되면 'Insert Geometric Data'이라는 옵션이 뜨게 되는데 여기에 V체크를 하고 확인을 클릭합니다.

Step 5

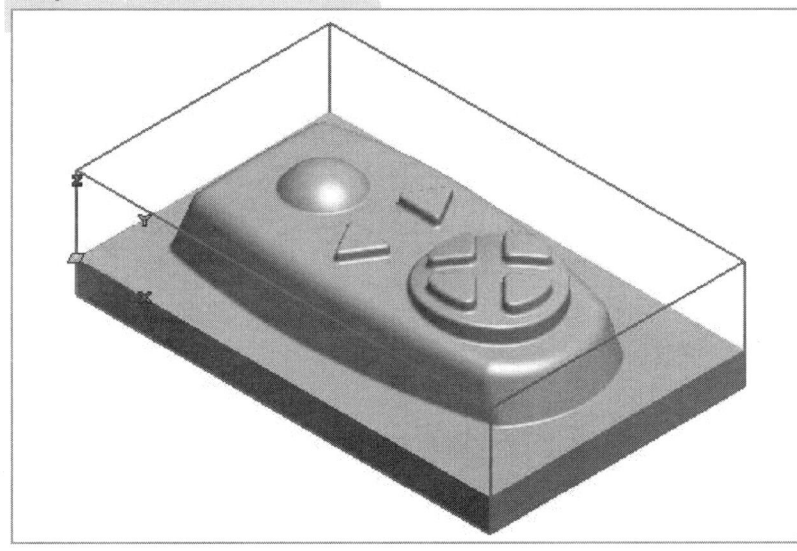

그림과 같은 지오메트릭(Line)이 형성됩니다.

Step 6

공구번호	작업내용	파일명(비번호가 2번일경우)	공구 조건		경로 간격 (mm)	절 삭 조 건				비고
			종류	직경		회전수 (rpm)	이송 (m/m)	절입량 (mm)	잔량 (mm)	
1	황삭	02황삭.nc	평E/M	Ø12	5	1400	100	6	0.5	
2	정삭	02정삭.nc	볼E/M	Ø4	1	1800	90			
3	잔삭	02잔삭.nc	볼E/M	Ø2		3700	80			Pencil

다음과 같은 지시사항으로 조건을 넣겠습니다.
각각의 공정 진행과정에서 공구 부분에서 공구를 지정하여도 되지만, 공구란에서 일괄적으로 공구지정을 해보겠습니다.

Step 7

좌측 그림과 같이 공구란을 열겠습니다.

Step 8

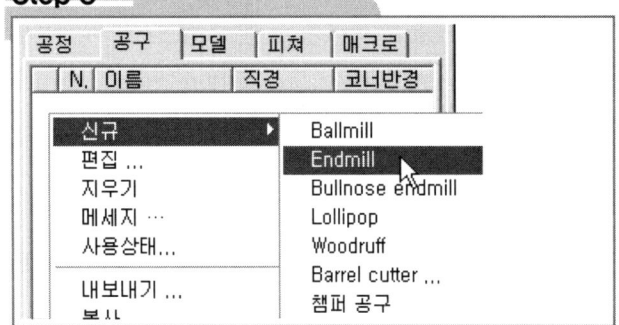

마우스 오른쪽 클릭합니다. 지시서와 같이 1번 공구를 위한 평앤드밀을 선택합니다.

Step 9

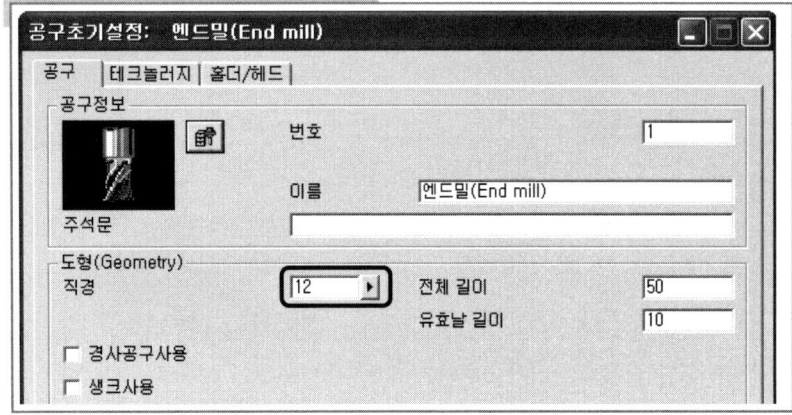

Step 10

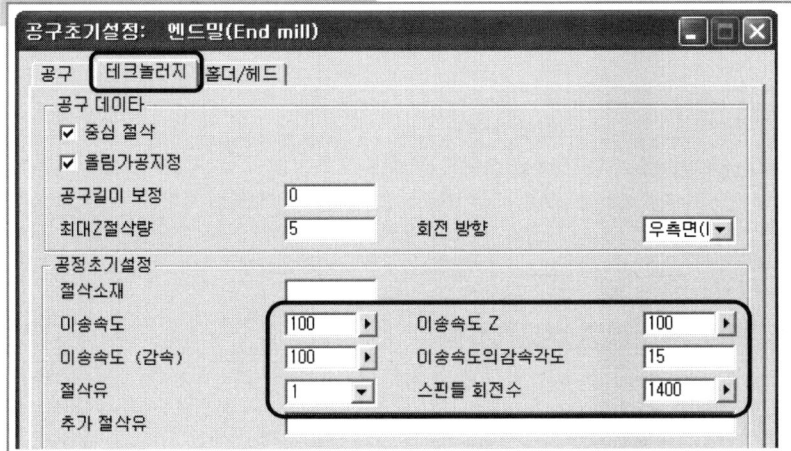

Step 11

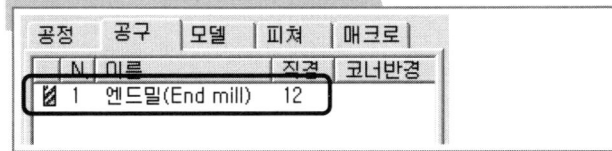

그림과 같이 직경값에 12를, 회선수에 1400, 이송값에 100을 입력하고 직경 12 앤드밀을 생성합니다.

Step 12

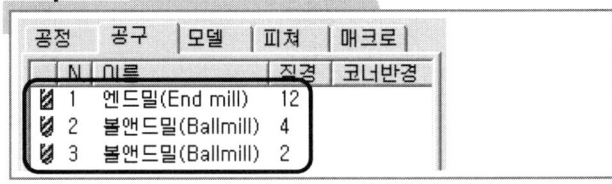

같은 방법으로 4Ø, 2Ø 볼앤드밀 공구를 추가로 생성합니다.

2. 황삭 공정

Step 1

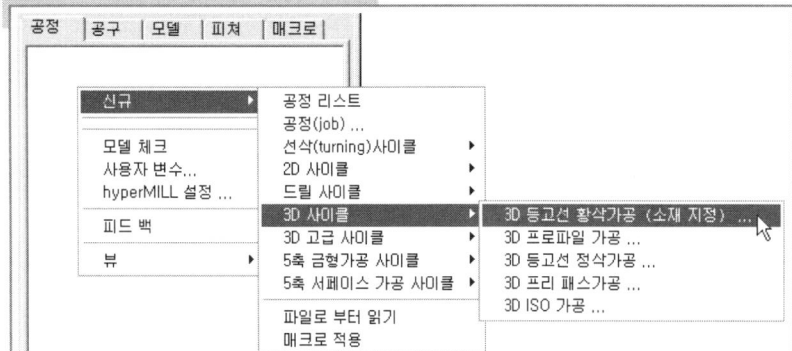

황삭 공정을 열겠습니다.

Step 2

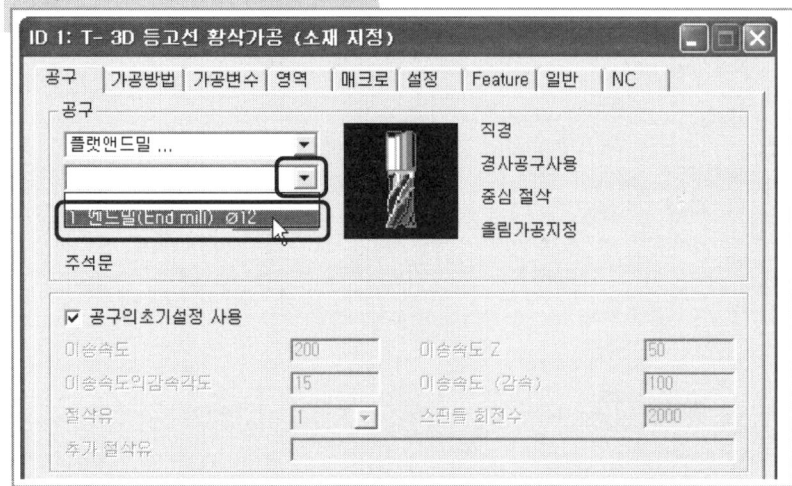

공구 설정창에서 아래로 화살표를 클릭하면 이미 만들어 놓은 다음과 같은 평앤드밀 12∅ 공구를 선택할 수 있습니다.

Step 3

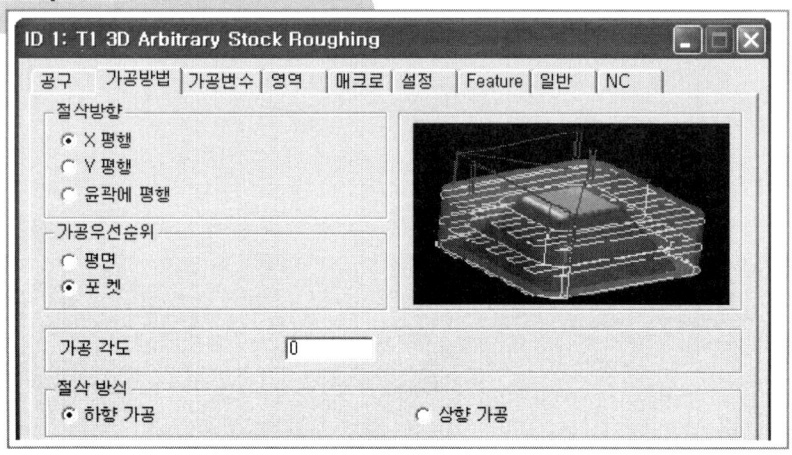

가공방법은 정해진 값으로 합니다. 세부 옵션의 설명은 생략하겠습니다.

Step 4

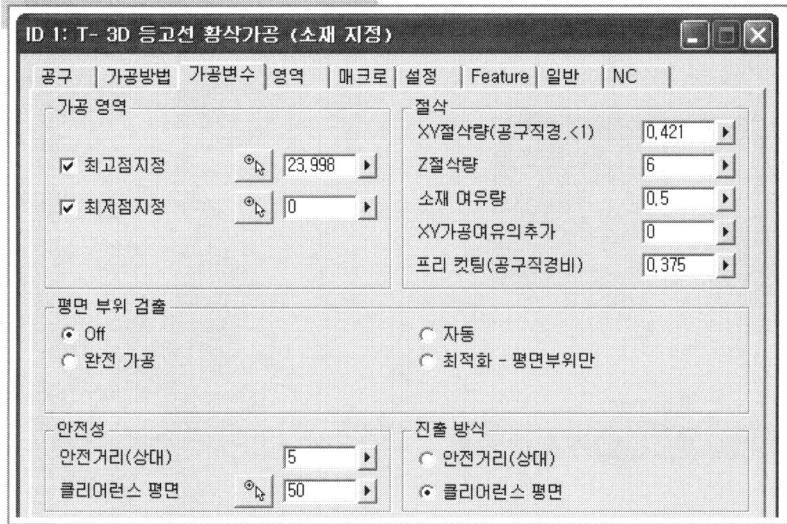

가공변수는 절삭지시서에 따라 변경해줍니다. XY절삭량의 경우 경로간격을 공구직경으로 나눈값(5/12)으로 합니다. 0.421 정도가 가장 근접한 값이므로 넣어줍니다. Z절삭량과 소재여유량도 지시서에 따라 변경하겠습니다.

Step 5

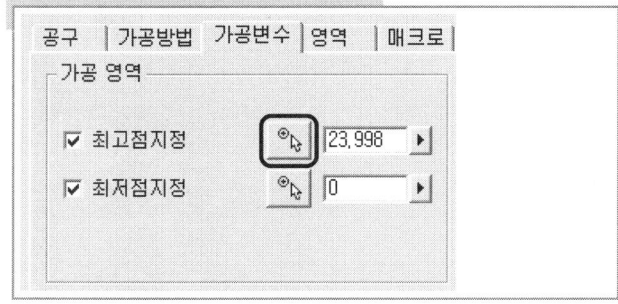

가공영역 지정을 해보겠습니다.
앞서 만든 엔티티크기 지정에서 최고점을 클릭합니다.
최고점 지정을 위해서 최고점지정 항목의 오른쪽의 아이콘을 클릭합니다.

Step 6

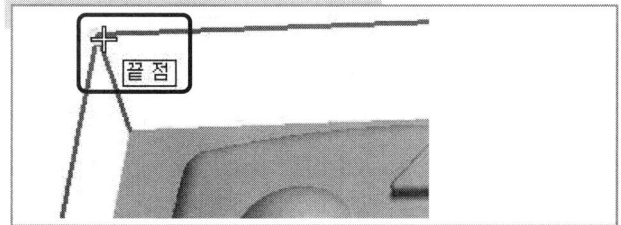

그림처럼 끝점을 지정합니다.

Step 7

끝점 지정 후 '수험자 주의사항'에서 "황삭가공에서 Z방향의 시작높이는 공작물상면으로부터 10mm 높은 곳으로 정한다"는 요건처럼 +10 을 더합니다.

Step 8

나머지 가공변수값도 정해진 값으로 입력합니다.

Step 9

소재지정 황삭이므로 이미 소재를 인식한 가공이기 때문에 바운더리를 따로 잡을 필요는 없습니다.

Step 10

매크로 역시 정해진 값으로 합니다.

Step 11

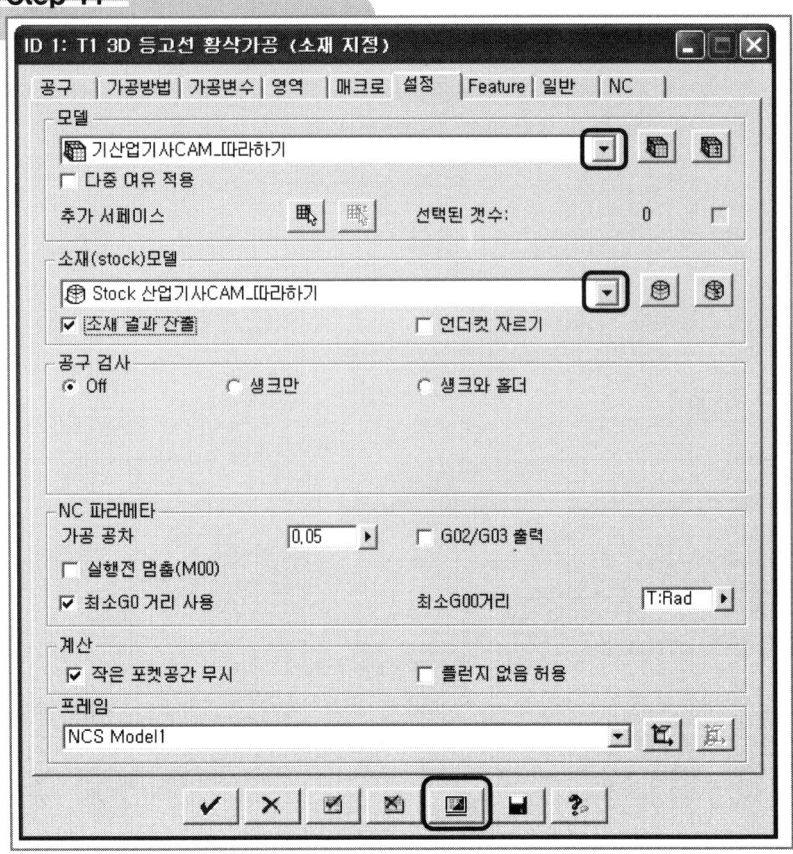

설정에 공정리스트에서 정의한 소재와 파트를 넣어주고 계산을 합니다. 아래로 화살표를 클릭하면 이미 정의한 모델을 설정할 수 있습니다.

Step 12

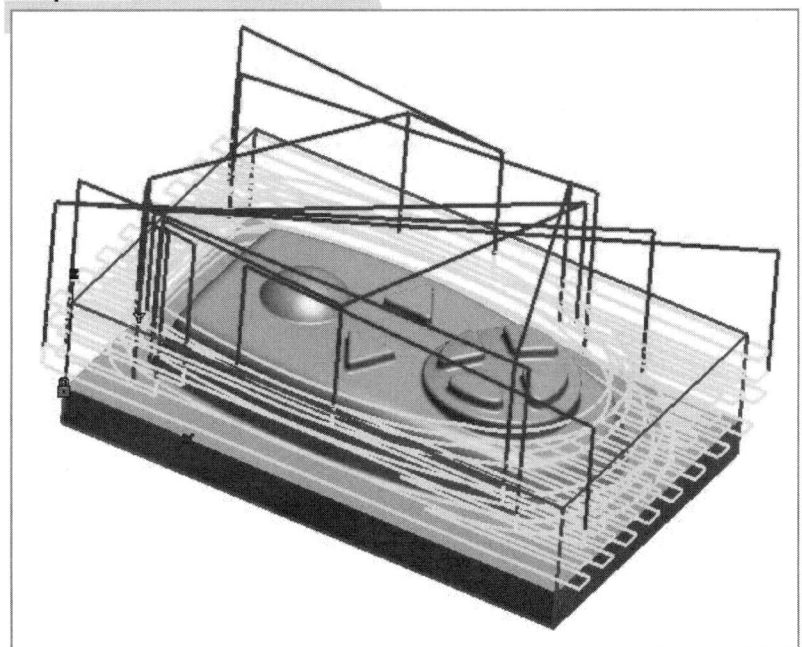

위와 같은 툴패스를 볼 수 있습니다

Step 13

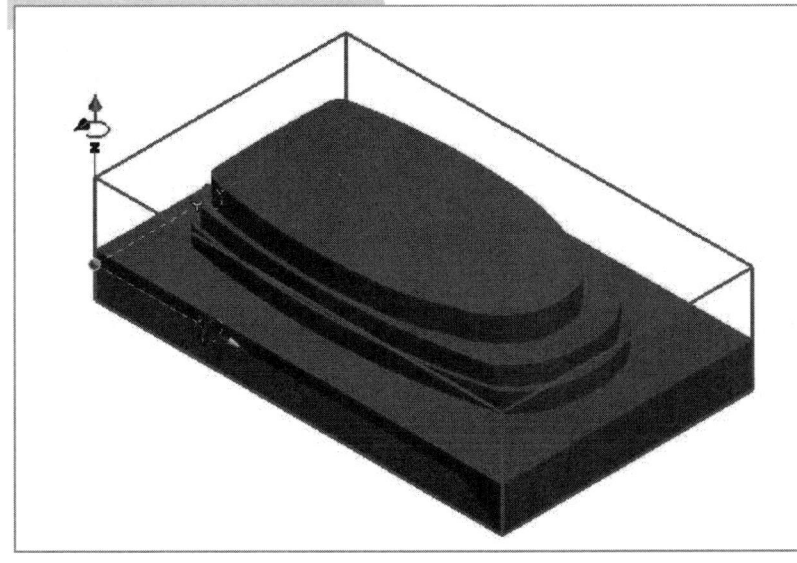

황삭 가공 후 모습입니다.

3. 정삭 공정

Step 1

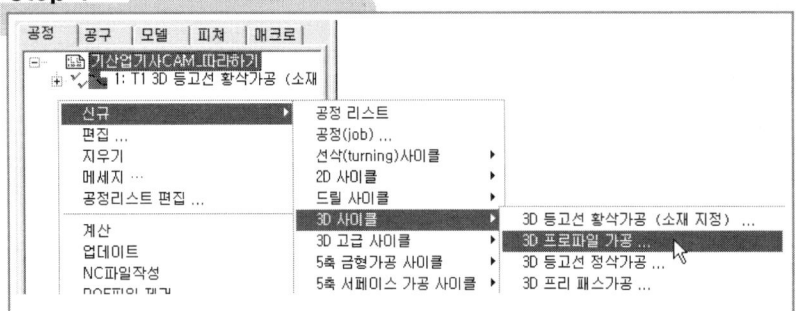

정삭공정을 열겠습니다.

Step 2

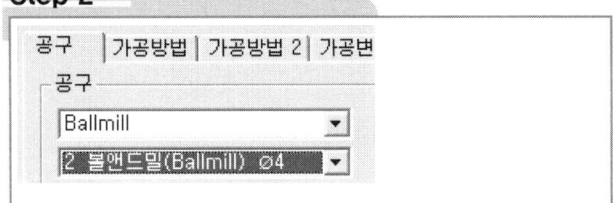

4Ø 볼앤드밀 공구를 불러옵니다.

Step 3

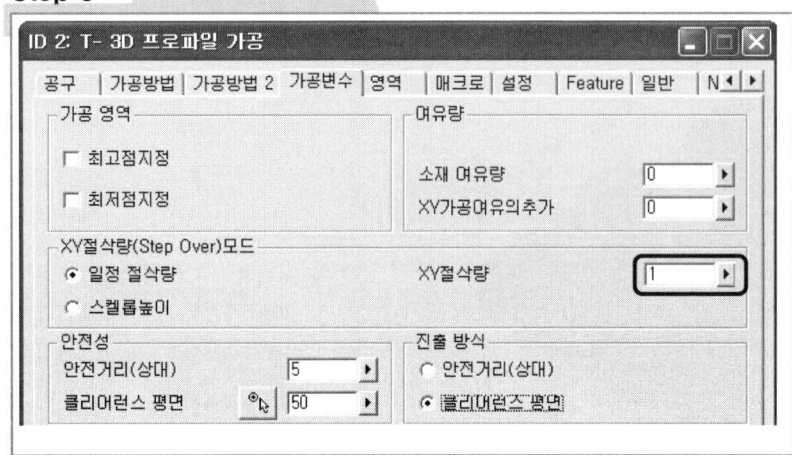

가공변수에서 경로간격을 1만큼 넣어줍니다.
가공방법 / 영역 / 매크로 부분은 앞선 설명에서 처럼 정해진 값으로 합니다.

Step 4

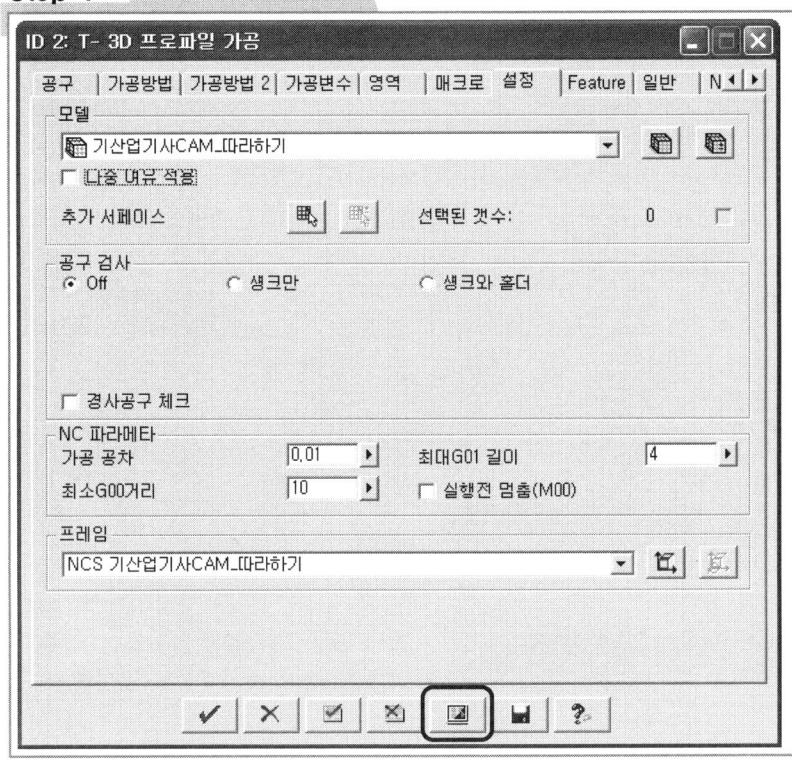

Step 5

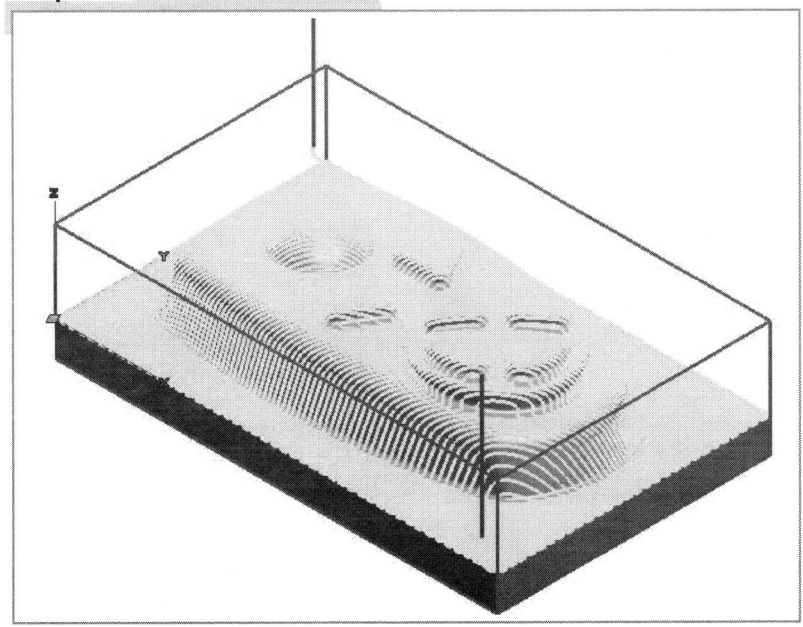

설정이 끝나면 계산 버튼을 클릭하여 계산합니다. 왼쪽의 그림과 같은 툴 패스를 볼 수 있습니다.

4. 잔삭 공정

Step 1

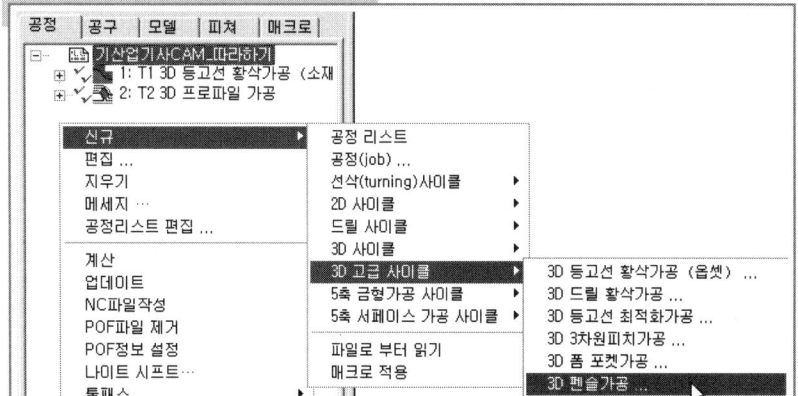

잔삭공정을 열겠습니다.

Step 2

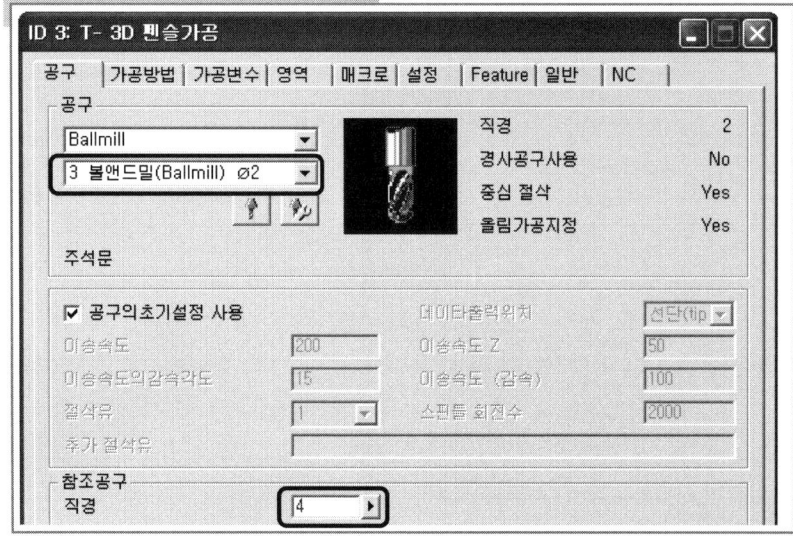

지정했던 2 Ø 볼앤드밀을 불러옵니다. 참고공구 값에 4Ø 를 넣어줍니다.

가공방법 / 가공변수 / 영역 / 매크로 / 설정 부분은 앞선 설명에서처럼 정해진 값으로 합니다.

Step 3

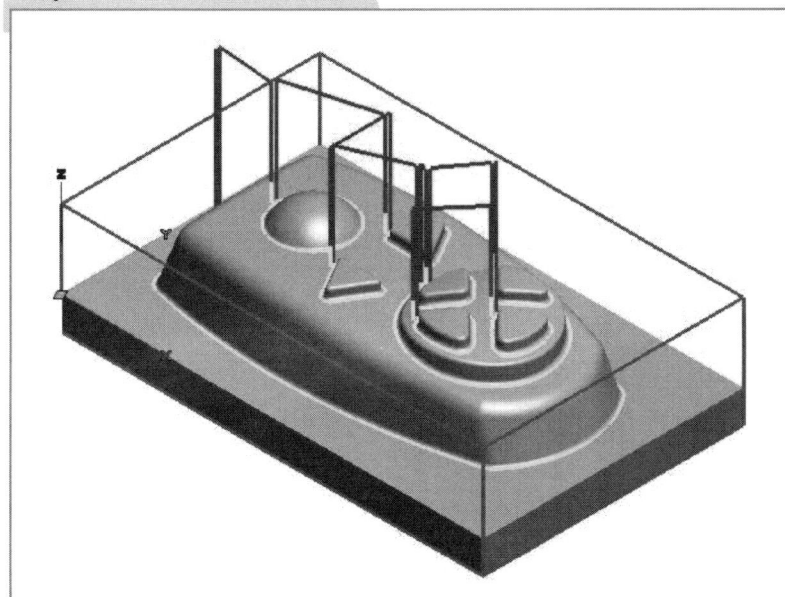

다음과 같은 툴패스를 볼 수 있습니다.

5. NC-FILE 추출

Step 1

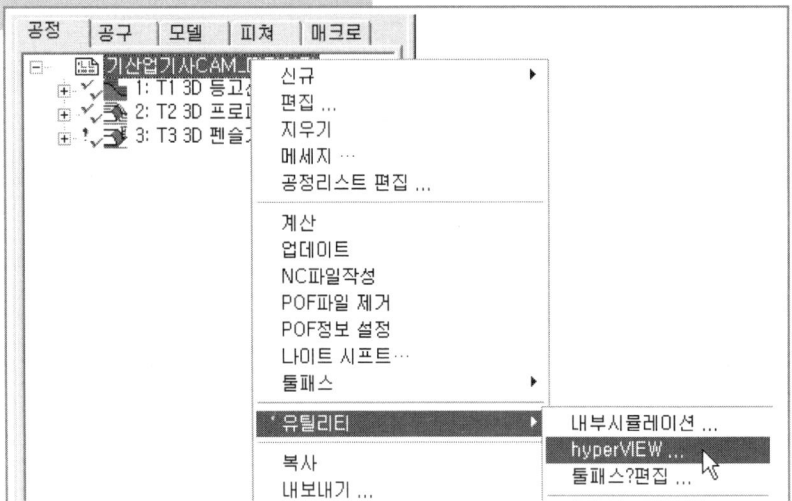

hyperVIEW 프로그램을 열겠습니다.

Step 2

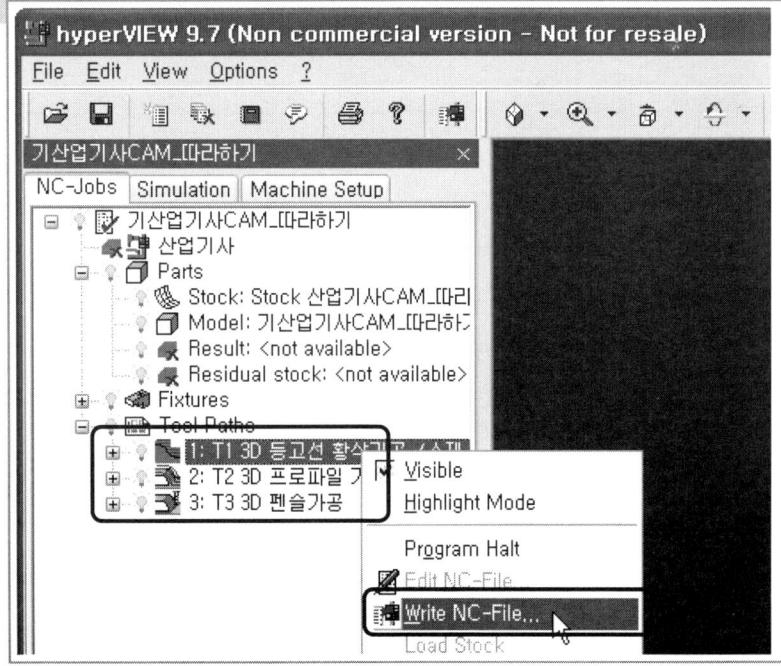

NC-Jobs 탭 목록 Tool Paths의 세 작업공정에서 각각 오른쪽 마우스를 클릭하여 Wirte NC-File 명령을 선택하고 작업공정 별로 NC-Data를 생성합니다.

Step 3

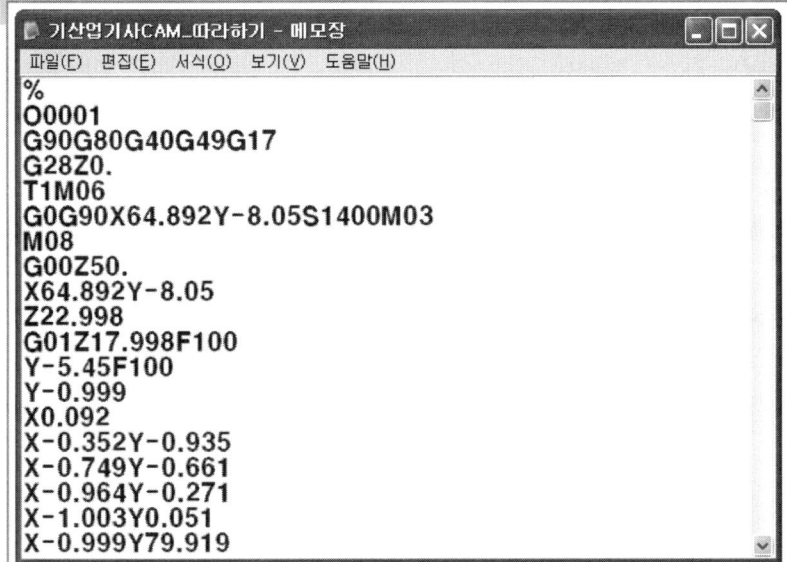

생성된 NC-FILES 을 볼 수 있습니다.

지시서의 요구사항으로 생성되는 각각의 파일들의 이름을 "02황삭.nc / 02정삭.nc / 02잔삭.nc"로 바꿔줍니다.

이상으로 산업기사 준비용 CAM 따라하기를 마치겠습니다.

 HyperMill CAM을 이용한 가공 5

HyperMILL Cam을 이용하여 다음과 같은 절삭지시서에 따라 가공해 봅니다.

따라하기 1

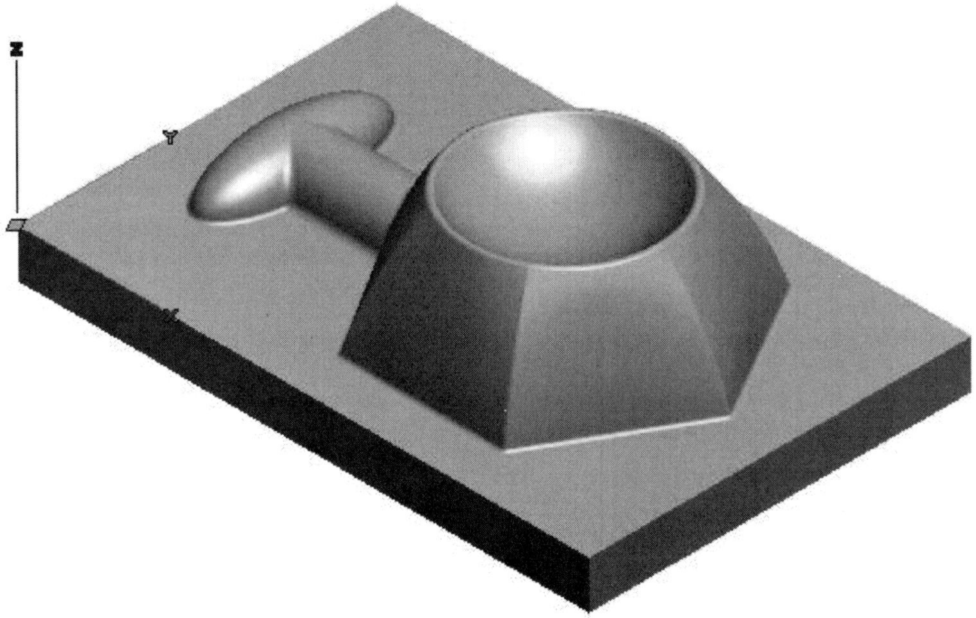

공구 번호	작업내용	파일명 (비번호가 2번일경우)	공구조건		경로 간격 (mm)	절삭조건				비고
			종류	직경		회전수 (rpm)	이송 (m/m)	절입량 (mm)	잔량 (mm)	
1	황삭	02황삭.nc	평E/M	Ø12	5	1400	100	6	0.5	
2	정삭	02정삭.nc	볼E/M	Ø4	1	1800	90			
3	잔삭	02잔삭.nc	볼E/M	Ø2		3700	80			Pencil

1. 공정 리스트 설정

Step 1

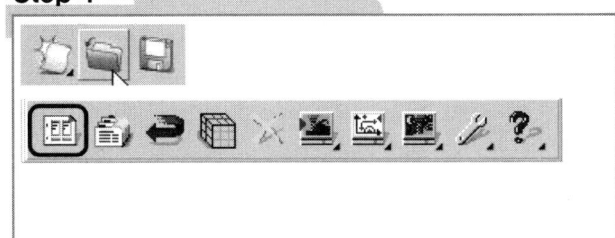

'산업기사_따라하기2.e3' 파일을 열고, 하이퍼 밀 브라우저를 열겠습니다.
앞선 과정에서 처럼 소재지정과 파트지정을 합니다.
hyperCAD 메뉴표시줄의 도구 / 정보 / 분석 / 엔티티 크기 명령을 실행하고 직육면체 형상의 윤곽선을 생성합니다.

Step 2

작업지시서와 같이 조건을 넣겠습니다.
각각의 공정 진행과정에서 공구 부분에서 공구를 지정하여도 되지만, 공구란에서 일괄적으로 공구지정을 해보겠습니다.
좌측 그림과 같이 공구란을 열겠습니다.

Step 3

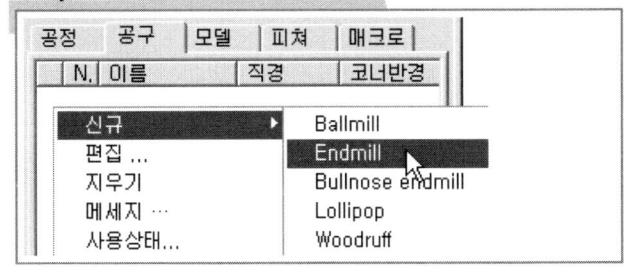

마우스 오른쪽 클릭합니다. 지시서와 같이 1번공구를 위한 평앤드밀을 선택합니다.

Step 4

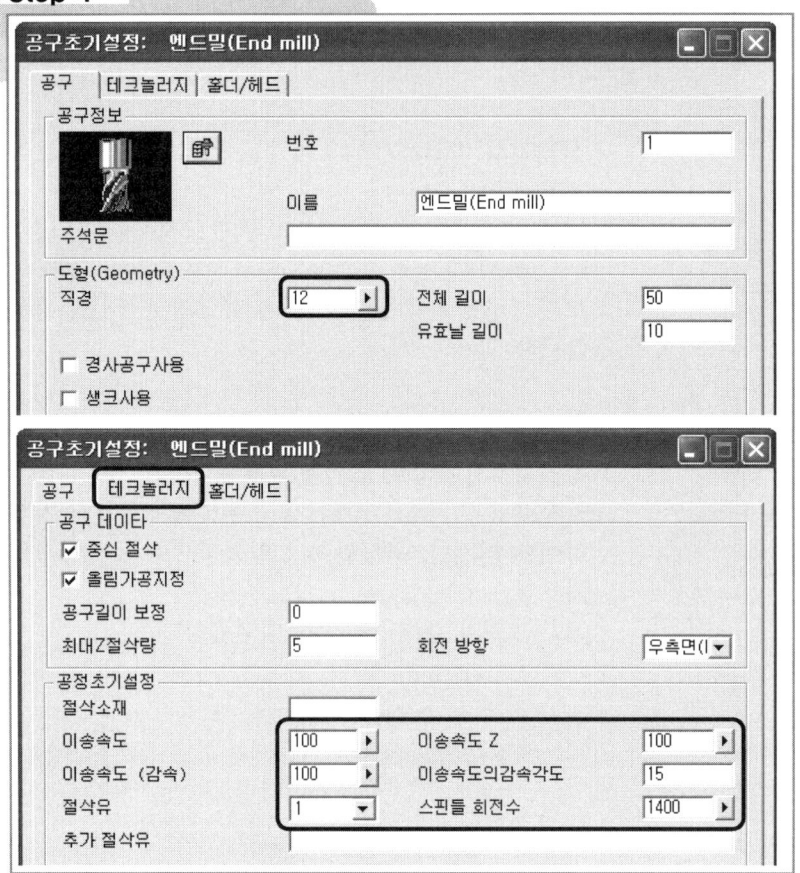

그림과 같이 직경값에 12를 넣고, 회 전수에 1400, 이송값에 100을 넣겠 습니다.

Step 5

직경 12 앤드밀이 설정되었습니다

같은 방법으로 4Ø 2Ø 볼앤드밀 공 구를 추가로 생성합니다.

Step 6

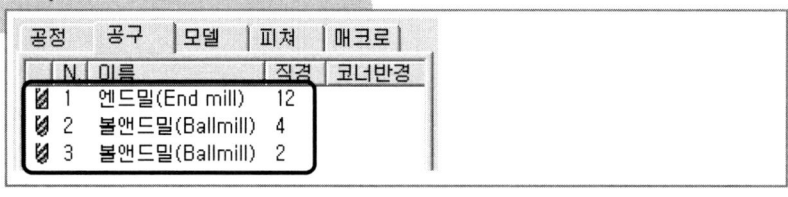

같은 방법으로 4Ø 2Ø 볼앤드밀 공 구를 추가로 생성합니다.

2. 황삭 공정

Step 1

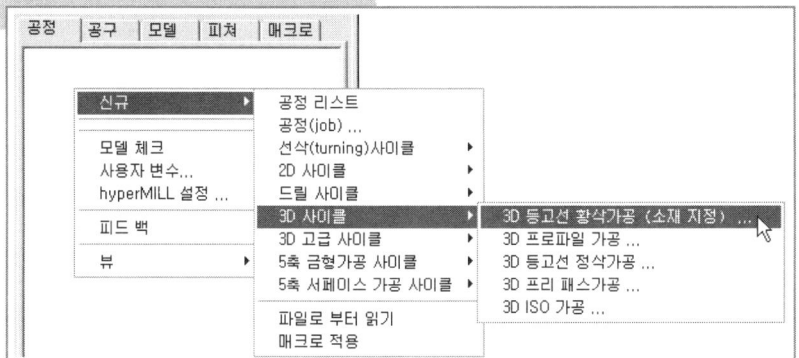

황삭 공정을 열겠습니다.

Step 2

공구 설정창에서 아래로 화살표를 클릭하면 이미 만들어 놓은 다음과 같은 평앤드밀 12ø 공구를 선택할 수 있습니다.

Step 3

가공방법은 정해진 값으로 합니다. 세부 옵션의 설명은 생략하겠습니다.

Step 4

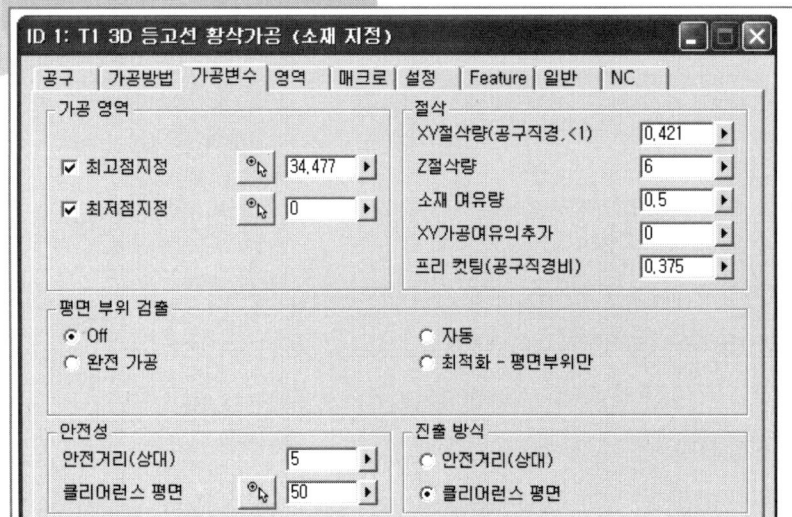

가공변수는 절삭지시서에 따라 변경해줍니다. XY절삭량의 경우 경로간격을 공구직경으로 나눈값 (5/12) 으로 합니다. 0.421 정도가 가장 근접한 값이므로 넣어줍니다. Z절삭량과 소재여유량도 지시서에 따라 변경하겠습니다.

Step 5

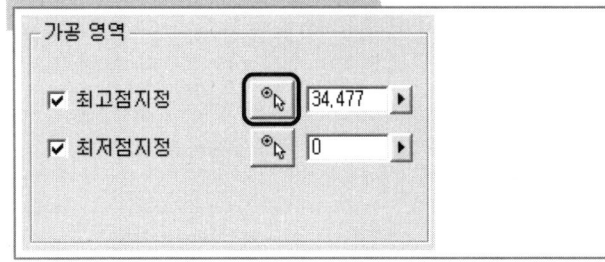

가공영역 지정을 해보겠습니다.
앞서 만든 엔티티크기 지정에서 최고점을 클릭합니다.
최고점 지정을 위해서 최고점지정 항목의 오른쪽의 아이콘을 클릭합니다.

Step 6

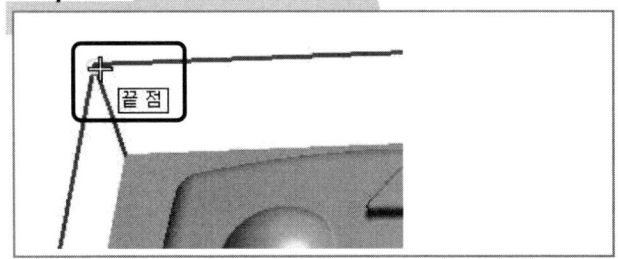

그림처럼 끝점을 지정합니다.

Step 7

끝점 지정 후 '수험자 주의사항'에서 "황삭가공에서 Z방향의 시작높이는 공작물상면으로부터 10mm 높은 곳으로 정한다."는 요건처럼 +10을 더합니다.

Step 8

나머지 가공변수값도 정해진 값으로 입력합니다.

Step 9

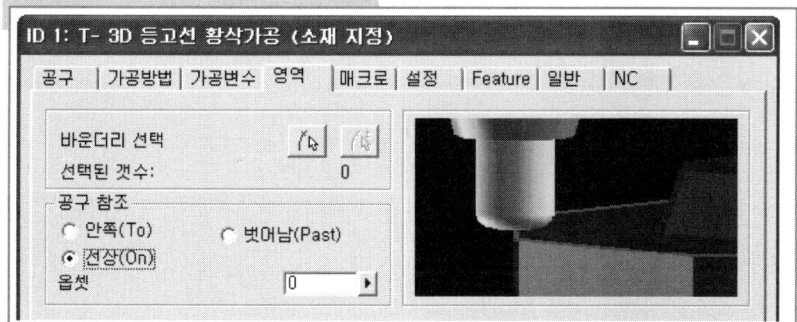

소재지정 황삭이므로 이미 소재를 인식한 가공이기 때문에 바운더리를 따로 잡을 필요는 없습니다.

Step 10

매크로 역시 정해진 값으로 합니다.

Step 11

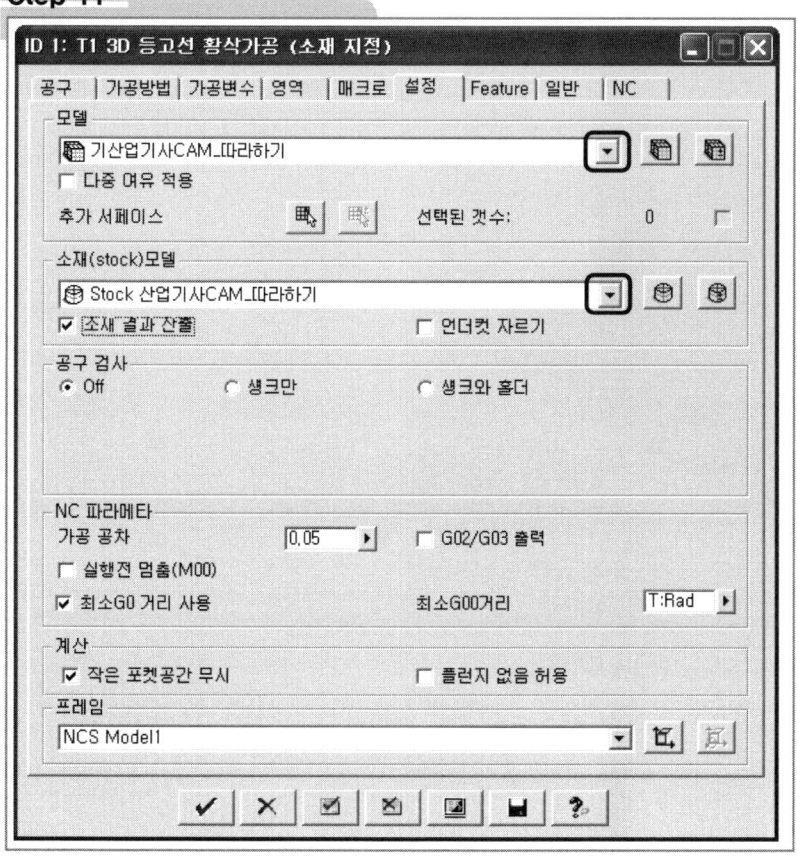

설정에 공정리스트에서 정의한 소재와 파트를 넣어주고 계산을 합니다. 아래로 화살표를 클릭하면 이미 정의한 모델을 설정할 수 있습니다.

Step 12

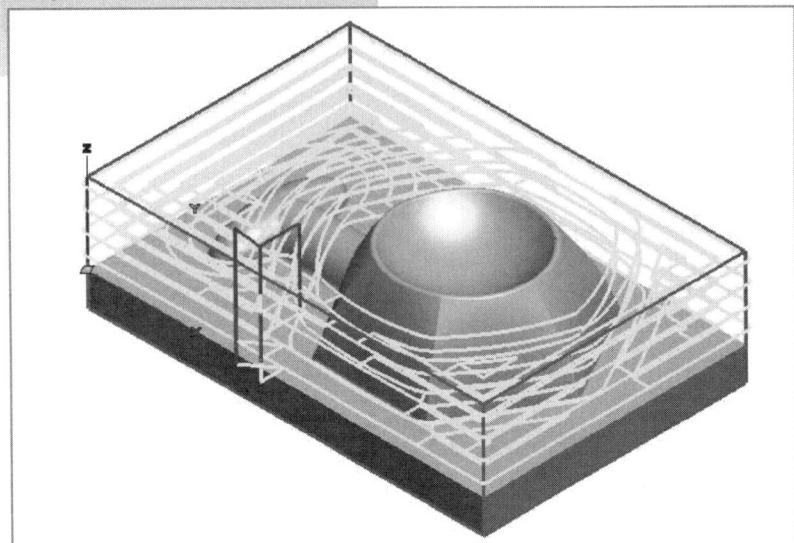

위와 같은 툴패스를 볼 수 있습니다

Step 13

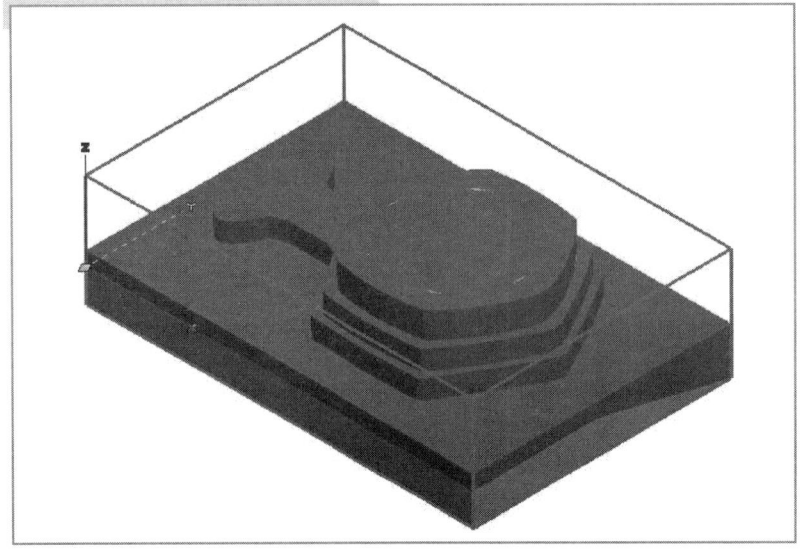

황삭 가공 후 모습입니다.

3. 정삭 공정

Step 1

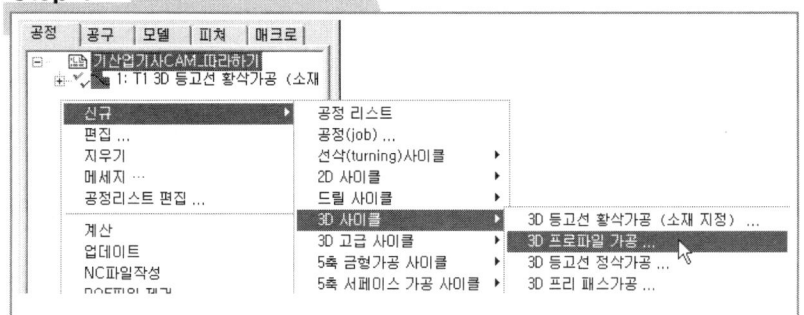

정삭공정을 열겠습니다.

Step 2

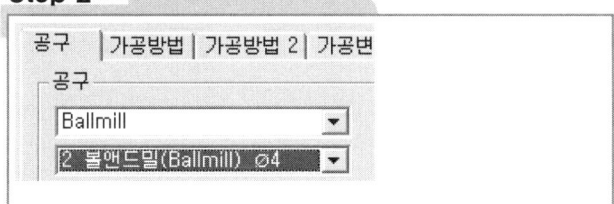

4∅ 볼앤드밀 공구를 불러옵니다.

Step 3

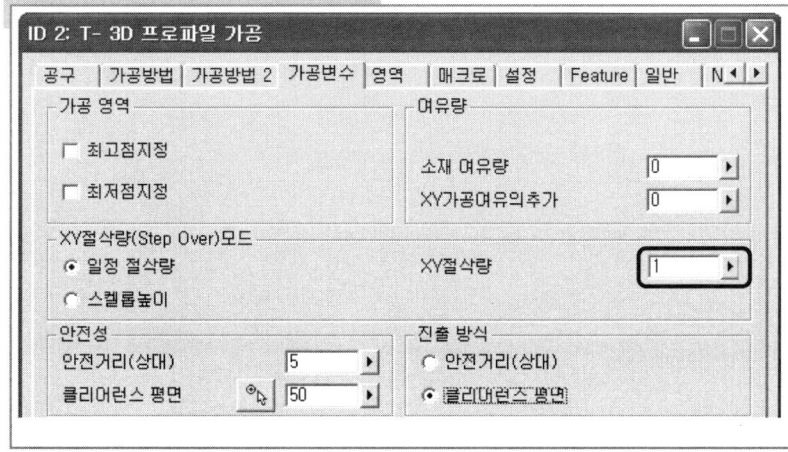

가공변수에서 경로간격을 1만큼 넣어줍니다.
가공방법 / 영역 / 매크로 부분은 앞선 설명에서처럼 정해진 값으로 합니다.

Step 4

Step 5

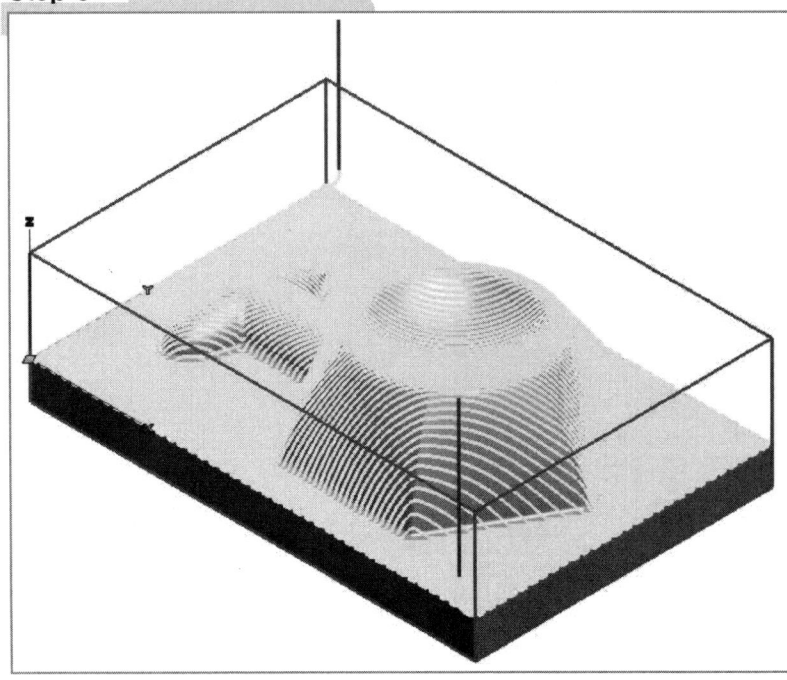

설정이 끝나면 계산 버튼을 클릭하여 계산합니다. 왼쪽의 그림과 같은 툴 패스를 볼 수 있습니다.

4. 잔삭 공정

Step 1

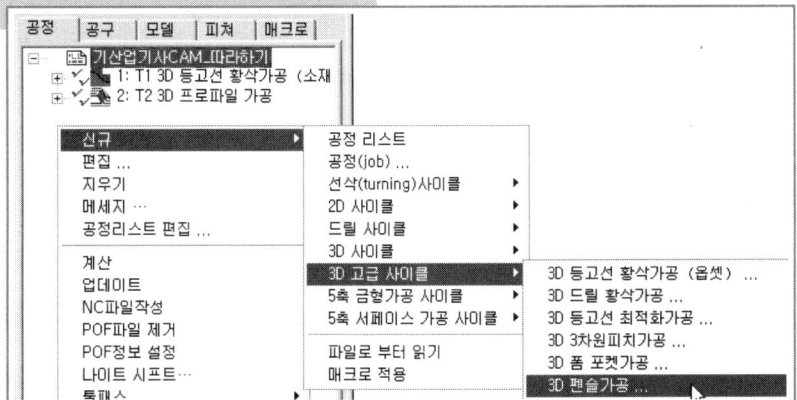

잔삭공정을 열겠습니다.

Step 2

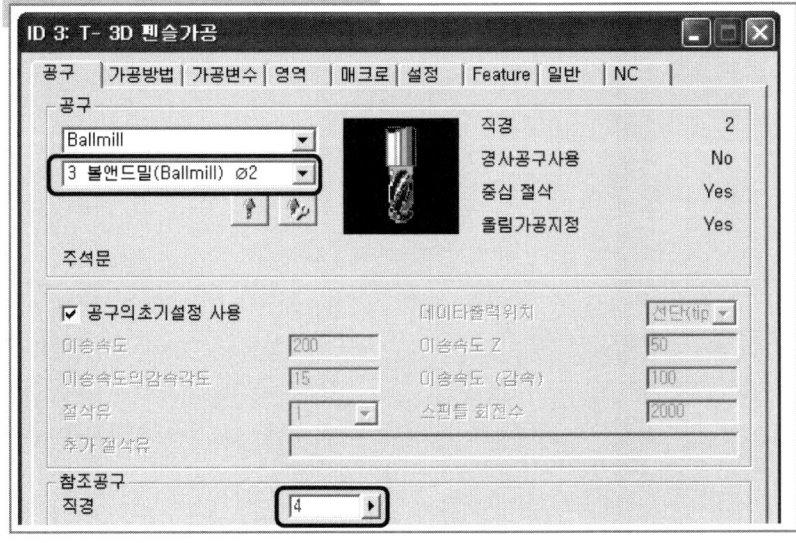

지정했던 2∅ 볼앤드밀을 불러옵니다. 참고공구 값에 4∅를 넣어줍니다.

가공방법 / 가공변수 / 영역 / 매크로 / 설정 부분은 앞선 설명에서처럼 정해진 값으로 합니다.

Step 3

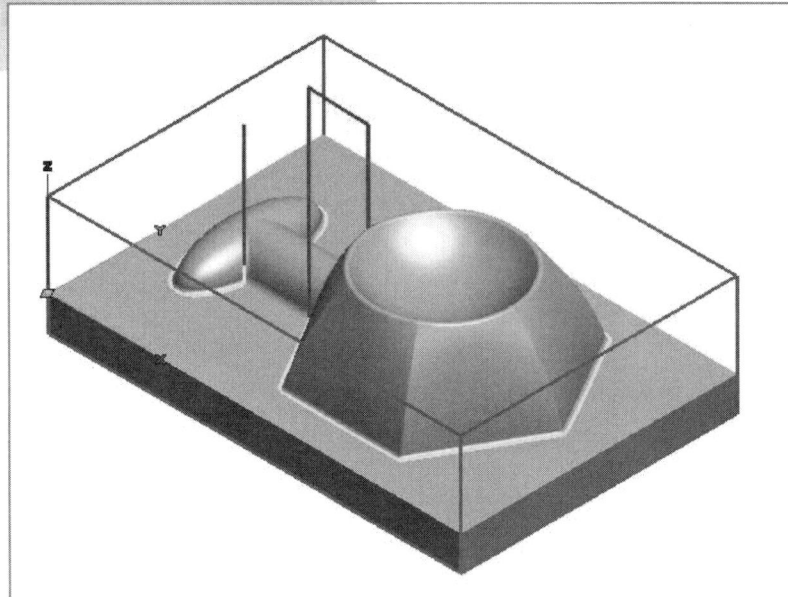

다음과 같은 툴패스를 볼 수 있습니다.

5. NC-FILE 추출

Step 1

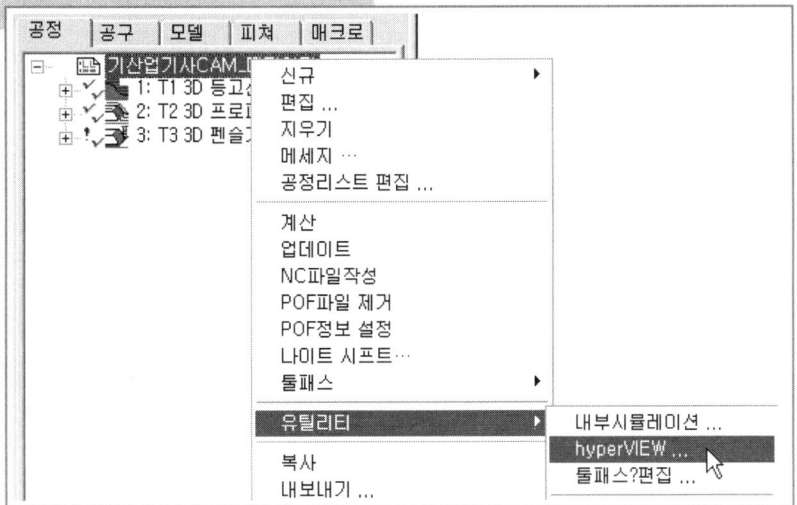

hyperVIEW 프로그램을 열겠습니다.

Step 2

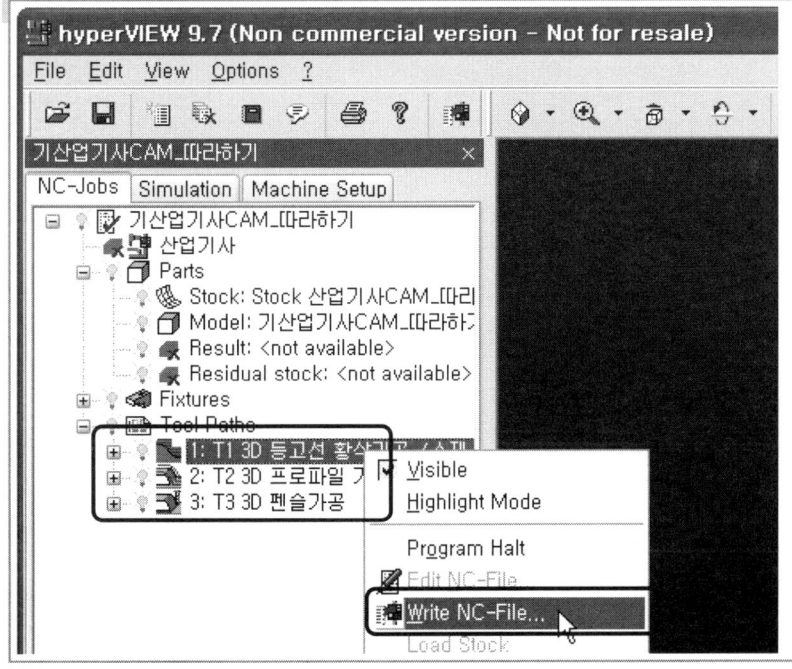

NC-Jobs 탭 목록 Tool Paths의 세 작업공정에서 각각 오른쪽 마우스를 클릭하여 Wirte NC-File 명령을 선택하고 작업공정 별로 NC-Data를 생성합니다.

Write NC files 명령어를 클릭합니다.

Step 3

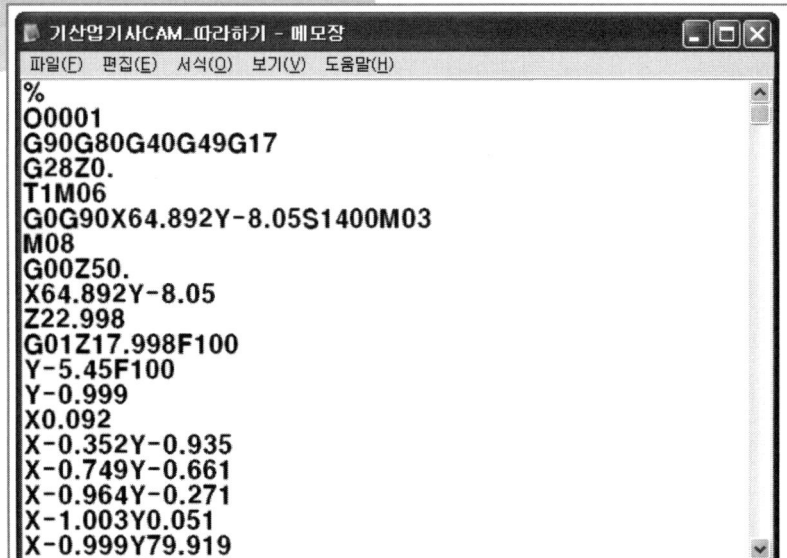

지시서의 요구사항으로 생성되는 각각의 파일들의 이름을 "02황삭.nc / 02정삭.nc / 02잔삭.nc"로 바꿔줍니다.

이상으로 산업기사 준비용 CAM 따라하기를 마치겠습니다.